MOEWIG HUMOR

MOEWIG HUMOR

MOEWIG Band Nr. 4425
Verlagsunion Erich Pabel-Arthur Moewig KG, Rastatt

© 1987, 1988, 1990 by Verlagsunion Erich Pabel-
Arthur Moewig KG, Rastatt
Teile dieses Buches sind bereits veröffentlicht
in den Moewig-Taschenbüchern 4875 und 4881
Umschlagentwurf und -gestaltung: Werbeagentur Zeuner, Ettlingen
Auslieferung in Österreich:
Pressegroßvertrieb Salzburg Gesellschaft m.b.H.,
Niederalm 300, A-5081 Anif
Printed in Germany 1990
Druck und Bindung: Ebner Ulm
ISBN 3-8118-4425-3

Ein Schwerverbrecher ist aus dem Gefängnis entflohen. Die Polizei hat Fotos von ihm angefertigt, die den Gangster von allen vier Seiten zeigen, und diese Fotos an alle Polizeistationen Deutschlands verschickt. Wenige Tage später kommt ein Anruf aus Ostfriesland: „Alle vier Flüchtigen wurden gestellt und auf der Flucht erschossen, weil sie sich der Festnahme widersetzten..."

Zwei Schafe dringen in ein Wochenendhaus ein. Eines erwischt eine Videokassette und kaut sie genüßlich. Fragt das andere: „Na, ist der Film gut?" „Schon, aber das Buch fand ich besser!"

Ein sehr alter Mann sitzt im Zug. Sein Abteilnachbar fragt ihn, wohin er fährt. „Zum Klassentreffen", sagt der alte Mann.
„Oh, da kommen aber sicher nicht mehr viele!"
„Nein, ich bin schon seit fünf Jahren der einzige!"

Beim Psychiater

„Also, mein lieber Freund – wenn ich Ihnen helfen soll, müssen Sie mir alles erzählen, und zwar von Anfang an! Wie war das nun mit Ihnen?"
Der Patient ist maßlos erstaunt.
„Aber das wissen Sie doch, Herr Doktor! Am Anfang schuf ich Himmel und Erde..."

„Warum läuft Ihr Hund immer in die Ecke, wenn es an der Haustür klingelt?"
„Weil er ein Boxer ist!"

Lehrer: „Was denkst du dir eigentlich dabei, den ganzen Morgen ein fröhliches Gesicht zu machen, Fritzchen?"
Fritzchen: „Ich dachte mir, daß Sie sich freuen, wenn ich trotz meiner schlechten Noten gut aufgelegt bin, Herr Lehrer!"

Ostfriesen sägen die Beine ihrer Betten ab, damit sie tiefer schlafen können...

Ein Elefant badet im See. Kommt eine Maus angelaufen und schreit: „Du, Elefant, komm sofort aus dem Wasser!"
Gemächlich schreitet der Elefant aus dem See und fragt: „Was gibt's, du Knilch?"
Sagt die Maus: „Ich wollte nur sehen, ob du meine Badehose anhast!"

Sagt die Lehrerin zu Simone: „Bilde einen Satz, in dem ‚ei' vorkommt!"
Simone: „Ich habe am Sonntag Omelett gegessen."
Lehrerin: „Und wo soll hier das ‚Ei' sein?"
Simone: „Im Omelett, Frau Lehrerin!"

Gibt Mümmelmann an: „Wir essen zu Hause immer nach der Karte."
Sein Freund: „Gibt sich deine Frau so viel Mühe mit dem Kochen?"
Mümmelmann: „Das nicht gerade, aber wer Pik-As zieht, bekommt das Fleisch, die anderen kriegen die Soße."

Zwei Frauen unterhalten sich über ihre Männer. Sagt die eine großspurig: „Mein Otto kann zwei Zentner stemmen, ohne rot zu werden!"
„Och, das ist gar nichts", meint die andere. „Meiner kann zwanzig Korn stemmen, ohne blau zu werden!"

Frau Raffzahn kommt zum Schönheits-Chirurgen.
„Was würde es denn kosten, meiner Nase eine neue Form zu geben?"
Arzt: „Na, so an die dreitausend Mark!"
Frau Raffzahn „Was – so viel? Geht's denn nicht billiger?"
Arzt: „Doch, Sie könnten zum Beispiel gegen einen Telegrafenmast laufen!"

Der Lehrer hat ein Glasauge. Er ruft Fritzchen zu sich und sagt zu ihm: „Wenn du errätst, welches das Glasauge ist, bekommst du eine Banane geschenkt!"
Fritzchen schaut kurz und sagt dann: „Es ist das rechte Auge!"
Lehrer: „Richtig! Und woran hast du das bemerkt?"
Fritzchen: „Es blickt so gütig!"

Kommt die Sprechstundenhilfe ins Wartezimmer: „Der nächste bitte! Wo ist denn der Herr mit der großen Platzwunde?" Meint einer: „Der ist wieder nach Hause. In der Zwischenzeit ist seine Wunde wieder zugewachsen."

Sagt der Hahn auf dem Hühnerhof zu der meuternden Hühnerschar: „Wenn hier jemand etwas nicht paßt, dann sage ich nur ein Wort: Tiefkühltruhe!"

Doris zu Gerlinde: „Seit ich vor drei Monaten meine Verlobung mit Dieter gelöst habe, ist er jeden Tag betrunken!"
Gerlinde: „Mein Gott, feiert der aber lange!"

Simone drängelt sich im Geschäft nach vorne. „Würden Sie mich bitte zuerst bedienen? Wissen Sie, mein Vater sitzt zu Hause und wartet ganz ungeduldig auf mich!"
Sagt die Verkäuferin: „Aber gerne. Was darf's denn sein?"
Simone: „Eine Rolle Klopapier!"

Bollermann ist wieder einmal total betrunken. Er krabbelt aus dem U-Bahn-Schacht und trifft oben seinen Freund Brinkmann. „Wo hast du denn die ganze Zeit gesteckt?" fragt er Bollermann. „Da unten im Keller! Ich weiß zwar nicht, wem der gehört, aber eine elektrische Eisenbahnanlage hat der – einmalig, kann ich dir sagen!"

Ein Polizist stoppt nachts einen Pkw. „Ihre Rücklichter brennen nicht!"
Der Fahrer steigt aus, geht nach hinten zum Auto und überlegt.
„Was gibt es da zu überlegen?" fragt der Polizist.
„Ihre Rücklichter brennen nicht!"
Brüllt der Fahrer zurück: „Lassen Sie mich mit den blöden Rücklichtern in Ruhe! Sagen Sie mir lieber, wo mein Wohnwagen geblieben ist!"

Frau Kreideweiß beschwert sich bei ihrem Mann: „Immer sagst du ,mein Haus, mein Auto, mein Geld'! Hörst du mir überhaupt zu? Was suchst du denn im Kleiderschrank?"
„Herr Kreideweiß: „Unsere Hosenträger!"

Ein Herr stellt Bolle eine Scherzfrage: „Wie viele Eier können Sie auf nüchternen Magen essen?"
„Drei", antwortet Bolle.
„Nein, nur ein einziges! Denn wenn Sie das gegessen haben, sind Sie ja nicht mehr nüchtern!"
Ein paar Tage später trifft Bolle seinen Kumpel Ferdi und will ihn mit der Scherzfrage hereinlegen. „Wie viele Eier kannst du auf nüchternen Magen essen?"
„Vier", sagt Ferdi.
„Schade! Wenn du drei gesagt hättest, hätte ich einen guten Witz gewußt!"

Peterchen fällt in den See. Er wird in ein Boot gerettet. Die Männer fragen ihn: „Warum bist du denn nicht geschwommen?"
Darauf Peterchen: „Da steht ein Schild: Schwimmen verboten!"

SCHWIMMEN VERBOTEN!

Der Kapitän motzt seinen Mann im Ausguck an: „Schnauze! Brüll nicht ständig ‚Land in Sicht!', solange wir noch im Hafen liegen!"

Frau Drosselbach kommt spätabends nach Hause und fragt das neue Kindermädchen: „Haben Sie die Kinder alle ins Bett gebracht?"
Kindermädchen: „Alles in Ordnung! Nur der kleine Rothaarige hat Ärger gemacht!"
„Der kleine Rothaarige? Das war mein Mann!"

„Spielen wir heute abend Schach?"
„Na gut! Aber du mußt die Würfel mitbringen!"

Sabine geht mit ihrer Mutter spazieren. Plötzlich sieht sie eine Ringelnatter, die am Wegrand entlangkriecht. Da ruft Sabine: „Sieh mal, Mutti, hier wedelt ein Schwanz ohne Hund!"

„Habe ich Sie nicht schon einmal bedient?" erkundigt sich der Friseur eilfertig bei seinem ziemlich blankköpfigen Kunden. „Nein", meint der trocken. „Die Narben stammen von einem Autounfall!"

Bierbaum klingelt nachts um eins bei seinem Nachbarn und bittet: „Könnten Sie mir Ihr Radiogerät mal ausleihen?" „Wieso?" fragt der Nachbar. „Wollen Sie um die Uhrzeit noch tanzen?" „Nee, schlafen!" meint Bierbaum trocken.

Krawuttke ist bei der Führerscheinprüfung durchgefallen. „Der blöde Prüfer konnte mich einfach nicht leiden!" klagt er einem Freund.
„Das gibt es doch gar nicht!"
„Doch, doch! Du hättest mal seinen Blick sehen sollen, als der Krankenwagen mit ihm wegfuhr!"

Oma Puselmüsel sitzt in der Straßenbahn, ihr gegenüber sitzt ein amerikanischer Soldat. Er kaut auf einem Kaugummi. Nach einer Weile meint sie zu ihm: „Es ist wirklich zwecklos, dauernd auf mich einzureden. Erstens verstehe ich kein Englisch, und zweitens bin ich schwerhörig, junger Mann!"

Zum Zahnarzt kommt ein Patient, der vor Angst schlottert. Als er das Behandlungszimmer betritt, geht ein Leuchten über das Gesicht des Zahnarztes. „Schau an, schau an!" sagt er. „Ist das nicht der nette Polizist, der mich gestern wegen falschen Parkens aufgeschrieben hat? Nehmen Sie Platz, mein Lieber, nehmen Sie Platz!"

Jetzt gibt es einen neuen Computer. Wenn man ihm dumme Fragen stellt, lacht er...

„Was ist der Unterschied zwischen Hühnern und Touristen?"
„Weiß ich nicht!"
„Hühner werden erst gerupft, wenn sie tot sind!"

„So ein Betrug!" schimpft Dösel. „Da habe ich für das Gartenfest ein ganzes Quartett bestellt, und nur vier Mann sind gekommen!"

„Findest du nicht, Liebling, daß die Buttermilch-Schönheitsmaske mich bedeutend schöner gemacht hat?"
„Ganz ohne Frage, mein Schatz – aber warum hast du sie dann wieder abgenommen?"

Volltreffer

Vor Gericht. Der schon etwas trottelige Oberförster hat bei der Treibjad auf einen Treiber geschossen. „Wie war denn das möglich?" wundert sich der Richter. „Der Treiber hat laut Zeugenaussage doch laut gerufen, er sei kein Wildschwein!" Meint der Oberförster: „Ich dachte, er wollte mich täuschen!"

Knuddelmaier will ein Haus kaufen und geht zum Makler.
„Dieses Haus hier hat Vor- und Nachteile", sagt der Makler.
„Nachteile sind, daß es im Norden an eine Käsefabrik und im Süden an eine Chemiefabrik grenzt!"
„Und die Vorteile?"
„Na ja, Herr Knuddelmaier, Sie wissen wenigstens immer, woher der Wind weht!"

Lehrer Lämpel: „Wenn die Schüler in der hintersten Reihe so leise wären wie die Kameraden, die in der Mitte Zeitung lesen, dann könnten die Schüler hier vorne wenigstens ungestört weiterschlafen!"

Die kleine Steffi trinkt zum erstenmal Sauermilch, verzieht das Gesicht und ruft empört: „Iiih, die Kuh war aber noch nicht reif…!"

Cowboy Jimmy kommt reichlich angeheitert aus dem Saloon. Er wankt zu seinem Pferd und steigt auf – verkehrtherum. Ein Kumpel von Jimmy ist ziemlich verdattert. „Hey, Jimmy, du sitzt ja verkehrt auf dem Pferd!" „Dummes Zeug!" winkt Jimmy ab. „Ich befinde mich ja auf dem Rückweg!"

Knotzke aus Berlin ist in Bayern auf Urlaub. Er fragt einen Einheimischen: „Tschuldijung, ick bin fremd hier. Wo kann ick mir hier rasieren lassen?" Antwortet der Bayer: „Na, im Gesicht, wia dahoam a!"

Der Lehrer fragt: „Wozu gehört das Pferd?"
„Zu den Säugetieren!" antwortet Hubert.
„Und der Kolibri?"
„Zu den Vögeln!"
„Und die Ameisen?"
„Zu den Insekten!"
„Und der Hering?"
„Zu neuen Kartoffeln!"

Frau Meyering ruft beim Wetteramt an und beschwert sich: „Ich wollte Ihnen eigentlich nur sagen, daß die städtische Feuerwehr gerade Ihre leichte Bewölkung von heute aus dem Keller pumpt!"

„Ihr Schnitzel kann ich nicht essen. Rufen Sie sofort den Geschäftsführer!"
„Bedaure, das dürfte nichts nützen, er ißt das auch nicht!"

Ein Schotte betritt ein Hotel und fragt, was ein Zimmer mit Frühstück kostet.
„Zehn Pfund."
„Und das Frühstück allein?"
„Zwei Pfund."
„Und die Garage?"
„Die Garage ist gratis", antwortet der Portier.
„Na, prima! Ich nehme ein Frühstück mit Garage und schlafe in meinem Auto."

Der Bischof ist entsetzt, als er die neuen Wandmalereien des Kirchenmalers betrachtet. "Aber, aber, die Englein sind ja alle ohne Flügel gemalt! Haben Sie etwa schon einmal Engel ohne Flügel gesehen?"
Stellt der Künstler die Gegenfrage:
"Und Sie, Herr Bischof, haben Sie schon mal welche mit Flügeln gesehen?"

Ein Betrunker hilft einer Nonne über die Straße.
Die bedankt sich: "Vergelt's Gott, junger Mann!"
Lallt der Betrunkene: "Schon in Ordnung – Zorros Freunde sind auch meine Freunde!"

Familie Schlegel hat sich ein Reihenhaus gekauft. Besucht ihn sein Freund Dieter und fragt: "Stimmt das, daß die Wände so dünn sind bei diesen Häusern?"
Antwortet Schlegel: "Und ob! Wenn ich Herzklopfen habe, muß mein Nachbar Baldriantropfen einnehmen!"

Nur so dahergeredet
Lehrer: "Jetzt müßte dein Vater hiersein, damit er sieht, wie du dich aufführst, wenn er nicht da ist!"

Fritzchen hat ein dickes Buch geschenkt bekommen. Ungläubig schaut er das Geschenk an und fragt dann leise seine Mutter: "Was ist denn das?" "Das ist ein berühmter Roman. Daraus werden Filme fürs Fernsehen gemacht."

Püsemüdel zum Bahnhofsvorsteher: "Muß ich für die Kinder auch bezahlen?" – Der Beamte: "Unter sechs nicht!" – "Na, Glück gehabt, ich hab' bloß drei...!"

Sitzen zwei hinter Gittern und unterhalten sich. "Bist du eigentlich verheiratet?"
"Na hör mal, ich werde doch nicht so verrückt sein und meine Freiheit aufgeben!"

„Wissen Sie ein gutes Mittel gegen Haarausfall?" will Hubendubel von seinem Arzt wissen.
„Sicher", nickt dieser. „Täglich die Kopfhaut massieren und mit Toilettenwasser einreiben."
Nach einer Weile treffen sich Arzt und Hubendubel auf der Straße.
„Und? Hat's geholfen?" fragt der Arzt gespannt.
„Nein", antwortet Hubendubel geknickt. „Mir ist nur jedesmal der Deckel auf den Kopf gefallen."

Ein Spaziergänger schaut einem Angler zu. So vergeht eine Viertelstunde, eine halbe Stunde, eine Stunde. Da meint der Spaziergänger: „Es gibt wirklich nichts Blöderes als Angeln!"
„Doch", meint darauf der Jünger Petris, „das Zuschauen!"

„Mein Mann ist sehr feinfühlig. Er würde nie eines unserer Kinder schlagen!"
„Meiner ist noch viel empfindlicher. Der klopft noch nicht einmal die Teppiche!"

Lehrer: „Nennt mir anstekkende Krankheiten!"
Christian: „Masern."
Steffi: „Grippe."
Schorschi: „Schlaflosigkeit...!"
Lehrer: „Aber Schlaflosigkeit ist doch nicht anstekkend!"
„Doch, Herr Lehrer! Immer wenn der Hund unseres Nachbarn nachts nicht schlafen kann, komme ich auch nicht zum Schlafen!"

Welch ein Wunder...

Nieselpriem wird vom Zöllner gefragt: „Was haben Sie in dieser Flasche?"
„Geweihtes Wasser. Ich komme direkt von einer Wallfahrt."
Der Zöllner öffnet die Flasche, schnuppert daran und sagt empört:
„Sie wollen mich wohl veräppeln? Das ist doch Kognak!"
„O nein!" sagt Nieselpriem, riecht selbst an der Flasche und ruft dann: „Der Herr sei gelobt! Ein Wunder ist geschehen!"

Richter zum Angeklagten: „Sie haben also den Revolver aus dem Waffengeschäft gestohlen?"
Angeklagter: „Ja, aber nur deshalb, weil ich mich damit erschießen wollte!"
Richter: „So, so...! Und weshalb haben Sie die Waffe dann eine Stunde später verkauft?"
Angeklagter: „Weil ich vorbeigeschossen habe!"

Der Kommissar triumphiert: „Damit habe ich dich überführt, Ede! Du hast behauptet, die letzten drei Tage vom Februar in München gewesen zu sein! Das ist gelogen! Die drei letzten Tage im Februar gibt es gar nicht!"

Ein Bauarbeiter ist vom Gerüst gestürzt. Er bleibt benommen liegen. Geistesgegenwärtig ordnet der Vorarbeiter an: „Schnell, nehmt ihm die Hände aus den Hosentaschen, damit es wie ein Arbeitsunfall aussieht!"

Im Religionsunterricht erzählt Lehrer Schimmelpfennig den Schülern vom Weltuntergang: „Regengüsse werden die Städte überfluten, Hagelkörner werden die Fensterscheiben zertrümmern, Stürme werden die Dächer von den Häusern reißen!"
Fragt Michael: „Herr Lehrer, ist bei dem Sauwetter wenigstens schulfrei?"

Zwei Laubbäume im Park. Meint der eine zum anderen: „Du, ich glaube, der Hund will was von mir. Er macht mich heute schon zum viertenmal an."

Warum haben Giraffen so einen langen Hals?

Weil der Kopf so weit oben sitzt!

Professor Grzimek hält in einer Schule einen Vortrag. Der kleine Helmut geht in der Pause zu ihm. „Ich brauche unbedingt ein Autogramm von Ihnen, unbedingt!"
Der Professor freut sich. „Normalerweise stehen Jungs in deinem Alter mehr auf Autogrammkarten von Topstars. Ein Autogramm von mir hat doch keinen Wert, mein Junge!"
Helmut: „Stimmt! Jetzt noch nicht, aber warten Sie mal ab, wenn Sie von einem Löwen gefressen worden sind!"

Herr Untermberg ist stinkbesoffen und fällt auf der Straße voll auf die Nase. Ein Passant geht zu ihm hin und fragt: „Haben Sie sich verletzt?" Untermberg tastet in seinem Gesicht herum und antwortet: „Nein, die Löcher in der Nase waren schon vorher da!"

★

Muckelmann zu Nuckelberg:
„Weißt du, was? Wir bauen uns mitten in der Wüste Sahara ein Lokal!"
„Das ist doch Quatsch, da kommt doch alle Jubeljahre mal ein Gast!"
„Kann schon sein, aber wenn einer kommt, was glaubst du, was der für einen Durst hat!"

„Herr Doktor, bitte verschreiben Sie mir irgend etwas!"
„Ja, was fehlt dir denn, Sonja?"
„Ich bin schrecklich verliebt!"
„Dagegen kann ich nichts verschreiben!"
„Doch, sicher! Es ist der Apotheker!"

„Wohin fährst du denn in Urlaub?"
„Ich fahre nach Venedig!"
„Und was machst du in Venedig?"
„Ich steige aus dem Zug aus!"

Der Patient fragt den berühmten Arzt: „Herr Doktor, können Sie vielleicht meine Schlaflosigkeit kurieren?" — „Aber selbstverständlich, guter Mann. Aber zuerst müssen wir die Ursache des Übels beseitigen." Da nickt der Patient nachdenklich: „Leicht wird das allerdings nicht sein, Herr Doktor. Meine Nachbarn hängen sehr an ihrem Baby!"

„Diesen Krachowski lade ich nie mehr ein! Der nimmt alles viel zu wörtlich."
„Wieso?"
„Nun, neulich war er bei uns zum Essen. Ich sagte ihm, daß er sich wie zu Hause fühlen solle. Und innerhalb von zehn Minuten kommandierte der Kerl meine Frau herum, schnauzte den Jungen an, schlug den Hund und sagte zu mir, Ich sei ein unausstehliches Trottel!"

Sagt der Wurm zu seiner Dauerverlobten: „Wenn du mich nicht bald heiratest, werfe ich mich vor ein Huhn!"

Hunderttausend Ameisen, die sich über einen Elefanten geärgert haben, wollen sich rächen. Sie klettern an seinem Rüssel hoch, doch der Elefant schüttelt sie ab und lacht sie aus. Nur eine einzige Ameise bleibt auf seinem Nacken sitzen. Schreien die anderen zu ihr hoch: „Würg ihn, Kumpel, würg ihn!"

SAG NIE, DASS DICH KEINER MAG! ES GIBT MILLIARDEN MENSCHEN, DIE DICH NOCH GAR NICHT KENNEN!

Ein Mörder soll hingerichtet werden. Fragt ihn der Geistliche: „Möchten Sie mir noch etwas anvertrauen?" Meint der: „Was soll der Quatsch? In ein paar Minuten spreche ich mit Ihrem Chef persönlich!"

Der Feldwebel fragt die Soldaten: „Wie macht man ein Kanonenrohr?" Müller meldet sich. „Ganz einfach: Man nimmt ein Loch und baut Eisen drum!" Der Feldwebel weiter: „Und woher bekommen Sie das Loch?" Müller: „Auch ganz einfach, Herr Feldwebel! Man nimmt ein Ofenrohr und schneidet das Blech darum weg."

Es ist jetzt erwiesen...
...daß jede Schulminute 60 Schrecksekunden hat!

DIÄT muß sein

„Ihr Mann ist aber dünn geworden!"
„Ja, ja, das liegt an seiner chinesischen Diät. Seit Wochen ißt er nur Hühnerbrühe!"
„Mit Reis?"
„Nein! Mit Stäbchen!"

Schlechte Sicht

Zwei Maurer unterhalten sich. „Du, Kollege", sagt der eine, „siehst du da oben auf dem Gerüst eine Mücke sitzen?"
„Nein, ich kann nichts erkennen."
„Okay, dann hören wir mit der Arbeit auf. Die Sicht ist zu schlecht."

Knotzke zum Richter: „Ehrlich, Herr Vorsitzender, wenn ich den Einbruch so begangen hätte, wie Sie ihn darstellen, dann hätten mich die Bullen nie erwischt!"

Zwei Kühe treffen sich auf der Weide. Sagt die eine: „Muh!" Antwortet die andere: „Mäh!" — „Mensch", sagt darauf die erste ärgerlich, „komm doch nicht immer vom Thema ab!"

Durch die Wüste laufen ein Elefant und eine Maus, die Maus im Schatten des Dickhäuters. Der stöhnt: „Puuh! Ist das heiß!" Er wischt sich den Schweiß von der Stirn, da macht das Mäuschen den Vorschlag: „Wir können ja auch mal wechseln!"

„Warum sind die Flüsse voller Wasser?"
„Damit es nicht so staubt, wenn die Schiffe bremsen!"

Der neue Frisörlehrling rasiert erstmals einen Kunden. Er ist so aufgeregt, daß er den Mann prompt leicht am Hals verletzt. Das passiert noch weitere zweimal, ohne daß sich der Kunde beschwert. Doch dann sagt er: „Geben Sie mir bitte ein Glas Wasser!"
Meint der Lehrling: „Gerne! Sie haben jetzt sicher Durst!"
Kunde: „Durst eigentlich weniger – ich möchte lediglich sehen, ob mein Hals noch dicht ist!"

Jim war einschlägig vorbestraft. Deshalb bekam er auch für den Diebstahl einer ganz normalen Armbanduhr glatte drei Jahre.
Meinte der Richter: „Haben Sie noch etwas zu sagen, Angeklagter?"
Antwortet Jim: „Eigentlich nicht. Ich habe gewußt, was ich dafür bekomme!"
Richter: „So, woher wußten Sie das?"
Jim: „Auf der Uhr stand geschrieben: ‚Drei Jahre Garantie'!"

Der Onkel, ein bekannter Fußballspieler, fragt seinen Neffen: „Na, wie geht es denn so in der Schule?"
„Prima, Onkel! Mein Lehrer sagt, ich sei ein Tor, und vermutlich gibt es für diese Klasse eine Verlängerung, weil ich in einigen Fächern im Abseits stehe."

Sagt der Mann vom TÜV zu Obermaier: „Mann, Ihre Reifen sind abgefahren!"
Obermaier: „Dann aber nichts wie hinterher!"

Was macht der Storch, wenn er auf einem Bein steht?
Er überlegt sich den nächsten Schritt!

Kalle zu Pips: „Hast du dir das Rauchen abgewöhnt?"
Pips: „Woher weißt du denn das?"
Kalle: „Weil du dauernd die Kekse im Aschenbecher ausdrückst."

Erzählt Werner am Stammtisch: „Kürzlich habe ich geträumt, man hätte mich auf einen Bauernhof verfrachtet, und ich mußte Dutzende von Gänsen rupfen. Immer rupfen und rupfen!"
„Das ist doch nicht schlimm!" meinen seine Stammtischbrüder.
Werner: „Für mich nicht, aber für meine Frau! Als ich aufwachte, hatte sie keine Haare mehr!"

◆◆◆◆◆◆◆◆◆

Zwei Bauern sitzen am Stammtisch und unterhalten sich über ihr Federvieh. Sagt der eine: „Mein Hahn ist der faulste in der ganzen Gegend!"
„Und wieso das?"
„Wenn die anderen Hähne ringsum im Morgengrauen krähen, steigt meiner auf den Misthaufen, dreht sich zweimal um die eigene Achse und nickt mit dem Kopf."

Der kleine Dieter steht mit seiner Mutter vor dem Elefantengehege. „Du, Mami, wo kommen eigentlich die Elefantenbabys her? Aber fang mir bloß nicht mit dem Märchen vom Storch an!"

Fragt der Arzt die Patientin: „Und seit wann sehen Sie alles doppelt?"
Patientin: „Lassen Sie mich mal überlegen... Also – wenn ich mich recht erinnere: seit wir die Zwillinge bekommen haben!"

◆

Muckermann im Speiserestaurant:
„Herr Ober, in meiner Suppe schwimmt ein Hörgerät!"
Ober: „Wie bitte?"

◆

Frau Merkel öffnet einem Vertreter die Haustür. Der fragt: „Möchten Sie einen preiswerten Schlafsack kaufen?"
Antwortet Frau Merkel: „Nein, danke – ich bin mit einem verheiratet!"

◆

Familienausflug zum Zoo. Der kleine Dieter nörgelt: „Ich möchte so gerne mal auf einem Esel reiten, Mami!" Sagt die Mutter: „Willi, nun nimm den Jungen endlich mal auf die Schultern!"

•

„Schmeiß doch den Kerl an Tisch fünf raus, der schläft ja nur!" sagt der Kellner zu seinem Kollegen.
„Ich werd' mich hüten!" meint der. „Jedesmal, wenn er aufwacht, hat er seine Rechnung bezahlt!"

Auf ihrem monatelangen Ausflug zur Nachbarin um die Ecke, will die eine der beiden Schnecken eine Abkürzung machen. Dazu müssen sie die Fernstraße überqueren. Als die eine sich anschickt, das zu tun, empört sich die Klügere: „Bist du von Sinnen? In vier Stunden kommt doch der Linienbus!"

Der Mathelehrer zu Schorschi: „Warum kann ich behaupten, daß die drei Punkte auf einer Linie liegen?" Meint Schorschi: „Weil Sie Mathelehrer sind!"

„Haben Sie schon einmal eine Laus unter dem Mikroskop betrachtet?" fragt der junge Zoologe eine Dame. „Nein, Herr Professor, wir haben zu Hause kein Mikroskop...!"

Schmerzverzerrt humpelt Fritzchen zu dem Polizisten und klagt: „Mich hat eben ein Junge verhauen, der war viel größer als ich. Den müssen sie bestrafen!" — „Erkennst du den Burschen denn wieder?" forscht der Wachtmeister. „Aber klar", strahlt da das Fritzchen begeistert, „ich hab doch sein linkes Ohr in der Hosentasche!"

Bitte schön, Herr Lehrer!

Ein Lehrer steht vor dem Zigarettenautomaten und sucht fieberhaft nach Markstücken. Kommt der kleine Dieter vorbei, und der Lehrer spricht ihn an: „He, Junge, hast du vielleicht zwei Markstücke?"
Der greift in die Tasche und sagt: „Vermutlich ja!"
Schnauzt ihn der Lehrer an: „Das heißt ‚Vermutlich ja, Herr Lehrer!' Versuchen wir's also noch mal!" Er stellt ihm noch einmal die Frage: „Hast du zwei Markstücke?"
Antwortet Dieter: „Vermutlich nein, Herr Lehrer!"

Frau Fuchs ist aufgebracht. „Was, du hast vom Bauernhof nur einen Zylinder mitgebracht und nichts zum Mampfen?"
Entgegnet der Fuchs: „Warte ab, Frau! Ich habe einen Mann gesehen, der reihenweise Kaninchen da herausholte..."

Richter zu Knasterzahn: „Sie haben die ganzen Artikel ohne Bezahlung aus dem Kaufhaus genommen! Das müssen Sie doch zugeben!"
Knasterzahn: „Jawohl, aber auf dem Schild stand geschrieben: KEIN KAUFZWANG!"

„Der Hafermehl hat es weit gebracht. Vor fünf Jahren hat er mit nichts angefangen."
„Und was hat er heute?"
„Vier Millionen Schulden!"

„Wie fanden Sie das Steak?" fragt der Kellner. Entgegnet der Gast: „Ein bißchen klein für sein Alter...!"

„Und wie geht es Ihnen heute?" erkundigt sich der Arzt bei der Visite. „Ach", jammert die Patientin, „schlecht! Ich habe nicht mal mehr Appetit auf das, was Sie mir verboten haben!"

„Wozu hast du dir denn einen Kranwagen angeschafft?"
„Ich brauche ihn für meine Arbeit."
„So, was machst du denn?"
„Ich bin Rausschmeißer in einem Autokino!"

Zwei Amerikaner unterhalten sich. Bill zeigt auf eine S.hramme in seinem Gesicht.
„Diese Schramme habe ich bekommen, als ich aus dem Fenster eines Hochhauses im 36. Stock fiel!"
Meint Bob: „Also, ihr Fensterputzer lebt ja wirklich gefährlich. Daß du diesen Sturz überhaupt lebend überstanden hast – alle Achtung!"
Bill: „War nicht so schwer, ich bin nach innen gefallen!"

„Sie haben vergessen, einen I-Punkt zu machen!" belehrt der Beamte im Einwohnermeldeamt das alte Mütterchen streng. „Ach, Herr Inspektor", bittet das Mütterchen da, „könnten Sie den I-Punkt nicht für mich machen?" Darauf der Inspektor aufgebracht: „Wo denken Sie hin! Urkunden müssen mit derselben Handschrift ausgefüllt sein!"

Verkehrsdurchsage:

„Autobahn A 5, Basel–Karlsruhe. Stau zwischen Rastatt und Ettlingen/Karlsruhe-Rheinhafen, bei Kilometer 177 wird noch ein dritter Mann zum Skat gesucht!"

„Küßchen"

Zwei ältere Damen sitzen auf einer Parkbank.
„Sieh doch mal, Berta, der Herr dort drüben wirft uns dauernd Kußhändchen zu!"
„Red doch keinen Unsinn, Agatha! Der ißt Kirschen und wirft die Kirschsteine weg!"

Der Richter: „Herr Flippikowski, warum haben Sie denn bei dem Einbruch das wertvolle Silber gestohlen und die fünfzigtausend Mark auf der Kommode liegen lassen?"
„Hören Sie auf!" jammert der Angeklagte. „Deswegen hat mir meine Frau schon genug Vorwürfe gemacht!"

Hier ist Bayern 3 mit einer Durchsage...

Auf der Autobahn München hört Herr Muckelmann folgende Durchsage: „Achtung! Auf der Autobahn zwischen Augsburg und München kommt Ihnen ein Fahrzeug auf der falschen Fahrbahn entgegen.
Ruft Frau Muckelmann vom Beifahrersitz aus: „Was heißt da einer! Hunderte sind das, Hunderte!"

Ein BMW und ein Mofa fahren mit 10 km/h nebeneinander her. Der BMW dreht auf, fährt sechzig, und der Mofa-Fahrer hält immer noch mit. Jetzt wird's dem BMW-Fahrer zu bunt, er tritt aufs Gas, fährt nun hundertzwanzig. Das Mofa bleibt immer noch auf gleicher Höhe. Der BMW-Fahrer wundert sich und dreht die Scheibe herunter. „Hast wohl deine Kiste frisiert, was?"
Meint der Mofa-Fahrer: „Ne, Kumpel, aber mein Mantel ist in deiner Tür eingeklemmt!"

Eine lange Schlange wartet vor dem Gemüsestand. Endlich kommt Professor Hefermehl dran. Die Marktfrau fragt: „Und was wünschen Sie?"
„Ach, nichts weiter! Ich wollte nur sagen, daß man Sellerie mit zwei l schreibt!"

Zwei Ostfriesen waren auf einer Beerdigung. Wie das so üblich ist, werfen alle Leute nacheinander Blumen ins Grab. Als Jan an der Reihe ist, wirft er drei Frikadellen ins Grab. Schimpft sein Kumpel: „Spinnst du? Die kann er doch nicht mehr essen!" Antwortet Jan: „Deine Blumen kann er auch nicht mehr in die Vase stellen!"

Zwei Cowboys betreten einen Saloon. An der Theke stehen zwölf Männer. „Siehst du den dort drüben?" fragt der eine Cowboy. „Wen meinst du?" fragt der zweite. Da zieht der erste Cowboy seinen Colt. Elf Schüsse peitschen, und elf Cowboys sinken zu Boden. Dann sagt der Schütze: „Den da meine ich." — „Und was ist mit dem?" — „Den kann ich nicht leiden."

Auf einer Seereise erkundigt sich Onkel Archibald besorgt beim Kapitän: „Geht so ein Schiff eigentlich öfter unter?"
„Nein", schmunzelt der Kapitän. „Nur einmal, und dann bleibt's meistens unten!"

Frau Piesel hat sich einen Zwergpinscher angeschafft. Nun hängt an ihrer Gartentür ein Schild mit der Aufschrift: „Vorsicht, Hund!" Als ihre Freundin Amanda zu Besuch kommt, liest sie das Schild und schaut sich ängstlich um. Das zierliche Tierchen springt wedelnd herbei, und Amanda muß natürlich lachen über Frau Piesels Angeberei.
Frau Piesel wird ärgerlich: „Du verstehst überhaupt nichts von Tieren! Das Schild hab' ich doch nur angebracht, damit niemand auf den Hund tritt!"

„Komm, Susi, streck mal deine Zunge heraus!" sagt der Arzt zu der kleinen fünfjährigen Patientin."
„Nee, Onkel Doktor, das kenn' ich! Nachher haust du mir eine runter."

Sagt Muckermann zu seinem Kumpel: „Wenn ich meine Frau nicht hätte, wäre ich gestern abend von einem Taschendieb ausgeraubt worden!"
„Alle Achtung! Hat sie den Dieb in die Flucht geschlagen?"
Muckermann: „Nein, aber meine Frau hatte mir vorher schon alle Taschen geleert!"

Der Lehrer will der Klasse das Sprichwort „Borgen macht Sorgen" erklären. „Hört mal alle her!" sagt er. „Wenn ich mir beim Schneider eine Hose machen lasse und sie dann nicht bezahle, was habe ich dann?"
Meldet sich Karlchen aus der ersten Reihe: „Eine Pumphose, Herr Lehrer!"

In einem deutsch-holländischen Grenzlokal sitzen zwei Pfälzer. Nach einem Rundgang durch das Haus sehen sie zwei Türen mit „D" und „H". Meint der eine: „Siehste, das nenne ich vornehm – ein Örtchen für die Deutschen und eines für die Holländer!"

Frau Bröselbier ist ziemlich gut genährt, und trotzdem hat sie sich eine hautenge Hose gekauft. Abends führt sie die Hose ihrem Mann vor. „Toll, was? Dieses Modell heißt Elba, mein Schatz!"
Der holt tief Luft: „Elba ist eine Insel und kein Erdteil!"

„Herr Wachtmeister! Man hat mir mein Fahrrad gestohlen!"
Wachtmeister: „War es noch gut?"
„Nicht besonders."
„War eine Klingel dran?"
„Nein."
„Und Handbremse und Licht?"
„Auch nicht."
„Macht dreißig Mark Strafe!"

Egon und Willi arbeiten beim Zoll. Sagt Egon: „Hast du noch eine Zigarette für mich?"
Willi: „Nein, ich habe auch keine mehr!"
Egon: „Dann werden wir ab sofort etwas genauer kontrollieren, meinst du nicht auch?"

Eusebia geht zur Kosmetikerin.
„Ich will schöner werden – und zwar mit Ihrer Schönheitscreme!"
Meint die Verkäuferin: „Sie nehmen doch sicher die Zehnkilotrommel, nicht wahr?"

Knotterbeck zu Schlotterbach: „Ich wollte, ich hätte das Geld von Rockefeller und dein Gesicht dazu!" Schlotterbach: „Wieso denn mein Gesicht?" Knotterbeck: „Wenn ich Geld wie Rockefeller hätte, wäre es mir schnurzegal, wie blöd ich aussehe!"

Beschwert sich Frau Kraft bei ihrer Nachbarin: „Mein Mann ist wie der Mond!" „Wie meinen Sie das?" „Mal nimmt er zu, mal nimmt er ab, und alle vier Wochen ist er voll!"

Im Zirkus. Es war eine tolle Veranstaltung. Allen hat es gefallen, nur Bröselbier nicht. „Das Programm war nicht schlecht, wenn nur das undichte Zirkuszelt nicht gewesen wäre. Während einer Nummer ist mir der Regen nur so ins Gesicht gesprüht!" Zirkusdirektor: „Ach, das muß bei der Trapeznummer gewesen sein – der eine davon hat es an der Blase...!"

Heinz hat über den Durst getrunken. Er steht vor einem Automaten, wirft Geld ein, zieht und legt ein Brötchen neben sich. So macht er das zwanzigmal. Hinter ihm bildet sich bereits eine Schlange. Fragt ihn sein Hintermann: „Muß das sein? Andere wollen doch auch mal!"
Heinz: „Glauben Sie vielleicht, ich höre jetzt, mitten in einer Glückssträhne, auf?"

Klausi kommt weinend nach Hause. „Ein großer Junge hat mich verhauen, Mama!"
Seine Mutter: „Würdest du ihn wiedererkennen?"
Klausi: „Klar, ich habe doch sein Ohr in der Tasche!"

Eine Mäusemutter geht mit ihren Jungen spazieren. Da taucht eine Katze auf, worauf die Mäusemutter sich aufrichtet und einmal ganz laut bellt. Die Katze ergreift die Flucht. Da meint die Mutter zu ihren Jungen: „Seht ihr, wie gut es ist, Fremdsprachen zu beherrschen!"

Sagt der kleine Willi zu seinem Lehrer: „Sie haben wunderschöne Zähne, Herr Watzke – gibt's die auch in Weiß?"

Bedenkzeit

Schwatzke übernachtet im Hotel. „Wann wollen Sie denn geweckt werden?" fragt der Portier.
„Weiß ich noch nicht. Ich sag's Ihnen morgen früh."

Ein Polizist trifft zwei Landstreicher.
Er fragt den einen:
„Wo wohnen Sie?"
„Ich? Nirgendwo, Herr Wachtmeister!"
„Und Sie?" fragt der Polizist den zweiten.
„Wir sind Nachbarn, Herr Wachtmeister!"

Rolf kommt aus der Schule heim und fragt seine Mutter: „Mama, darf man Menschen essen?"
„Nein, natürlich nicht!"
Darauf Rolf: „Aber Klaus hat gesagt, er ißt heute Frankfurter."

Am Tag vor der Prüfung verspricht der Lehrer dem kleinen Fritz, der nie etwas kann, dumm aussieht, stottert, aber doch „auf Zack ist": „Also, Fritzchen, mit dir will ich es morgen besonders gnädig machen. Ich stell' dir nur eine einzige Frage. Wenn du die beantworten kannst, hast du bestanden."
Am nächsten Tag will der Lehrer von Fritzchen wissen, wie viele Haare ein ausgewachsenes Pferd hat. Fritzchen besinnt sich nicht lange und stottert los: „Ein Pferd hat drrreimilllllionenhunhundertfüfünfundzwanzigtautausendundsiebsiebzehn Haare."
„Aber Fritzchen", wundert sich der Lehrer, „woher weiß du das denn so genau?"
„Das gilt nicht, Herr Lehrer", antwortet das pfiffige Fritzchen. „Das ist schon die zweite Frage!"

Püsemüdel im Lokal: „Herr Ober! Solch eine Frechheit habe ich noch nie erlebt! Wenn das Bohnenkaffee sein soll, freß ich 'nen Besen!"
Meint der Ober: „Ach nein! Und wie erklären Sie sich dann, daß Sie nach einem Schluck bereits so aufgeregt sind, mein Herr?"

In einer Bar erzählt ein Wettbegeisterter:
„Also, ich bin am 11. 11. zum Rennplatz, ich war Punkt 11 Uhr 11 am Schalter, es waren 11 Pferde am Start, und es war das 11. Rennen. Dann habe ich mein ganzes Geld – 111 Mark – auf das Pferd Nr. 11 gesetzt, und was glaubt ihr?"
„Los, erzähl schon, und mach's nicht so spannend!" sagen die Zuhörer.
„Tja, der blöde Gaul ist 11 Sekunden später auf die Schnauze gefallen!"

Die Henne kommt ganz aufgeregt in das Hühnerhaus gerast und fährt den Hahn an: „Draußen steht so ein fürchterlich aufgedonnertes buntes Federvieh, das dich sprechen will! Was soll das bedeuten?" Der Hahn schaut kurz raus und antwortet: „Das ist nur der Papagei vom Nachbarhaus. Er geht auf die Sprachenschule und möchte Nachhilfeunterricht im Krähen!"

Der Pfarrer predigt von der Kanzel. Ruft einer von ganz hinten: „Lauter, Herr Pfarrer!"
Pfarrer: „Entschuldigung! Ich konnte ja nicht ahnen, daß mir einer zuhört!"

Sagt der Lehrer zu Helmut: „Du solltest Lotto spielen!"
Helmut: „Wieso, Herr Lehrer?"
Lehrer: „In deinem Diktat hast du sechs Wörter richtig!"

MERKE: NUR WER MORGENS ZERKNITTERT IST, KANN SICH AM TAG RICHTIG ENTFALTEN!

Als Püsemüdel neulich Bus gefahren ist, hat er bei der Abfahrt auf seine Uhr gesehen, die gerade 10 Uhr 30 zeigte. Ein paar Stationen weiter kam der Bus an einer Normaluhr vorbei, die 10 Uhr 15 zeigte. Schrie Püsemüdel entsetzt: „Meine Güte, ich fahre in die falsche Richtung!"

Mißverständnis

Sehnsüchtig sieht ein kleiner Junge zu, wie Klausi an einer saftigen Birne kaut. Da er noch weitere in der Tüte hat, sagt seine Mutter mitleidig: „Geh rüber, und gib dem Kleinen eine!"
Er steht auf, geht zu dem Jungen und knallt ihm eine. „Tut mir leid, aber meine Mutter hat's so gewollt!"

Zeitungsnotiz aus Schottland

Auf der Straße nach Aberdeen verunglückte ein Kleinwagen schwer. Alle achtzehn Insassen kamen mit dem Schrecken davon.

LIEBER SITZENBLEIBEN ALS STEHENBLEIBEN!

Aushang in einer Stadt in Ostfriesland
Heute abend, 20 Uhr, Feuerwehrübung mit dem neuen Spritzenwagen! Sollte es zu diesem Zeitpunkt brennen, wird die Übung um eine Stunde vorverlegt!

„Mami, in der Zeitung steht, daß das Fernsehen Statisten sucht. Was ist denn das?"
„Das sind Leute, die bloß herumstehen und nichts zu sagen haben!"
„Ach ja, das wäre doch etwas für Papi!"

„Angeklagter, wegen der bewiesenen Vergehen werden Sie zu hundert Mark Geldstrafe verurteilt. Möchten Sie dem noch etwas hinzufügen?"
„O nein! Ich denke, hundert Mark sind wirklich genug!"

Unterhalten sich ein Engländer, ein Franzose und ein Schwabe über die Problematik ihrer Sprache.
Der Engländer: „Wir schreiben zum Beispiel ‚Empire' und sprechen ‚Ampeier'."
Antwortet der Franzose: „Und wir schreiben ‚Bordeaux' und sprechen ‚Bordo'."
Lächelt der Schwabe: „Ha, des isch doch nix! Mir schreibe ‚Ja, bitte?' und sage schlicht und oifach: ‚Hä?'"

Fritzchen kommt mit einem halbvollen Senfglas zum Kaufmann. „Bitte auffüllen!" Nachdem das Glas bis zum Rand gefüllt ist, fragt der Kaufmann: „So, mein Junge, wo hast du nun das Geld?"
Meint Fritzchen: „Das liegt im Glas!"

Beim Psychiater fühlt sich einer als Napoleon.
„Wer hat Ihnen denn gesagt, daß Sie Napoleon sind?" will einer der Patienten wissen.
„Der liebe Gott", lautet die Antwort.
Steht ein Mann in der Ecke auf und fragt empört:
„Was soll ich gesagt haben?"

Die junge Frau des Multimillionärs kam zu ihrem Mann in die Bibliothek gestürzt.
„Stell dir vor, Schatz", rief sie glückstrahlend, „unser Sohn hat gerade sein erstes Wort gesprochen!"
„Wirklich? Und was sagte er?"
„Kaviar!"

Der Lehrer schrieb an die Tafel: „Es ist nicht alles Gold, was glänzt!" Während der Pause dichtet Klein Erna weiter: „Und längst nicht alles faul, was schwänzt!"

„Als ich Heinz-Wilhelm kennenlernte, war das Liebe auf den zweiten Blick."
„Wieso nicht auf den ersten?"
„Da wußte ich noch nicht, daß er Multimillionär ist..."

Treffen sich zwei Regenwurmfrauen. Sagt die eine:
„Jetzt hab ich's dick mit meinem Mann! Kannst du mir einen Tip geben, wie ich ihn loswerde?"
„Schick ihn doch einfach mal zum Angeln!"

Saures Nichtstun

Chef zum Angestellten: „Sie sind entlassen!"
Angestellter: „Aber wieso denn? Ich habe doch gar nichts getan!"
„Genau! Und das ein ganzes Jahr lang!"

Der Schafscherer murmelt ständig etwas über Politik und Wetter. Da fragt ihn ein Kollege: „Warum redest du bei der Schur?"
„Ach, das macht die Gewohnheit. Ich war Friseur."

Irrsinn

„Als ich so alt war wie du", mahnt der Vater seinen Sohn, „habe ich täglich zwölf Stunden gearbeitet, wie ein Irrsinniger."

„Hm", meint der Sohn da. „Darf man fragen, wann du zur Vernunft gekommen bist?"

Personalchef zum Bewerber: „Es tut mir leid, wir können Sie nicht einstellen. Wir haben überhaupt keine Arbeit für Sie."
Der Bewerber: „Das würde mich nicht stören."

Immer bei der Wahrheit bleiben!

„Wie heißen Sie?" fragt der Polizist den von ihm überraschten Einbrecher.
„Karl Schulze."
Der Wachtmeister lächelt. „Das kennen wir schon, Schulze oder Müller. Damit kommen Sie bei mir nicht durch. Also – wie heißen Sie nun wirklich?"
„Johann Wolfgang von Goethe!"
„Na also, warum nicht gleich so? Mit der Wahrheit kommt man immer noch am weitesten!"

Franz sieht, wie seine kleine Schwester aus einer Pfütze Wasser trinkt. Er sagt zu ihr: „Das darfst du nicht tun, da sind doch Bazillen drin!" Da antwortet die Kleine: „Die sind alle tot. Ich bin vorher dreimal mit dem Roller durchgefahren!"

Beim Arzt

„Herr Doktor, warum ist ein Blinddarm eigentlich so anfällig?"
„Weil er nicht sehen kann, was auf ihn zukommt..."

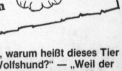

„Mutti, warum heißt dieses Tier dort Wolfshund?" — „Weil der Vater ein Hund und die Mutter eine Wölfin waren." — „War das beim Ameisenbären genauso?"

Sagt eine Henne zur anderen: „Ich verstehe das nicht! Bei den vielen Eiern, die wir schon gelegt haben, müßten wir eigentlich viel mehr sein!"

„Nun, mein Herr, wie fanden Sie das Schnitzel?"
„Das war ganz leicht. Ich habe eine Bratkartoffel beiseite geschoben, darunter lag es."

„Tante Ilse, bist du eigentlich beim Ballett?" fragt Siegfried.
Tante Ilse: „Wie kommst du denn auf diese Schnapsidee?"
„Ach, Vati sagt immer: ‚Jetzt kommt die alte Krähe schon wieder angetanzt!'"

Gute Frage

Herr Meier in der Kunsthandlung: „Sie haben im Schaufenster ein Bild von Rembrandt für zehn Mark hängen. Ist das ein Original oder eine Kopie?"

Die Maus stolz zum Elefanten:
„Stell dir vor, ich habe in der letzten Woche drei Gramm abgenommen!"
Blickt der Elefant nachsichtig auf sie herab und meint: „Stell dir vor, ich auch!"

Verärgert erkundigt sich Direktor Böselmann bei seiner Sekretärin: „Wer brüllt denn da wieder so in seinem Büro herum?"
„Das ist Herr Grünspan", klärt ihn seine Sekretärin auf, „er spricht mit Amsterdam!"
„Dann sagen Sie ihm einen schönen Gruß von mir", donnert der Direktor zurück, „er soll dafür gefälligst das Telefon benutzen!"

Theresia Bockig traut sich trotz ihrer 97 Lenze mal wieder auf die Straße. Bei der Fußgängerampel hält sie an und betrachtet sich eine Weile das Hin und Her. Plötzlich stupst sie einen jungen Mann neben sich an: „Bitte, junger Mann, helfen Sie mir über die Straße!" — „Aber Oma, die Fußgängerampel zeigt doch Rot!" entsetzt sich der Angesprochene. „Eben drum", meint Theresia da, „bei Grün kann ich auch allein über die Straße!"

Auch das gibt's

Fragt der Mann beim TÜV die Dame: „Ist Ihr Wagen denn in der letzten Zeit überhaupt mal überholt worden?"
„Was denken Sie?" empört sich die Gefragte. „Andauernd! Vor allem von Radfahrern!"

Ein Alkoholiker kommt in ein Gasthaus und sieht einen Mann vor der Theke liegen. Er schaut kurz und sagt zum Wirt: „Einmal dasselbe!"

Frau Raffke fragt die kleine Inge: „Na, wie alt ist ist denn deine Omi?"
Inge: „Genau weiß ich es nicht, aber wir haben sie schon ziemlich lange!"

Brüllt der Kannibalenkoch seine Stammesbrüder an: „Die ganze nächste Woche will ich von euch nur Leute mit Glatze gebracht haben!" — „Warum denn das auf einmal?" wundern sich die Angebrüllten. „Weil ich das ewige Rupfen dick habe!" brüllt der Koch zurück.

„Ihre kleine Tochter ähnelt mehr und mehr Ihrer Gattin!"
„Ja!" meint der Vater zerknirscht. „Besonders seit sie sprechen kann!"

Erkenntnis eines Anglers: „Jetzt weiß ich, warum die Fische nicht beißen, die Würmer schmecken ja einfach scheußlich!"

„Wie gefällt dir denn dein neuer Lehrer?" wird der kleine Frank gefragt.
„Ach, eigentlich ganz gut. Vor allem ist er sehr fromm!"
„Fromm? Wieso das denn?"
„Na, bei jeder Antwort, die ich ihm gegeben habe, hat er zum Himmel geschaut und gerufen: ‚Mein Gott!'"

Zwei Ostfriesen versuchen ihren Zug noch zu erreichen. Als sie völlig abgehetzt am Bahnsteig ankommen, sagt der eine: „So ein Mist! Er muß gerade abgefahren sein!"
„Ja, man sieht noch die Spuren!" meint der andere und deutet auf die Gleise.

Horst und Peter schauen einem verliebten Pärchen zu, das sich küßt.
Fragt Peter: „Hast du 'ne Ahnung, was die da machen?"
Antwortet Horst nach einer Weile tiefen Nachdenkens: „Sieht ganz so aus, als wollten sie sich gegenseitig den Kaugummi klaun!"

Der Pfarrer bemerkt, daß in seinem Garten laufend Äpfel gestohlen werden. Also hängt er folgenden Zettel an den Baum: „Gott sieht alles!" Am nächsten Tag steht darunter: „Aber er petzt nicht!"

Pflaumt die etwas ältere Lehrerin den kleinen Dieter an: „Starre mich nicht so frech an! Was denkst du dir überhaupt dabei?"
Antwortet Dieter: „Ich überlege gerade, ob Sie wirklich zum schönen Geschlecht zählen!"

Der junge Haifisch sieht zum erstenmal einen Surfer. „Das finde ich echt stark", schmatzt er genüßlich. „Ein solcher Leckerbissen, und dann noch gleich mit Frühstücksbrett und Serviette!"

Im Frisörsalon geht's rund. Sogar der Lehrling muß einspringen. Er darf einen Kunden rasieren. Der wundert sich dann, weil die ganze Zeit ein Hund danebensitzt und ihn nicht aus den Augen läßt. Schließlich fragt der Kunde: „Was will denn dieser verflixte Köter?" Antwortet der Lehrling fröhlich: „Ach, wissen Sie, beim letztenmal ist ein Stück Ohr für ihn abgefallen...!"

Prost Mahlzeit!

Die alte Tante kommt zu Besuch. Kaum ist sie zur Tür herein, stürzen sich ihre beiden kleinen Neffen auf sie. „Tante", meint der Ältere, „wenn du meinem kleinen Bruder fünf Mark gibst, macht er perfekt ein Huhn nach. „Was du nicht sagst!" meint die Tante. „Kann er denn so gut gackern?"
„Von wegen gackern... für fünf Mark frißt der glatt einen Regenwurm!"

**Ein kleiner Igel hat sich im Gewächshaus verlaufen. Er kann noch nicht richtig sehen und stößt immer wieder gegen einen Kaktus.
Fragt er: „Bist du es, Mami?"**

**Der Lehrer: „So, mein lieber Klaus, nun sag mir, was du über den Taunus weißt!"
„Gar nichts, Herr Lehrer. Mein Vater fährt grundsätzlich nur Opel!"**

Im Kino verbreitet sich plötzlich ein vielsagender Geruch. Ahnungsvoll fragt Kai seinen kleinen Bruder: „Hast du etwa in die Hosen gemacht?"
„Ja", antwortet der Kleine.
Kai empört: „Und warum gehst du nicht raus, du Ferkel?"
„Na, warum wohl? Weil ich noch nicht fertig bin."

„Warum willst du denn unbedingt Sänger werden, Benjamin?"
„Ja, hast du nicht gehört, was die ganzen Politiker sagen: ‚Es kommt jetzt auf jede Stimme an!'"

„War der Verstorbene bei der Abfassung seines Testaments im Vollbesitz seiner geistigen Kräfte?"
„Es scheint so! Das Testament beginnt mit den Worten: ‚Versammelte Erbschleicher…'!"

Herr Sauselmann geht zum Bauern. „Ich muß mich bei Ihnen entschuldigen, ich habe gerade Ihren Hahn überfahren. Sagen Sie mir, wie ich das wiedergutmachen kann!" Antwortet der Bauer: „Halb so schlimm! Kommen Sie halt täglich um vier Uhr früh zum Krähen!"

„Tolle Sache ist uns da gelungen!" berichtet ein Forscher. „Wir haben einen Specht mit einer Brieftaube gekreuzt!"
„Und was ist dabei herausgekommen?"
„Eine Taube, die vorher anklopft, bevor sie Briefe bringt!"

„Papi, ich hab' das Geld gar nicht gebraucht, das du mir gegeben hast."
„Wieso nicht? Du solltest doch Briefmarken für den Brief kaufen."
„War nicht nötig! Ich hab' ihn in den Briefkasten gesteckt, als keiner hingeschaut hat."

„Hast du was übrig für die Kunst?" erkundigt sich die eine Wespe bei ihrer Freundin. Die nickt zustimmend. Da meint die andere: „Dann komm mal mit an den Strand zu den Badenden. Da kann ich dir ein paar herrliche alte Stiche zeigen!"

„Ich kann überhaupt nicht verstehen, daß Sie ein anderes Zimmer wollen", sagte der Chefarzt zu Herrn Mucklschopf. „Sie haben doch einen prima Bettnachbarn, einen bekannten Komiker!"
Mucklschopf: „Prima? Prima, sagen Sie? Dann lachen Sie mal den ganzen Tag mit einer frischen Blinddarmnarbe!"

Am schönen weißen Sandstrand fleht die Mutter ihre Kinder an: „Nun überlegt doch einmal genau, wo ihr Papi verbuddelt habt...!"

Sagt Littbarski zu Beckenbauer: „Ich bin der beste Fußballer Deutschlands!" Ruft Lothar Matthäus dazwischen: „Was soll ich gesagt haben?"

Bankdirektor zum Personalchef: „Da haben Sie mir vielleicht einen Hauptkassierer eingestellt! Er schielt, hat Ohren wie ein Segelflieger, stinkt aus dem Hals wie ein Geier, hat rote Haare und nur noch zwei Zähne im Mund!"

Personalchef: „Aber eines kann ich Ihnen sagen: Wenn der mal mit der Kasse stiftengeht, den finden wir sofort!"

„Bitte anspitzen!" sagt Dracula und nimmt im Behandlungsstuhl des Zahnarztes Platz.

Vor Gericht. Der Richter fragt soeben einen Augenzeugen: „Sie haben den Angeklagten gesehen. Welchen Eindruck machte er auf Sie?" — „Entschlossen! Er war kreidebleich im Gesicht und hatte ein scharfes Klappmesser in der Hand!" — „Was geschah dann?" forscht der Richter gespannt weiter. „Dann führte der Angeklagte langsam das Messer zum Hals und ... rasierte sich!"

„Warum hat Ihr Mann eigentlich so ein zerstochenes Gesicht?" „Wissen Sie, er übertreibt wieder beim Energiesparen. Jetzt macht er sogar beim Abendessen das Licht aus!"

Sagt der neue Abteilungsleiter der Bank zu seinem Chef: „Weshalb hängen hier lauter Sträflingskleider an den Wänden?" Bankchef: „Weil ich möchte, daß Sie sich über das Schicksal Ihrer Vorgänger im klaren sind!"

Total geplättet erkundigt sich der Gast beim Kellner: „Wieso kassieren Sie denn, bevor das Essen auf dem Tisch ist?" — Erwidert der Ober freundlich: „Bei Pilzgerichten machen wir das immer!"

Mammutsitzung im Bundestag. Während einer ausdehnend über das soziale Netz redet, leert sich der Saal. Schließlich sitzt außer dem Präsidenten nur noch ein einziger Abgeordneter im Hohen Haus. Der Redner kommt zum Schluß und bedankt sich darin bei dem Kollegen, der so lange ausgeharrt hat. Der winkt ab und meint nur:
„Ich stehe als nächster auf der Rednerliste!"

Ein Münchner bestellt für seine Frau beim Rundfunk eine Sinfonie. Er wird gefragt: „a-Moll oder c-Moll?"
Antwort des Bayern:
„Amol reicht scho – zehmol wär zvui!"

„Ich bin todtraurig", sagt der Maurer auf der Baustelle. „Vor vier Wochen ist meine Frau weggegangen, um mir zwei Kästen Bier zu besorgen, und sie ist bis zum heutigen Tag nicht zurückgekommen!"
Meint sein Kumpel: „Und nun machst du dir große Sorgen, nicht wahr?"
Quatsch! Aber so langsam bringt mich der Durst um!

★

Einbrecher, seinen Sohn verhauend: „Weißt du wenigstens, warum du die Keile kriegst?"
„Weil ich – huhu – weil ich – Marmelade genascht habe!"
„Quatsch – weil du Fingerabdrücke am Glas zurückgelassen hast!"

★

Sagt der Zahnarzt zu Frau Knolle: „Die Zähne Ihres Sohnes sind aber gar nicht in Ordnung!"
Antwortet Frau Knolle: „Da müßten Sie erst mal seinen Kleiderschrank sehen!"

★

Der Ober fragt den Gast: „Wollen der Herr die Forelle blau essen?"
Gast: „Nichts da! Servieren Sie erst den Fisch und dann die Getränke!"

★

Schimpft der Doktor mit Rudi: „Du hättest dich ruhig waschen können, bevor du zu mir in die Sprechstunde kommst!"
Antwortet Rudi: „Wieso denn? Es handelt sich bei mir doch um ein innerliches Leiden!"

Vor einem plötzlich einsetzenden Gewitter flüchtet Schotte McGeiz in das einzige Haus weit und breit, welches dummerweise ein Luxusrestaurant ist. Als der Ober kommt, fragt er ihn: „Ist es richtig, daß man hier so lange sitzen bleiben kann, solange man etwas verzehrt?"
„Sicher, mein Herr!"
„Gut, dann bringen Sie mir bitte einen Kaugummi!"

Rolf spielt seinem Vater ganz stolz seine neueste LP vor. „Sag, Vater, hast du so etwas Tolles schon mal gehört?"
Der Vater überlegt und meint dann: „Ja, und zwar, als ich Zeuge war, wie ein Lastzug mit leeren Milchkannen mit einem Viehtransporter zusammengestoßen ist!"

Ein Ölscheich zum anderen im Autohaus: „Laß mich den Mercedes bezahlen, du hast vorhin schon die Pommes frites spendiert."

Chef zur Sekretärin: „Sagen Sie einmal, Fräulein Kurbjuweit, wie viele Zeilen tippen Sie eigentlich pro Zigarette?"

Der Zauberkünstler ruft in den Saal: „Als nächstes lasse ich eine Frau verschwinden. Luise, bitte verlasse den Saal…!"

Zwei Kleinwagen sind zusammengestoßen.
Schimpft der eine Fahrer: „Sie hinverbrannter Quallenkopf! Sind Sie eigentlich blind?"
Meint der andere: „Ich? Wieso? Habe ich Sie etwa nicht prima getroffen?"

Im Park sitzt ein älterer Herr mit seinem Hund auf der Bank. Kommt eine Frau mit sehr kurzem Rock und will sich auf dieselbe Bank setzen. Der kleine Hund fängt natürlich sofort an zu kläffen und geht der Frau an die dünnen Beine.
„Nehmen Sie sofort Ihren dreckigen Köter weg!" keift die Frau den Mann an. Der bleibt vollkommen ruhig und sagt zu seinem Hündchen:
„Komm, Purzel, das sind keine Knochen, das sollen Beine sein!"

„Omi, stehst du bitte einmal auf?"
„Aber warum denn, Ingelein?"
„Ich möchte selbst einmal sehen, ob Papi recht hat. Er behauptet immer, du sitzt auf deinem Geld...!"

Kasimir Kurbjuweit wurde jetzt zum höflichsten Schaffner der Bundesbahn gewählt. In jedem Schnellzug öffnete er nach der Abfahrt alle Abteiltüren und rief hinein: „Verehrte Damen und Herren, bitte beginnen Sie mit der Suche nach den Fahrkarten. In einer halben Stunde beginne ich mit der Kontrolle...!"

Ein Vertreter kommt auf einen Bauernhof mit der Absicht, einen Staubsauger zu verkaufen. Er schüttet eine Tüte Staub in die gute Stube und sagt zur Bäuerin: „Ich werde jeden Fussel aufessen, den dieser Staubsauger nicht wegbekommt!"
„Gut", meint die Bäuerin, „dann hole ich jetzt einen Löffel – wir haben nämlich noch keinen Strom!"

Chicago. Die ganze Schulklasse hat nichts gelernt, jeder sitzt dumm da. Der kleine Jack jedoch meldet sich eifrig: „Hör mal", knufft er seinen Nachbarn, „bei uns sind schon ganz andere umgelegt worden, weil sie zuviel wußten."

„Fräulein, darf ich Sie vielleicht auf etwas aufmerksam machen?"
„Ja, bitte! Auf was denn?"
„Auf mich!"

Hugo Dösendattel erkundigt sich bei seinem Versicherungsvertreter über eine Diebstahlsversicherung für sein neues Auto. Der Agent antwortet: „Natürlich können Sie Ihr Auto gegen Diebstahl versichern, aber nur in Verbindung mit einer Versicherung gegen Feuer!" — „Komisch", meint Hugo da, „wie sollte jemand auf die Idee kommen, ein brennendes Auto zu stehlen!?"

Cowboy Jim kommt in den Saloon und brüllt: „Wo ist mein Pferd geblieben? Wenn das Pferd nicht innerhalb von zehn Minuten wieder da ist, passiert das gleiche wie damals in Kansas City!"
Alle laufen erschreckt davon und suchen das Pferd. Fragt ihn der Barkeeper verängstigt: „Was ist denn damals in Kansas City passiert?"
Antwortet Jim: „Ich bin die letzten zwanzig Meilen zu Fuß gelaufen!"

Herr Oberhuber geht zwar oft auf die Jagd, meist kommt er aber mit leeren Händen heim. Doch diesmal legt er seiner Frau stolz einen enthäuteten Hasen auf den Tisch.
Meint seine Frau:
„Wieso ist der schon abgezogen?"
„Ganz einfach: Den habe ich beim Baden erwischt!"

Der Vater nachdenklich:
„Joschi, ich habe heute deinen Lehrer getroffen!"
Joschi nickt: „Komischer Typ, gell? Loben würde der nie!"

„So geht's nun wirklich nicht, Müller! Die ganze Woche sind Sie jeden Tag vier Stunden zu spät ins Büro gekommen!" empört sich der Chef.
„Aber Chef! Sie haben doch selbst gesagt, ich solle die Zeitung gefälligst zu Hause lesen."

„Dieser Papagei spricht ja kein einziges Wort!"
„Mitnichten! Momentan ist er nur sprachlos, weil ich ihn so billig verkauft habe...!"

Frau Tuckerzahn ist mit einem Polizisten verheiratet. Sie hat sich gerade einen kleinen Hund angeschafft und wird von ihrer Freundin gefragt:
„Warum hast du ihn eigentlich Gauner getauft?"
„Ach, du müßtest mal sehen, wie viele Leute sich umdrehen, wenn ich meinen Hund rufe!"

Emil saust mit seinem Fahrrad um die Kurve und knallt voll in einen Polizisten hinein.
Der schimpft:
„Kannst du nicht klingeln?"
Emil: „Doch, aber ich wollte Sie nicht erschrecken!"

Der Fleck peinigt den Kittel!

Seufzt der kleine Spatz: „Wo bitte geht's nach Hollywood? Ich möchte ein Star werden...!"

„Wie können Sie es wagen, in Frauenkleidern vor Gericht zu erscheinen?"
„Aber auf der Vorladung steht doch ausdrücklich, ich habe mich ‚in Sachen meiner verstorbenen Großmutter' einzufinden!"

Beschwerlich...

Fragt der Ober seinen Kollegen:
„Du, was hat der Gast von Tisch dreizehn ins Beschwerdebuch geschrieben?"
„Nichts hat er geschrieben, er hat sein Wiener Schnitzel reingeklebt!"

„Na, wie war gestern die Hochzeit deiner Tochter?" fragt Stinnes. „Wer war denn alles auf dem Fest?" Hennes verzieht das Gesicht. „Der Schützenverein ist gekommen, der Karnevalsverein, der Kegelclub und der Sängerbund. Und um Mitternacht kam auch noch das Überfallkommando!"

„Na, Herr Knöbl, welche Eindrücke haben Ihre Töchter vom Ferienlager nach Hause gebracht?"
„Eindrücke? Überhaupt nicht! Nur Ausdrücke, und was für welche!"

Der kleine Hansi fragt seinen Vater während der Schularbeiten:
„Du, Papa, wo liegt eigentlich Afrika?"
„Weit kann es nicht weg sein", meint der Vater. „Bei uns in der Firma arbeitet ein Schwarzer, und der kommt jeden Morgen mit dem Fahrrad."

Der Kunde ist aufgebracht. „Mein neuer Wagen verliert alle hundert Kilometer rund einen Liter Wasser und einen Liter Öl. Das ist doch nicht normal!"
Der Händler beruhigt ihn: „Habe ich Ihnen nicht von Anfang an gesagt, daß das ein Auslaufmodell ist?"

Übrigens: Nicht jeder Froschmann ernährt sich von Fliegen!

Der kleine Manfred spielt gerne, daß er selbst ein Auto ist. Eines Tages sieht die Mutter, wie er ein Glas Wasser mit in die Toilette nimmt. Sie horcht an der Tür und hört merkwürdige Geräusche. „Was machst du da, Manfred?"
„Ölwechsel, Mama!"

Veitenhansl erreicht schnaufend die Bergspitze. Sein Freund Rudi ist dicht hinter ihm.
„Siehst du die Gletscherspalte dort drüben? Da ist vor einer Woche mein Bergführer hineingefallen."
„Mann! Und das sagst du so ungerührt?"
„Nun ja, er war alt, und es fehlten auch schon ein paar Seiten."

Schüdel und Düdel treffen sich. Erklärt Schüdel:
„Wir haben jetzt ein Telefon zu Hause!"
„Ach ja? Das wußte ich ja noch gar nicht!"
„Na hör mal! Liest du denn kein Telefonbuch?"

Die Oma sieht zu, wie der kleine Willi alles hemmungslos in sich hineinfuttert.
„Du ißt zuviel, Willi. Das kann auf die Dauer nicht gut für dich sein."
„Du irrst dich, Oma! Ich bin innen größer, als ich von außen aussehe."

Arzt: „Rauchen Sie?"
„Nein."
„Trinken?"
„Nein."
„Grinsen Sie nicht! Ich finde schon was..."

Herr Peters zum Arzt: „Herr Doktor, hören Sie nur, wie laut es in meinem Magen rumpelt! Ist das etwa gar ein Bandwurm?"
Arzt: „Nein, bei diesem Krach kann es eigentlich nur eine Klapperschlange sein!"

Hansi sieht den ersten Western seines Lebens. Da werden fünf Männer an Marterpfähle gefesselt. Da fragt er neugierig: „Du, Vati, warum tragen die Männer denn Sicherheitsgurte...? Bloß weil sie an einem Baum lehnen?"

Silberhorn erzählt in der Stammtischrunde mal wieder von seinen Abenteuern in fernen Ländern.
„Kennt ihr eigentlich schon die Geschichte, als ich in Afrika auf Löwenjagd war?"
„Noch kein Wort hast du davon erzählt. Hast du dabei Glück gehabt?"
„Und ob! Nicht einen einzigen Löwen hab' ich dabei angetroffen!"

Ein Autofahrer überholt einen Motorradfahrer und ruft ihm zu: „Hallo, Sie haben vor zwei Kilometern das Mädchen vom Soziussitz verloren!"
Ruft der Mann auf dem Feuerstuhl zurück: „Ach, dann ist ja alles gut! Ich dachte schon, sie sei mir böse und spreche nicht mehr mit mir, weil ich immer so durch die Gegend rase!"

Der kleine Alois zieht seelenruhig sein Holzpferdchen auf einem Straßenbahngleis entlang. Die nahende Straßenbahn klingelt, doch Alois läßt sich nicht stören. Schließlich brüllt der Fahrer heraus:
„Kannst du nicht von den Schienen runtergehen?"
Darauf der Lausbub grinsend: „Ich schon, aber Sie nicht!"

Der kleine Nikodemus darf seine Mutter zum Friseur begleiten. Dabei steht er ganz erstaunt vor den Ständern mit den vielen Perücken. „Mutti!" ruft er, „Die haben hier Haare ohne Leute!"

Oberknacki Brummel steht vor Gericht. Fragt ihn der Richter: „Angeklagter, warum haben Sie bei dem Einbruch außer den Lebensmitteln auch noch die Schuhe mitgenommen, die in der Speisekammer standen?" Antwortet Brummel: „Das geschah rein aus erzieherischen Gründen, Herr Richter. Ich frage Sie: Gehören Schuhe in die Speisekammer...?

„Du, Vati, der Stefan ist sitzengeblieben!"
„Das wundert mich überhaupt nicht! Sein Vater ist der größte Idiot, den ich kenne!"
„Du, Vati, ich bin auch sitzengeblieben...!"

„Papa, da ist ein großes und ein kleines Kamel. Welches davon ist nun der Vater und welches die Mutter?" „Das größere Kamel ist immer der Vater, mein Sohn!"

Piet Schevenstieht und Willem Dickflet stehen an der Haltestelle und warten auf den Bus. Plötzlich ruft Piet: „Hey, Willem, der Fahrplan stimmt ja gar nicht! Schau mal, was da steht: ‚Verkehrt an allen Werktagen'!"

„Haben Sie den Einbruch so begangen, wie ich ihn geschildert habe, Angeklagter?"
„Nee, Herr Richter, aber Ihre Technik ist auch nicht von schlechten Eltern!"

„Sind Sie ganz allein in die Bank eingebrochen, Angeklagter?"
„Ja, Herr Richter! Heutzutage ist es ja so schwer, fähige Mitarbeiter zu bekommen...!"

Till will Dichter werden. Als die Lehrerin sagt, da dürfe er aber nicht achtzehn Fehler machen wie im letzten Diktat, meint er stolz:
„Was heißt hier Fehler! Das ist dichterische Freiheit!"

„Jutta, wenn das Essen nicht in fünf Minuten fertig ist, dann gehe ich ins Restaurant!" ruft Helmut.
Jutta: „Kannst du noch drei Minuten warten?"
Helmut: „Ist das Essen dann endlich fertig?"
„Nein, aber in drei Minuten komme ich mit ins Restaurant!"

Fragt ein Hase den anderen: „Sag mal, glaubst du an ein Leben nach Ostern?"

„Entschuldigen Sie, kennen Sie hier im Haus einen gewissen Krywszyk?"
„Nee, mir unbekannt!"
„Kennen Sie dann einen Przekowski?"
„Nee, da kenn' ich eher schon den Krywszyk…!"

Schlotterbeck ist im Hotel. Die hübsche Dame an der Rezeption fragt ihn: „Wann wünschen Sie geweckt zu werden?"
Schlotterbeck: „Um sieben Uhr, und mit einem Küßchen, wenn ich bitten darf!"
Antwortet die Dame: „Kein Problem! Ich schicke Ihnen den Zimmerkellner hoch!"

Ein Schwabe kommt zum Kiosk: „Für fünfzehn Pfennig gemischte Bonbons, bitte!" Der Verkäufer kennt den Geizkragen und antwortet: „Hier sind drei Stück, aber mischen tun Sie selber, gell?"

Der Schiedsrichter ist sauer. Er meint zum Linienrichter: „So ein Mist! Ich habe die Karten vergessen!" Dieser ist gelassen. „Macht doch nichts! Bei Rot zeigst du die Zunge und bei Gelb deine Zähne…"

„Herr Ober, warum heißt dieses Gericht hier eigentlich ‚Räuberspieß'?"
Ober: „Das werden Sie spätestens dann verstehen, wenn Sie die Rechnung bekommen haben!"

Frau Bröselbier kommt zum Psychiater. „Herr Doktor, ich halte das nicht mehr aus! Mein Mann glaubt, er sei eine Laterne!"
Meint der Arzt: „Beruhigen Sie sich, es gibt Schlimmeres!"
Klagt Frau Bröselbier weiter: „Das sagen Sie! Ich kann jedoch bei der Helligkeit im Schlafzimmer kein Auge zumachen!"

Hüttenbüttel humpelt zerschlagen in die Fabrik.
„Rheuma mit allen Folgen?" fragt ein Kollege besorgt.
„Nein, nein", winkt Hüttenbüttel ab. „Fußball mit allen Enkeln..."

„Das ist aber fein, Karl, daß du dich so gut mit dem Jungen von nebenan verträgst. Vorhin sah ich, wie du ihm zum Abschied ein paar Bonbons geschenkt hast."
„Das waren keine Bonbons, Mutti, das waren seine Vorderzähne!"

Ein Indianerhäuptling kommt nach New York und will ein Hotelzimmer mieten. Fragt der Mann am Empfang: „Soll das Zimmer zehn oder zwanzig Dollar kosten?" — „Wo liegt der Unterschied, weißer Mann?" — „In den teuren Zimmern werden Wildwestfilme gezeigt, in denen die Indianer gewinnen."

Im Büro packt Alfred seine Vesperbrote aus. Mürrisch prüft er Brot für Brot und schaut sich den Belag an. „Immer nur Leberwurst! Immer diese Leberwurst!"
Meint sein Kollege Dieter: „Dann sag doch deiner Frau, sie soll dir mal was anderes auf die Brote schmieren!"
Meint Alfred: „Wieso meine Frau? Ich bin Junggeselle und schmiere mir meine Brote immer selber!"

Fragt Jutta ihren Oskar: „Weshalb machst du beim Trinken immer die Augen zu?"
Oskar: „Der Arzt hat doch gesagt, ich soll nicht so tief ins Glas schauen!"

„Soll ich Ihnen das Frühstück in die Kantine bringen?" fragt der Stewart den seekranken Passagier.
„Nicht nötig. Werfen Sie es am besten gleich über Bord!"

Welcher Meister kann keine Lehrlinge ausbilden?
(Der Waldmeister!)

Das einzige Problem beim Nichtstun ist, daß man nicht weiß, wann man fertig ist.

Die Verbindung

„Was ist denn das für ein Krach? Wer brüllt denn da so im Büro herum?" fragt der Chef ungehalten.
„Das ist Herr Schleifenstein, der spricht gerade mit Neapel!"
„Sagen Sie ihm gefälligst, er soll dafür das Telefon benutzen!"

„Herr Tausendfüßler, wo steckt eigentlich Ihre Frau, ich habe sie seit Tagen nicht mehr gesehen?" —
„Ja, das wird wohl auch noch etwas dauern, bis sie wiederkommt, sie ist in der Stadt Schuhe kaufen!"

Sagt der Lehrer zu seinen Schülern: „Ihr müßt euren Feinden immer fest in die Augen schauen!"
Nach einer kleinen Pause fährt er fort: „Sag, Helmut, warum starrst du mich eigentlich so an!"

„Der Hund, den Sie mir neulich verkauft haben, taugt überhaupt nichts!"
„Wieso denn?"
„Letzte Nacht hat er so laut gebellt, daß niemand den Einbrecher hat kommen hören!"

In heller Aufregung kommt die Sekretärin zum Direktor der Bank. „Der Hauptkassierer ist verschwunden!" schreit sie.
„Um Gottes willen! Kontrollieren Sie sofort den Geldschrank!"
Nach drei Minuten kommt die Sekretärin zurück. „Dort ist er auch nicht!"

Fragt der Lehrer seine Schüler: „Welche Muskeln treten in Funktion, wenn ich boxen würde?" — „Meine Lachmuskeln, Herr Lehrer!" antwortet Karlchen.

So geht's auch!

Eine Frau erzählt ihrem Mann begeistert vom Missionsfest. „Es war schön. Erst die Predigt, dann der Posaunenchor, dann Kaffee und Kuchen. Danach wurde ein Teller mit Geld rumgereicht. Ich habe mir auch zehn Mark genommen."

Fragt ein Bahnbeamter einen Reisenden, der völlig außer Atem einem davonfahrenden Zug nachschaut: „Haben Sie den versäumt?"
Reisender: „Genau! Oder haben Sie etwa vermutet, ich hätte ihn verscheucht?"

„Stell dir nur vor, Bill", ruft Frau McSparmoney verzweifelt ihren Mann an, „unser Junge hat eben einen Penny verschluckt!" — „Nicht so schlimm", meint der Erzschotte trocken. „Er kann ihn behalten. Morgen hat er ja sowieso Geburtstag!"

Zwei Eisbären trotten durch die Sahara. „Verdammt glatt hier!" brummt der eine. „Wieso?" fragt der andere. „Na, sieh doch, wie die hier gestreut haben!"

„Hast du mal Papier und Bleistift für mich?" „Wozu? Du kannst doch gar nicht schreiben!" „Macht nichts! Dem ich schreiben möchte, der kann auch nicht lesen!"

Im Kaufhaus kommt ein kleiner Junge zum Informationsschalter und sagt: „In ein paar Minuten kommt eine Frau zu Ihnen, die hysterisch schreit, weil sie ihr Kind verloren hat. Sagen Sie ihr dann, ich bin im dritten Stock in der Spielwarenabteilung…!"

„Jetzt geht's rund!" sagte die Fliege, als sie in den Ventilator flog!

Die hübsche Hetty macht jetzt den Führerschein. Meint der Fahrlehrer in der ersten Fahrstunde: „Mein Fräulein, jetzt hantieren Sie schon eine ganze Weile an dem Rückspiegel herum. Ist irgend etwas damit?" „Ja. Er ist falsch eingestellt. Ich kann immer nur die Autos hinter mir sehen…!"

Fragt die Frau ihren Mann: „Du, sag einmal unterstützt du einen Araber?" — „Wieso?" — „Du überweist doch einem gewissen Ali Mente monatlich 130 Mark!"

Der Pfarrer liest im Religionsunterricht aus der Bibel vor: „…und der Vater des verlorenen Sohnes fiel auf sein Angesicht und weinte bitterlich!" Er wendet sich an die Klasse: „Wer kann mir erklären, warum?" Meldet sich Fritzchen: „Na ja, Herr Pfarrer, knallen Sie mal mit der Schnauze auf den Boden, da kommen Ihnen auch die Tränen!"

„Herr Ober! In meinem Wein schwimmt ein weißes Haar!" „Da sehen Sie mal, daß es wirklich ein alter Jahrgang ist…!"

„Stell dir vor, jetzt hat Matteis das Rauchen endgültig aufgegeben."
„Das glaub' ich nicht."
„Doch, es ist wahr! Er hat seine letzte Zigarette an einer Tanksäule ausgedrückt."

Beim Straßenfußball geht's hoch her, und der kleine Peter schießt einen Treffer nach dem anderen. Schließlich bietet ihm ein Zuschauer ein paar Lutschbonbons an.
„Nein, danke!" wehrt er ab. „Auf gar keinen Fall! Vorerst bleibe ich noch Amateur."

Der Deutsche wird schnell rot, der Chinese schnell orange...

„Herr Ober, das bißchen soll die ganze Portion sein? Da kann ich ja nur lachen!" Meint der Ober: „Das freut mich aber. Die anderen Gäste fangen gleich an zu schimpfen, wenn sie die Portionen sehen!"

Wir merken uns: Rechts ist da, wo der Daumen links ist! Wo rechts links kein Daumen ist — bei dem fehlt was. Gut oder nicht: Es ist so. Und außerdem, wenn links rechts ein links... verflixt, jetzt wissen wir nicht mehr, wie es weiterging.

„Angeklagter, warum haben Sie bei Ihrer Verhaftung nicht Ihren richtigen Namen angegeben?"
„Ach, Herr Richter, nach der Tat war ich so wütend, daß ich mich selber nicht mehr kannte!"

Der Mönch eilt mit dem neuesten Brief von Pater Canillo aus Zentralafrika zum Abt. „Don Canillo klagt schon wieder über Wassermangel."
„Das macht er doch in jedem Brief!"
„Aber langsam scheint es ernst zu werden, die Briefmarke ist mit einer Stecknadel befestigt!"

Der kleine Hansi spaziert nachts um zwölf durch die Stadt. Ein Polizist packt sich den Zehnjährigen. „Was treibst du dich so spät noch hier herum? Wissen deine Eltern eigentlich, wo du bist?"
„Freilich, Herr Polizist. Sie haben mich doch weggeschickt, weil der Fernsehfilm heute abend nicht jugendfrei ist."

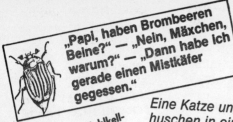

„Papi, haben Brombeeren Beine?" — „Nein, Mäxchen, warum?" — „Dann habe ich gerade einen Mistkäfer gegessen."

Ein Elefant und eine Maus baden in einem See. Als sie wieder aus dem Wasser herauskommen, findet die Maus ihre Hose nicht mehr. Fragt sie den Elefanten: „Hast du vielleicht meine Hose angezogen?"

Oberkellner zum Zahlkellner: „Hat das Pärchen an Tisch elf schon gewählt?" „Nein. Sie müssen erst noch zählen – sie die Kalorien und er das Geld!"

Eine Katze und eine Maus huschen in eine Konditorei. „Ich möchte Erdbeertorte mit Sahne", piepst die Maus. „Und was möchten Sie?" fragt man die Katze. „Etwas Sahne auf die Maus!"

Treffen sich zwei Schlangen. Fragt die eine: „Bin ich eigentlich giftig?" „Keine Ahnung. Warum?" „Ich habe mir gerade auf die Zunge gebissen!"

Ein neuer Klassenlehrer stellt sich vor: „Damit ihr gleich Bescheid wißt – mein Name ist Stein, und ich bin hart wie Stein!" Er wendet sich an den ersten Schüler: „Nun stellt euch vor. Wie heißt du da?"
„Steinbeißer, Herr Lehrer!"

Gut gemeint

„Der D-Zug kommt in fünf Minuten", sagt der Bahnhofsvorsteher, „der Personenzug erst in zwei Stunden. Trotzdem würde ich Ihnen den Personenzug empfehlen. Der hält hier!"

Sich dumm zu stellen, kann manchmal klug sein!

Während der Theateraufführung murmelt ein Paar ständig. Beschwert sich einer: „Entschuldigung, man versteht ja kein Wort!"
„Es geht Sie auch nichts an, was ich meiner Frau sage!"

Was muß man tun, wenn man in der Wüste eine Schlange sieht?
Hinten anstellen!

Eine junge Autofahrerin hat an der Ampel den Motor abgewürgt, als sie bei Grün anfahren wollte. Der Fahrer hinter ihr hupt wie verrückt, nachdem sie schon fünf Minuten erfolglos versucht, den Motor wieder zu starten. Da steigt sie aus, geht zu dem Auto hinter ihr und sagt zu dem Fahrer: „Vielleicht können Sie meinen Motor wieder zum Laufen bringen, ich hupe auch so lange für Sie!"

„Was wirst du mir denn zum Geburtstag schenken?" fragt Egon den Fritz.
„Du bekommst so viel, daß du es gar nicht auf einmal tragen kannst."
„Ah – was ist es denn?"
„Zwei Krawatten!"

„Ich hätte gerne hundert Gramm Arsen, Herr Apotheker!"
„Haben Sie denn ein Rezept?"
„Nein, aber ein Foto meiner Frau!"

Knoblmeiers sind zum erstenmal mit dem nagelneuen Sportwagen unterwegs. Kurz vor der ersten Kreuzung will Herr Knoblmeier von seiner Frau wissen: „Kommt von rechts ein Auto?"
„Nein...", antwortet Frau Knoblmeier cool.
Herr Knoblmeier gibt Gas.
„...nur so ein häßliches Ungetüm von Tankwagen."

Ackermann und Veitenhansl treffen sich an der Adria. Schweigend betrachten sie die Weite des Meeres. Schließlich sagt Ackermann: „Wieviel Wasser es doch auf der Welt gibt!"
„Ja", sinniert Veitenhansl, „dabei sieht man nur das, was oben schwimmt."

„Was sucht denn der Herr dort drüben?" – „Den Zehnmarkschein, den er verloren hat!" – „Und woher weißt du das so genau?" – „Weil ich ihn gefunden habe!"

„Es heißt nicht ,der Hahn tut krähen', sondern ,der Hahn kräht'. Nenn mir ein anderes Beispiel, Oskar!"
„Mein Bauch weht, Herr Lehrer!"

Kesselschwert verzieht säuerlich das Gesicht. „Herr Wirt, das ist aber ein ranziger Tropfen!"
„So läßt ihn eben der Herrgott wachsen", meint der Wirt bescheiden und bringt Kesselschwert einen anderen und wesentlich teureren Wein.
„Ach, der schmeckt nun aber vorzüglich!"
„Den bauen wir auch selber an!"

Der kleine Alex rennt zu seinem Vater. „Papa, sieh dir mal das Zeugnis an!"
Der reißt sofort empört die Augen auf.
„Schämst du dich denn gar nicht, mit so einem Wisch aufzuwarten?"
„Nein, Papa, das ist doch gar nicht mein Zeugnis, das ist deins. Ich habe es auf dem Dachboden gefunden."

Der Hirsch trinkt aus einem klarem Bergsee. Als sich das Wasser wieder glättet, betrachtet er sein Spiegelbild. „Ich bin der König des Waldes", sagt er stolz. Brummt drohend neben ihm ein Bär: „Was hast du da eben gesagt?" — „Ach", antwortet der Hirsch, „man redet viel, wenn man getrunken hat."

Veitenhansl will im Hotel übernachten und erkundigt sich nach den Essenszeiten. Darauf der Portier: „Frühstück von 7 bis 11 Uhr. Mittagessen von 11.30 bis 16 Uhr. Abendessen von 17 bis 24 Uhr."
„Ei der Daus!" stöhnt Veitenhansl. „So lange kann ich aber nicht essen!"

Lehrerin: „Wie lange seht ihr zu Hause abends fern?"
„Bis neun, dann schalten meine Eltern den Fernseher ab!"
„Und was machst du dann?"
„Dann gehe ich in mein Zimmer und schalte meinen Apparat ein!"

Dann war da noch der Schotte, der eine Packung Hühneraugen-Pflaster fand und seither die Schuhe immer eine Nummer kleiner kauft...

Frau Siedezahn hat Besuch, eine Nachbarin ist zum Kaffeeklatsch gekommen. Da klingelt das Telefon, und Uwe stürzt sofort hin, nimmt ab. Dann sagt er: „Du, Mami, Papi ist dran und fragt, ob die olle Quasseltante noch hier ist!"

Hannes betritt ganz aufgeregt den Bauernhof. „Eben habe ich Ihren schönen Hahn totgefahren. Darf ich ihn wenigstens ersetzen?" „Von mir aus", meint der Bauer gelassen, „wenn die Hühner nichts dagegen haben."

Schellt ein Bettler an einer Haustür. Eine bemerkenswert dicke Dame öffnet ihm. „Seit gestern habe ich nichts mehr gegessen", fleht der Bettler die Dame an. „Ach, hätte ich doch Ihre Willenskraft!" seufzt die Dicke da und schließt die Tür.

Im Hotel

„Ich habe Ihnen doch schon mehrfach verboten", sagt der Hoteldirektor zum Hausdiener, „die Schuhe auf dem Gang zu putzen!"
„Aber ich wollte sie ja mitnehmen, doch es ging nicht. Die Schuhe gehören einem Schotten, und der hält sie drinnen an den Schnürsenkeln fest."

Opa und Enkel Bröserich sitzen auf der Wiese. Der Opa kaut an einem Grashalm. Als dies der Enkel sieht, springt er auf und vollführt einen wahren Freudentanz. Strahlend erklärt er dem Opa: „Jetzt kriegen wir endlich einen Farbfernseher! Mama hat gesagt: ‚Wenn der Großvater mal ins Gras beißt, kaufen wir einen!'"

Herr Sparfroh trifft Herrn Plemperer. Herr Sparfroh scheint sichtlich leidend. Er zieht ein mindestens vierzehn Kilometer langes Gesicht. „Was haben sie denn heute?" erkundigt sich Nachbar Plemperer. „Ach, es ist wegen dem Buch", seufzt Sparfroh, „das Buch das ich eben las, hatte einen so traurigen Schluß!" — „Und welches Buch haben Sie eben gelesen?" — „Mein Sparbuch!"

Autopanne. Der Fahrer steigt aus und öffnet die Motorhaube. Da hört er plötzlich eine Stimme hinter sich: „Das liegt am Vergaser!" Er dreht sich um und sieht sich einem Pferd gegenüber. Vor Schreck rennt er weg, bis zum nächsten Dorf. Stammelnd und schweißgebadet erzählt er dem Dorfpolizisten sein Abenteuer. Der hört seelenruhig zu. Dann fragt er: „War das so ein schwarzer Gaul mit weißen Flecken?" — „Ja, ja! Genau der!" — „Geben Sie bloß nichts auf dessen Geschwätz! Der hat nämlich null Ahnung von Autos!"

„Was glotzen Sie mich denn so an?" „Verzeihung, aber Sie haben eine verblüffende Ähnlichkeit mit meiner Frau – bis auf den Bart!" „Bart? Ich habe doch gar keinen Bart!" „Sie nicht, aber meine Frau!"

Helmut fragt seine Oma: „Omi, stimmt es eigentlich, daß der Mensch nach dem Tod wieder zu Staub wird?" Oma: „Ja, das stimmt, Helmut!" Sagt der: „Dann sind unter meinem Bett mindestens drei gestorben!"

Chef zum neuen Lehrling: „Also, mein Junge. Im ersten Jahr bekommst du 650 Mark, im zweiten Jahr sind es dann 780 Mark und im ..." Unterbricht ihn der Lehrling: „Ist schon gut, Chef! Ich komm' dann nächstes Jahr wieder!"

Die neue Serviererin geht ihrer Sache nicht mit dem nötigen Eifer nach. Da ermahnt sie der Chef:
„Ich wünschte, Sie hätten den Ernst Ihrer Vorgängerin!"
Darauf erwidert die Kellnerin: „Kommt gar nicht in Frage, Chef! Ich bleibe bei meinem Eberhard!"

Weg mit Ampeln und Verkehrsschildern! – Laßt es ordentlich krachen!

Ein Mann läuft keuchend am Flußufer entlang und ruft einem Angler zu: „Haben Sie vielleicht eine Frau in einem gelben Kleid vorbeikommen sehen?"
„Ja, vor etwa fünf Minuten!"
„Gott sei Dank!"
Angler: „Wenn Sie sich beeilen, kriegen Sie sie noch vor dem Wasserfall – die Strömung ist heute ja nicht so stark!"

Vorsichtig

„Bevor du dir mein Zeugnis beguckst", sagt der Sprößling zu seinem Vater, „solltest du wissen, daß wir im Bio-Unterricht gelernt haben, daß jeder Mensch ein Produkt seiner Erbanlagen ist!"

Gefallen

„Als ich noch nicht verheiratet war, hat es mir weder zu Hause noch in der Kneipe gefallen."
„Und jetzt?"
„Jetzt gefällt es mir wenigstens in der Kneipe."

Ein Schauspieler ist berühmt geworden. Nach langer Zeit trifft er jemanden aus seinem Heimatdorf. Er fragt: „Erinnern sich die Leute an mich? Sind sie stolz auf mich?"
„Kann sein", antwortet der Bekannte. „Sie haben schließlich ein Schild an Ihrem Geburtshaus angebracht!"
„So! und wie lautet die Inschrift?"
„Nach Neustadt 15 Kilometer...!"

Ede, Pete und Fietje wollen sich gegenseitig überbieten. Sagt Ede: „Mein Onkel ist Pfarrer. Auf der Straße sagen die Leute ‚Hochwürden' zu ihm."
„Pah", antwortet Pete, „meiner ist Kardinal! Vor dem ziehen die Leute den Hut und sagen ‚Eminenz'."
Meint Fietje ungerührt: „Mein Onkel, der wiegt drei Zentner. Wenn den die Leute sehen, dann sagen sie: ‚Allmächtiger Gott!'"

„Na, wie findest du denn dein neues Brüderchen?" fragt Oma Pfiffig die kleine Trine.
„Och", meint Trine wenig begeistert, „für'n neuen Fernseher hatten se kein Geld; aber für so'n Quatsch reicht's auf einmal!"

Fitus und Oschi sitzen sich lange Zeit schweigend gegenüber. Schließlich sagt Fitus: „Sei mir nicht böse, Oschi, aber dein Gesicht ist wirklich zu blöd. Ich kann es nicht mehr sehn!"
Oschi nickt langsam. „Wenn du meinst, Fitus... Dann tauschen wir eben die Plätze."

„Klopf, klopf!"
„Wer ist da?"
„Die einzige Chance!"
„Kann nicht sein!"
„Wieso nicht?"
„Die einzige Chance klopft nur einmal an!"

Der Konditorlehrling konnte den Auftrag des Meisters, auf eine Geburtstagstorte den Satz „Herzlichen Glückwunsch" zu schreiben, nicht ausführen. Er bekam die Torte einfach nicht in die Schreibmaschine.

Der Bankdirektor spricht den leichtsinnigen Fips an: „Ihr Konto ist hoffnungslos überzogen. Wir müssen Sie dringend bitten, den Betrag zu decken!"
„Aber natürlich, Herr Direktor!" antwortet Fips. „Ich werde Ihnen sofort einen Scheck ausstellen."

Der alte Schotte McWhisky schlendert über den nahegelegenen Friedhof. Vor einem großen Grabstein bleibt er stehen. „Hier ruht Lancelot Penny, ein treuer Ehemann, guter Vater und frommer Mann". „Fabelhafte Idee", murmelt der Alte da, „vier in einem Grab, das nenn ich sparsam!"

„Im Antiquitätengeschäft fragt ein Kunde die Verkäuferin: „Was kostet denn dieser grauenhaft häßliche Buddha mit dem sauren Gesicht dort hinten in der Ecke?"
„Um Himmels willen", errötet die Verkäuferin, „das ist doch unser Chef!"

Party-
gesellschaft

„Ihrem Dialekt nach sind Sie Schwabe!" sagt der Berliner Wirt zu seinem Gast.
Anwortet der: „Und Ihren Frikadellen nach sind Sie Bäcker!"

Zwei Herren unterhalten sich. Meint einer: „Ich bin Topverkäufer im Export."
„Ist ja interessant! Und was für Töppe verkaufen Sie?"

„Dein Junge ist unmöglich", schimpft die Großmutter mit ihrer Tochter. „Der nimmt sich mit seinen neun Jahren schon alles heraus. Unglaublich, wie er sich aufführt!"
„Was soll ich tun, Mutter? Der Bengel ist der einzige von uns, der den Fernseher reparieren kann!"

„Holger, wenn du nicht sofort brav bist, dann kommst du nicht in den Himmel!"
„Das macht nichts, Mutti. Diese Woche war ich schon im Kino und im Zirkus. Alles kann man ja schließlich nicht haben!"

Hungermann rennt über die Straße und schreit: „Ich kann wieder laufen! Ich kann wieder laufen!"
Fragt ihn Pfarrer Weber: „Ist also ein Wunder geschehen, mein Sohn?"
„Nein, man hat mir mein Auto geklaut!"

Schüttelt der Vater verärgert den Kopf: „Mein Gott, Junge, du bist aber auch zu nichts zu gebrauchen!"
Meint der Sohnemann: „Doch, Vati, in der Schule bin ich für die anderen das abschreckende Beispiel!"

Ein Arbeitsloser hat bei Neckermann einen Job bekommen.
Der Chef fragt: „Wie war doch Ihr Name?"
„Müller, Herr Nickelmann!"
„Neckermann!" verbessert der Boß. Nach drei Tagen treffen sich die beiden auf dem Flur.
„Guten Morgen, Herr Nickelmann!"
Sagt der Boß: „Neckermann! Wenn Sie sich diesen Namen nicht merken können, fliegen Sie raus!"
Nach einer Woche ruft Müller bei seinem Chef an. „Herr Nickelmann, ich wollte…"
Der knallt den Hörer auf die Gabel, und kurz darauf ist Müller tatsächlich entlassen.
Fragt ihn zu Hause seine Frau nach dem Kündigungsgrund.
„Ach", meint Müller, „das gleiche Theater wie bei Qualle!"

Schimpft der Boxer: „Der Weg von der Umkleidekabine zum Ring ist aber verdammt lang!"
Tröstet ihn der Trainer: „Mach dir nichts draus, zurück wirst du ohnehin getragen!"

Motzke: „Eine halbe Stunde mußte ich mich plagen, bis ich den Fisch endlich draußen hatte!"
Knotterbeck: „Das kenne ich. Die Dosenöffner sind auch nicht mehr das, was sie früher einmal waren!"

Klawuttke macht Ferien auf dem Bauernhof. Fragt er den Bauern: „Und wo stehen Ihre Kühe, wenn es regnet?"
Bauer: „Im Regen – wo sonst?"

Treffen sich zwei Würmer im Garten. „Kann es sein, daß ich dich gestern in einer Birne gesehen habe?"
Antwort: „Nein, das muß eine Verwechslung sein. Obsttag hatte ich vorletzte Woche!"

Spruch der Woche

WO DER TIGER IM TANK IST, SITZT MEIST EIN KAMEL AM STEUER!

Im Tabakgeschäft: „Bitte ein Päckchen Streichhölzer!" Verkäufer: „Warum brüllen Sie so? Ich bin doch nicht taub! Wollten Sie mit oder ohne Filter?"

Adolf kommt zu spät ins Büro. Er entschuldigt sich bei seinem Chef: „Tut mir leid, aber meine Frau hatte wieder eine schwere Geburt!"
Chef: „Ach so – dann will ich nichts gesagt haben!"
Am nächsten Tag kommt Adolf wieder zu spät und entschuldigt sich: „Meine Frau hatte wieder eine schwere Geburt."
Der Chef wird wütend. „Sie wollen mich wohl für dumm verkaufen, was?"
Adolf: „Keineswegs. Meine Frau arbeitet als Hebamme."

Kurt fragt die Verkäuferin: „Ist das Hörgerät für meinen Opa schon fertig?"
Verkäuferin: „Benötigt es dein Opa wirklich so dringend?"
Kurt: „Eigentlich nicht – aber Oma möchte ihm mal wieder so richtig die Meinung sagen!"

Im Religionsunterricht.
Susi: „...und Eva eßte den Apfel!"
Lehrer: „Aß... aß!"
Susi: „...und Eva, das Aas, eßte den Apfel!"

Kommt ein Skelett in die Milchbar. „Bitte ein Glas Buttermilch! Ach so – und einen Aufwischlappen, bitte!"

Über den Wolken

Ein Pfarrer fragt die Stewardeß, die gerade Getränke anbietet: „Wie hoch fliegen wir denn?"
„Zehntausend Meter, Hochwürden!"
„Dann geben Sie mir besser Apfelsaft statt Whisky! Mein Chef ist in der Nähe!"

Lehrer: „Hetty, was heißt eigentlich ‚Made in Germany'?"
„Das ist doch einfach: Insektenlarve in Deutschland!"

„Du, Papi, warum haben manche Menschen so viele Sommersprossen?"
„Weil sie zu lange unter einem durchlöcherten Sonnenschirm gelegen haben."

„Mit dem Senkelhuber habe ich Ihnen sicher einen fähigen Mitarbeiter vermitteln können!?" sagt der Arbeitsamtsdirektor zum Kollegen vom Finanzamt.
„Ja, da haben Sie recht. Erst fünf Wochen im Dienst, und schon zwölf neue Formulare ausgearbeitet!"

Der Schuldirektor betritt überraschend das Klassenzimmer und sieht den Klassenlehrer schlafend am Tisch. „Na, Herr Itzenplitz, wie lange sind Sie nun schon bei uns?"
„Schon drei Tage, Herr Direktor", antwortet Lehrer Itzenplitz stolz.
Meint der Direx: „Alle Achtung! Sie haben sich wirklich schnell eingearbeitet!"

Rübenstiel will seiner neuen Freundin imponieren und lädt sie in die Oper ein. Um den üblichen Durst zu bekämpfen, hat er sich jedoch zwei Flaschen Bier unter den nagelneuen Anzug geklemmt. Fragt ihn der Logenschließer: „Opernglas gefällig?"
„Danke", antwortet Rübenstiel. „Ich trinke am liebsten aus der Flasche."

„Stell dir vor, Kurtchen hat mit seinem Freund gewettet, daß er vierzehn Tage lang nicht essen und vierzehn Nächte nicht schlafen wird!"
„Diese Wette hat er natürlich verloren!"
„Ganz und gar nicht, er hat sie gewonnen. Er hat in den Nächten gegessen und bei Tag geschlafen."

Herr Pingelig ruft den Ober an den Tisch: „Wissen Sie, wie das Steak schmeckt? Wie eine alte Schuhsohle, die man mit Zwiebel und Ketchup eingerieben hat!"
Staunt der Ober: „Was Sie schon alles probiert haben...!"

Jürgen ist immer zu spät zur Schule gekommen. Plötzlich, von einem Tag auf den anderen, ist er pünktlich. Fragt der Lehrer beim Elternabend seine Mutter:
„Wie haben Sie das eigentlich geschafft?"
Jürgens Mutter: „Ich habe ihm einen Hundekuchen unter das Kopfkissen gelegt."
Lehrer: „Einen Hundekuchen? Und das wirkt?"
„Und wie! Morgens um sechs Uhr habe ich dann den Bernhardiner in sein Zimmer reingeschickt!"

Xaver ist das erste Mal am Meer. Als er an den Strand kommt, ist gerade Ebbe. Da meint er: „So ein Mist! Kaum sind wir hier, da haut das Meer ab!"

Gabi bekommt nach langer Zeit ein entliehenes Buch zurückgeschickt. Es ist voller Fettflecken. Sie packt ein Stück Speck ein und schickt es dem Entleiher zurück. „Vielen Dank für das Buch, aber Du hattest vergessen, das Lesezeichen herauszunehmen!"

Der Schulrat kommt. „Na, Kinder", fragt er leutselig, „wißt ihr, wer ich bin?"
„Ein Mann", meldet sich ein Schüler.
„Richtig. Aber ich bin doch auch noch etwas anderes."
„Ein kleiner Mann", meint ein anderer Schüler. Die Leutseligkeit des Schulrats läßt merklich nach. „Meinetwegen! Aber was noch?"
„Ein kleiner, häßlicher Mann."

Im Lokal:
„Herr Ober, Sie servieren zur Zeit verdammt kleine Portionen!
Ober: „Das täuscht, mein Herr! Wir haben lediglich unser Lokal vergrößert!"

Fragt Fix den Schiedsrichter nach dem Spiel: „Wo haben Sie eigentlich Ihren Hund?" – „Hund? Wieso sollte ich einen Hund haben?" – „Weil ich noch nie einen Blinden ohne Hund gesehen habe!"

Letzte Meldung:
Die Pfälzer Landesbibliothek mußte geschlossen werden. Das Buch wurde gestohlen!

Wem ab und zu ein Licht aufgeht, der ist auf dem besten Wege, eine Leuchte zu werden!

Frau Siedezahn packt die Koffer für die Urlaubsreise. Dabei sagt sie zum kleinen Dieter: „So, nun packen wir noch ein Wurstbrot ein, damit uns Papi nicht verhungert! Und dann noch eine Flasche Bier, damit er nicht verdurstet!"
Dieter geht raus aus dem Zimmer und kommt nach einer Weile mit einer Flasche Parfüm wieder.
Fragt ihn seine Mutter: „Was willst du mit dem Parfüm?"
Dieter: „Die nehmen wir mit, damit er uns nicht verduftet!"

Auf dem Markt

„Ist der Fisch auch wirklich frisch?" fragt Frau Semmelbrösel die Marktfrau.
„Aber gewiß doch! Wenn Sie zwei Minuten Mund-zu-Mund-Beatmung machen, schwimmt er wieder!"

Ackermann schaut frühmorgens aus dem Fenster und jubelt: „Das gibt aber heute einen herrlichen Tag!"
„Ich weiß", sagt seine Frau. „Sagtest du nicht neulich, eines schönen Tages würdest du mich verlassen?"

Total beknackt!

Herr Schluckspecht hat einen mordsmäßigen Rausch und torkelt durch die Allee. Alle paar Meter stößt er gegen eine Laterne. „Oh, Pardon! Entschuldigung!" Er zieht seinen Hut, macht eine Verbeugung und schwankt weiter.
Rums! Da knallt er gegen die nächste Laterne. So wiederholt sich das noch fünfmal. Schließlich bleibt er stehen und sagt: „Jetzt hab' ich's dick! Ich warte lieber, bis der Fackelzug vorbei ist!"

Der alte Herr liegt im Krankenhaus und bekommt Besuch von seinen Nachbarn.
„Wie geht es Ihnen denn so?" fragen sie ihn.
„Schlecht, sehr schlecht!" antwortet der. „Ich wäre schon längst tot, wenn die Schwestern nicht immer so mit den Türen knallen würden!"

Chef zum Bewerber:
„Wie heißen Sie?"
„Mein Name ist Mahlzeit."
Chef: „Um Gottes willen, dann kann ich Sie auf keinen Fall einstellen!"
„Wieso nicht?"
„Wenn ich nach Ihnen rufe, packen alle gleich die Vesperbrote aus."

Zwei Antialkoholiker betreten eine Stehbierhalle.
„Herr Ober, bitte zwei Glas Milch!"
Ober: „Haben wir nicht. Darf's vielleicht ein Bilderbuch sein?"

Klein Fritzchen fragt: „Mami, wieso sind die Störche im Winter in Afrika, wo ich doch im Dezember geboren bin?"

„Kennst du eigentlich Justus Schubert?"
„Ja, sogar sehr gut!"
„Und wie ist er so?"
„Nun, angenommen, du begegnest zwei Männern, von denen der eine ständig gähnt – dann ist der andere Justus Schubert!"

„Ist dein Mann zukunftsorientiert?"
„Freilich! Er verschiebt alles auf morgen."

„Aber Herr Ober! Sie haben ja auf der Rechnung das Datum mitaddiert!"
„Aber ja doch! Kennen Sie nicht das Sprichwort: ‚Zeit ist Geld'?"

Renate hat gerade gelesen, was es so mit der Seidenraupenzucht auf sich hat. Nachdenklich betrachtet sie nun Mutters Seidenkleid und sagt dann:
„Kaum zu glauben, daß diese ganze Pracht von einem unscheinbaren Würmchen stammt!"
Mutter wird böse: „Ich verbiete dir, so von deinem Vater zu reden, ist das klar?"

Vater Obermoser bekommt langsam, aber sicher eine Glatze.
Meint Obermoser junior: „Früher hattest du so schöne Wellen, Vati. Und heute? Heute sieht man fast nur noch den Strand!"

Klein Schnulli geht zum nahen Bäcker und fragt: „Haben sie auch einen Bienenstich?" – „Aber sicher, mein Junge!" erwidert der Bäcker freundlich. Da grinst der Schnulli und rät: „Dann vergessen Sie nicht, auch Salbe draufzuschmieren!"

Klein Kurtchen schaut interessiert zu, wie der Nachbar eine große Karre Mist in den Garten schiebt. „Was machen Sie denn damit?" erkundigt sich der Knirps. „Den Mist tue ich auf die Erdbeeren!" – „Baaaah!" entsetzt sich Kurtchen. „Essen Sie die denn nicht mit Sahne?"

Siggi erklärt der Lehrerin, daß er morgen nicht zur Schule kommen könne, weil seine Oma beerdigt wird. „Aber Siggi, das kann doch gar nicht sein! Das sagst du doch zum drittenmal in zwei Jahren, und mehr als zwei Großmütter hat niemand..."
Schluchzt Siggi: „Was kann ich denn dafür, wenn mein Großvater immer wieder neue Frauen heiratet!"

Richter zum Angeklagten: „Ich soll Ihnen also glauben, daß sich Ihre Frau erhängt hat? Wie erklären Sie sich dann die vielen Beulen am Kopf?"
Angeklagter: „Sie hat sich mit einem Gummiband erhängt!"

Fragt der Richter den Angeklagten: „Warum sind Sie in die Seifenfabrik eingebrochen?"
„Weil es mir dreckig ging, Herr Richter!"

Paule Struppfinger steht vor dem Richter. Er ist angeklagt, einen Karton mit 1000 Kugelschreibern geklaut zu haben. „Sagen Sie mal, Angeklagter", will der Richter wissen, „warum mußten es denn ausgerechnet Kugelschreiber sein?" — „Ach, Herr Richter", seufzt Paule da, „ich wollte doch endlich einen dicken Strich unter meine Vergangenheit machen."

Willi radelt ohne Licht. Ein Schutzmann hält ihn an und ermahnt: „Weißt du, daß deine Lampe nicht brennt?" — „Schon, warum?" — „Warum steigst du dann nicht ab und schiebst, hm?" — „Weil die Lampe dann auch nicht brennt. Ich hab's schon probiert."

„Herr Zeuge, weshalb haben Sie den Geschädigten nicht daran gehindert, aus dem Fenster seiner in der vierten Etage gelegenen Wohnung zu steigen?"
„Ich dachte, er kann fliegen."
„Und wie kamen Sie zu dieser Annahme?"
„Er hatte eine Feder am Hut, Herr Richter!"

„Jutta, dein Mann geht mir auf die Nerven! Ständig verwechselt er mir und mich."
„Aber deiner erst, der verwechselt dauernd mich und dich!"

Das dunkelste Kino ist besser als das hellste Klassenzimmer!

Bill schlägt Jack eine Whiskeyflasche über den Kopf. Mault Jack: „Mann, hast du keinen Korkenzieher?"

Tante Käthi bringt ihren beiden Nichten vom Rummelplatz einen großen roten Luftballon mit. Glücklich lächelnd reicht sie den Ballon den beiden Kindern und ermahnt: „Aber ehrlich teilen, gell!"

Kalle Kahlschlag ist Träger einer beneidenswerten Glatze. „Man müßte mal wieder den Friseur aufsuchen!" denkt er eines Tages zerstreut ... und tut's. „Sä wünschen?" erkundigt sich der Meister. „Abstauben und polieren!" nuschelt Kalle.

Die ganze Schulklasse geht zur Impfung. Der Lehrer spricht über die Notwendigkeit dieser Impfung und sagt zum kleinen Pit: „So, nun sag mir mal, wogegen ihr heute gepikst werdet!"
Meint Pit: „Gegen unseren Willen, Herr Lehrer!"

Dämlich währt am längsten...

Es ist Krauses erster Banküberfall, und Krause ist verständlicherweise ziemlich aufgeregt. Er schiebt dem Kassierer einen Zettel zu. Dieser liest kopfschüttelnd: „Sechs Eier, ein Liter Milch, ein Päckchen Matjes..." Er gibt den Zettel zurück. „Das bekommen Sie alles drüben im Supermarkt. Wir sind ein Geldinstitut!"

Schwere Brocken
Der dicke Hugo steigt am Bahnhof ächzend und stöhnend auf die Personenwaage. Es rattert und knattert, schließlich fällt eine Karte in den Ausgabekasten: „Bitte nur eine Person auf die Waage stellen!"

Kalle und Egon sitzen in einer Kneipe und sind total besoffen. Sagt Kalle: „Ich muß jetzt aufhören mit dem Trinken, ich sehe schon alles doppelt!"
Egon schaut, zieht **10 Mark** aus der Brieftasche und sagt zu Kalle: „Hier hast du deine **20 Mark** zurück, die du mir gestern geliehen hast!"

„Mußtest du unbedingt den neuen Reifen kaputtfahren?" brummt der Ehemann seine bessere Hälfte an. „Ich kann doch nichts dafür, daß die dumme Flasche da rumlag, über die ich dann drübergefahren bin."
„Doch", belehrt sie der Ehemann, „du hättest sie früher sehen können!"
„Nein, das ging nicht! Der Mann hatte sie nämlich in der Manteltasche!"

Fragt ein Tourist in München einen Polizisten: „Wissen Sie, wohin die Straßenbahnlinie 15 fährt?" — „Ihnen in die Haxen, wenn Sie nicht blitzschnell vom Gleis runtersteigen!" meint der Schutzmann trocken.

Heinz Dödelfroh will seinen Freund Haschmich besuchen. Er läutet an der Haustür. Nach kurzer Pause meldet sich von innen eine Stimme: „Niemand da!". Darauf Dödelfroh: „Wie gut, daß ich gar nicht erst gekommen bin!"

„Haben Sie sprechende Papageien?"
„Tut mir leid, im Augenblick leider nicht. Aber wie wäre es mit einem Buntspecht?"
„Auch nicht schlecht. Aber kann er sprechen?"
„Das nicht, aber morsen kann er wie der Teufel!"

„Sie haben also Ihrem Untermieter das Cello gestohlen und es versteckt! Können Sie denn überhaupt Cello spielen, Angeklagter?" fragt der Richter streng.
„Nein", antwortet der Gefragte kleinlaut, „aber mein Untermieter auch nicht!"

Dieterchen verbringt zum erstenmal seine Ferien bei der Familie Johann Schon auf dem Bauernhof. Eines Abends bekommt er mit, wie Frau Schon ein Huhn rupft.
„Werden Hühner immer ausgezogen, ehe man sie ins Bett bringt?" fragt er verdattert.

„Muttiiiii, Muttiii!" schreit Binki ganz aufgeregt. „Du mußt schnell kommen! Papa liegt bewußtlos im Sessel, in der einen Hand einen großen, runden Karton und in der anderen einen Zettel!" — „Herrlich", ruft Binkis Mutter da zurück, „dann ist endlich mein neuer Hut gekommen!"

Ein sehr alter Mann sitzt im Zug. Sein Abteilnachbar fragt ihn, wohin er fährt. „Zum Klassentreffen", sagt der alte Mann.
„Oh, da kommen aber sicher nicht mehr viele!"
„Nein, ich bin schon seit fünf Jahren der einzige!"

Sehr früh am Morgen verabschiedet sich der letzte Partygast von den Humpels. „Meine Lieben", flötet der Gast im Hinausgehen den Gastgebern zu, „es war wieder exorbitant reizend bei Ihnen. Hoffentlich haben wir Sie nicht allzu lange aufgehalten." — „Keineswegs", antwortet der Hausherr mit halb geschlossenen Augen. „Um diese Zeit stehen wir normalerweise sowieso auf!"

Beruhigend

Zwei Polizisten sollen einen gefährlichen Mörder verhaften. „Geh du nur ruhig voraus!" ermuntert der eine seinen Kollegen. „Wenn was schiefgeht, werde ich dich auch bestimmt rächen."

Ein Polizist trifft zwei Landstreicher.
Er fragt den einen: „Wo wohnen Sie?"
„Ich? Nirgendwo, Herr Wachtmeister!"
„Und Sie?" fragt der Polizist den zweiten.
„Wir sind Nachbarn, Herr Wachtmeister!"

„Sag mal, Schorschi, weißt du, welche Fahrzeuge hintendrauf einen Aufkleber mit GB haben?"
„Ja, natürlich! Fahrzeuge der Griminalbolizei!"

Ede steht wieder vor Gericht. Fragt der Richter: „Sie haben im Hotel Handtücher gestohlen. Wissen Sie, was darauf steht?"
Ede: „Klar doch! Hotel zum grünen Ochsen!"

Herr Püselmüdel geht zur Wahrsagerin, die ihm aus der Hand liest.
„Sie werden geschlachtet, gebraten und gegessen!"
Antwortet Püselmüdel: „Nun lassen Sie mich doch erst einmal meine Schweinslederhandschuhe ausziehen!"

„Hallo, haben Sie noch zwei Plätze frei?"
„Ja!"
„In der ersten Reihe?"
„Nein, in der fünften Reihe!"
„Sind das Sitzplätze?"
„Sitzplätze haben wir keine!"
„Ja, ist dort nicht die Sporthalle?"
„Nein, hier ist die Friedhofsverwaltung!"

„Pappi, warum sind die Blaubeeren rot?" — „Weil sie noch grün sind, mein Sohn!"

„Ich höre, Sie waren gestern im Theater? Was haben sie denn gegeben?"
„Fünf Mark!"
„Das meine ich nicht. Was für ein Stück?"
„Ein Fünfmarkstück!"
„Nein! Ich will wissen, was die Schauspieler gegeben haben!"
„Nichts – die sind umsonst reingekommen!"

Auf der Straße streiten sich zwei ältere Männer. Schließlich schreit der eine voller Wut:
„Sie Despot!" Dabei fällt ihm prompt das Gebiß aus dem Gesicht. Meint der andere gelassen:
„Hätten Sie lieber Idiot gesagt, dann hätten Sie Ihre Beißerchen noch im Mund!"

„Wenn Tina eine Geige bekommt, müßt ihr mir ein Fahrrad kaufen!" beschwert sich Tom bei den Eltern. Die verstehen nicht, da erklärt Tom: „Das Rad brauche ich, damit ich wegfahren kann, wenn Tina übt!"

Hafermehl trifft einen alten Freund. „Sag mal, jetzt bist du schon dreimal Witwer geworden, und immer wieder heiratest du eine Schwester deiner verstorbenen Frau. Findest du denn etwas Besonderes an dieser Familie?"
„Etwas Besonderes? Nein! Ausrotten will ich sie!"

Typisch Lehrer

Der Professor zeigt einem Medizinstudenten einen Menschenschädel.
„Nun, Müller, welchen Beruf hat dieser Mensch wohl ausgeübt?"
„Hmmm", erwidert der Student nach kurzem Überlegen, „die Sache ist eindeutig: Der war Lehrer!"
„Ganz hervorragend, ausgezeichnet! Woran haben Sie das erkannt?"
„So schwer war das wirklich nicht, bei dem ausgeleierten Unterkiefer!"

Manfred steht an der Rolltreppe und schaut dauernd nach unten. Fragt ihn seine Frau: „Kann ich dir helfen, mein Junge?"
Manfred: „Nein, danke! Ich warte nur darauf, daß mein Kaugummi zurückkommt!"

Schorschi muß zur Strafe fünfzigmal schreiben: Ich soll meine Lehrerin nicht duzen! Als er die Strafarbeit abgibt, fragt die Lehrerin erstaunt: „Warum hast du es denn hundertmal geschrieben?"
Da strahlt Schorschi: „Weil du's bist, Frau Lehrerin!"

Eine Ziege geht über die Wiese und wird von einer Kuh angelabert: „So klein und schon einen Bart?"
Die Ziege schaut sich die Kuh an und sagt: „So groß und noch immer keinen BH?"

Mann zum Ober: „Ich möchte den Geschäftsführer sprechen. Ich habe einige Beschwerden!"
„Aber mein Herr! Wir sind hier ein Restaurant und keine Arztpraxis!"

Der Rennplatzbesucher geht wütend auf einen Bekannten zu, der ihm einen todsicheren Tip gegeben hat: „Sie sagten, es sei ein großartiges Pferd."
„Das war es auch! Elf Pferde waren nötig, um es zu schlagen!"

„Warum schickst du Susi eine leere Ansichtskarte aus deinem Winterurlaub?"
„Ach, weißt du, bevor ich abreiste haben wir uns gezankt. Und seitdem sprechen wir nicht mehr miteinander...!"

Die kleine Hetty schleicht pausenlos um Tante Agathe herum, die zu Besuch ist. Schließlich fragt sie: „Tante, wo bist du denn kaputt?"
Die Tante wundert sich und fragt, wieso Hetty darauf käme. Die entgegnet:
„Na ja, der Papa sagte, du wärst ganz schön gerissen!"

Sagt Frau Lottermann zu ihrem Gatten: „Du könntest ruhig mal wieder den Keller aufräumen!"
Er: „Ja, Schatz!" Dann geht er runter in den Keller. Nach drei Minuten kommt er wieder.
Sie: „Bist du etwa schon fertig?"
Er: „Nein, ich habe nur den Korkenzieher vergessen!"

„Das war ein ganz schönes Stück Arbeit", stöhnt der Monteur, „aber jetzt können Sie wieder Wäsche waschen!" Meint die Frau: „Wäsche waschen? Das war doch unser Fernsehgerät!"

Frau Knotterbeck kommt zum Buchhändler.
„Ich möchte gerne ein Buch, in dem kein Mord, kein Detektiv, kein Arzt, kein reicher Mann, keine alte Frau, kein Hund und kein Pfarrer vorkommen. Was können Sie mir da empfehlen?"
Antwortet der Buchhändler: „Den Fahrplan der Bundesbahn!"

Hüselgerber ungeduldig zum Taxifahrer: „Mensch, fahren Sie endlich los mit Ihrer Mistkarre!"
Da entgegnet der Taxifahrer: „Ich muß ja erst einmal wissen, wo ich den Mist abladen soll!"

Fragt die Aufnahmeschwester im Krankenhaus den neuen Patienten: „Haben Sie Pyjamas?"
Der zuckt mit den Schultern.
„Der Doktor hat gemeint, es sei eher der Blinddarm!"

Ein Pfarrer und ein Taxifahrer kommen zusammen bei Petrus an der Himmelspforte an. Petrus läßt den Taxifahrer sofort rein, den Pfarrer jedoch nicht.
Fragt der Pfarrer: „Sag, Petrus, warum darf der rein und ich nicht?"
Antwortet Petrus: „Ganz einfach: Wenn du gepredigt hast, haben die Leute geschlafen. Und wenn er gefahren ist, haben die Leute gebetet!"

Herr Knotterbeck kommt total betrunken vom Stammtisch nach Hause. Im dunklen Treppenhaus wird ihm mehrmals ein Teppichklopfer um die Ohren gehauen. Da geht das Licht an.
„Oh, entschuldigen Sie!" seufzt Frau Westerbeck. „Ich dachte, es sei mein Mann!"
Knotterbeck: „Alles verziehen! Aber jetzt gehen Sie mal hoch zu meiner Frau und sagen ihr, daß ich alles schon hinter mir habe!"

An der See fragt der Enkel: „Opa, wie viele Eier legen die Heringe?"
„Viele, viele Millionen im Jahr, mein Junge."
„Da ist es aber gut, daß Heringe nicht gackern können!"

Karl und Erich haben Krach in einer Kneipe angefangen und sind rausgeflogen. Draußen krempelt Karl die Ärmel hoch und sagt zu Erich: „So! Jetzt werde ich in dem Schuppen mal aufräumen! Du kannst gleich anfangen zu zählen, wie viele ich aus dem Lokal schmeiße!" Dann stürmt er ins Lokal rein.
Erich wartet draußen. Prompt geht auch die Tür auf, einer fliegt raus, und Erich zählt: „Eins!"
„Du Dackel...!" schimpft Karl. „Mich brauchst du doch nicht mitzuzählen!"

Frau Schwatzke beklagt sich bei ihrer Nachbarin: „Also, mein Junge, der macht mir schwer Kummer. Jeden Morgen wirft er eine Münze. Zeigt sie Zahl, bleibt er im Bett. Bei ‚Wappen' geht er spazieren."
„Ja, und wann geht er dann zur Schule?"
„Wenn die Münze auf der Kante steht!"

Brösel beschwert sich beim Elektriker: „Seit vier Wochen bitte ich Sie nun schon darum, einmal vorbeizukommen, um die Klingel zu reparieren, aber Sie kommen nicht...!"
„Das ist ja gar nicht wahr! Gestern war ich bei Ihnen und habe geklingelt und geklingelt, doch keiner hat aufgemacht...!"

Gegenfrage

Ein Bettler steht an der Tür. „Sie sind doch ein rüstiger junger Mann!" sagt die Hausfrau. „Warum arbeiten Sie nicht?"

Sagt der Bettler: „Sie sind ja auch jung und sehen gut aus. Warum sind Sie nicht Fernsehansagerin?"

Ein Angler trifft seinen Freund eines Morgens am Fluß mit einer ganz geschwollenen Backe. Mitleidvoll fragt er ihn: „Hast du Zahnschmerzen..." – „I wo!" antwortet der. „Ich muß nur die tiefgefrorenen Würmer irgendwie auftauen...!"

Eine alte Dame fliegt zum erstenmal mit einem Jumbo. Ängstlich sitzt sie da und schaut aus dem Fenster der Kabine nach draußen. Sie wendet sich zu dem Herrn neben ihr und sagt: „Schauen Sie nur die vielen Menschen da unten! Sie sehen aus wie Ameisen!"
Meint der Herr: „Das sind Ameisen, liebe Frau. Wir sind nämlich noch gar nicht gestartet!"

„Hör mal", sagt Cowboy Slim zu seiner Braut, als er das Brandeisen zum Glühen bringt, „du wirst nun leider ein paar Tage auf dem Bauch liegen müssen. Aber Verlobungsringe kann ich mir derzeit wirklich nicht leisten!"

„Aber Herr Professor", wundert sich ein Passant, „warum gehen Sie denn mit einem Bein im Rinnstein?"
„Vielen Dank, mein Bester", antwortet Professor Güldenstein, „ich hatte schon Angst, ich würde hinken."

Der Anwalt zum Häftling: „Haben Sie schon irgendwelche Pläne für die Zeit nach Ihrer Haftentlassung?"
„Na klar! Ich habe die Pläne von Juwelier Raffke, der Zentralbank und von der Villa von Multimillionär Klotz!"

Papa kommt nach Hause und wird von seiner Tochter überschwenglich begrüßt, während Sohnemann Schorschi ihn kaum beachtet. Vom Vater auf sein Verhalten befragt, meint Schorschi:
„Ich habe ja auch nicht den Plattenspieler kaputtgemacht...!"

Erna hat ein Lotterielos geschenkt bekommen. Mahnt die Mutter: „Da mußt du aber auch tüchtig beten, daß es gewinnt!" Am Abend findet die Mutter Erna im Bett, in der Hand ein dickes Gebetbuch. Erna sieht auf und ruft der Mutter freudig entgegen: „Ich habe etwas Passendes gefunden: Gebete für Kinderlose...!"

„Wer kann den Begriff Verantwortung erklären?" fragt der Lehrer. Fritzchen meldet sich: „An meiner Hose sind alle Knöpfe ab, bis auf einen. Der trägt jetzt die volle Verantwortung!"

Fragt der Vater seinen Sohn: „Na, wie ist denn dein Zeugnis ausgefallen?"
Antwortet der Steppke: „Nicht schlecht, Vati! Alle müssen die Klasse verlassen, nur mein Vertrag wird verlängert!"

„So, so", meint der gestrenge Herr Doktor zu der beleibten Dame, „Sie wollen also wieder eine schlanke Figur haben? Da hilft besonders gut Gymnastik!" — „Sie meinen Rumpfbeugen, Kniebeugen, Armkreisen und dergleichen?" erkundigt sich die Patientin.
„Nein!" erwidert der Arzt streng. „Ich meine vor allem Kopfschütteln... und zwar jedesmal, wenn Ihnen etwas zum Essen angeboten wird."

„Sag mal, weshalb hast du deiner Kuh denn eine Brille mit grünen Gläsern aufgesetzt?"
„Weißt du, mir ist das Heu ausgegangen. Und die Kuh soll ja nicht merken, daß sie nur Stroh frißt!"

„Idiot!" brüllt ein Mann einen anderen in der Straßenbahn an. „Können Sie nicht woanders hintreten?"
„Doch, aber dann können Sie vierzehn Tage nicht sitzen!"

„Papa, was ist ein Ehrendoktor?"
„Ja, Junge, wie soll ich das erklären? Das ist genauso ein Titel, wie wenn Mama mich als Hausherrn vorstellt!"

Jack ist ein erfolgreicher Bärentöter. Jim fragt ihn nach seinem Erfolgsrezept. „Nun, das ist ganz einfach. Ich stelle mich vor eine Höhle und pfeife. Wenn dann der Bär rauskommt, schieße ich ihn ab", erklärt Jack. Nach einiger Zeit treffen sich die beiden wieder. Jim ist völlig zerschlagen und zerschunden. Jack fragt ihn: „Was ist passiert?" — „Ich habe eine große Höhle gefunden, mich davorgestellt und gepfiffen." — „Und dann?" — „Ist ein Zug gekommen."

Lehrer: „Wie viele Inseln gibt es im nördlichen Mittelmeer, und wie heißen sie?"
Schüler: „Im nördlichen Mittelmeer gibt es sehr viele Inseln, und ich heiße Alfons Meier!"

Schöne Erziehung!

Gangsterboß zu seinem Söhnchen: „Wenn du es im nächsten Zeugnis schaffst, in Betragen eine glatte Sechs zu kriegen, klaue ich dir ein Mofa!"

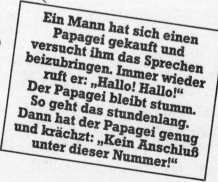

Ein Mann hat sich einen Papagei gekauft und versucht ihm das Sprechen beizubringen. Immer wieder ruft er: „Hallo! Hallo!" Der Papagei bleibt stumm. So geht das stundenlang. Dann hat der Papagei genug und krächzt: „Kein Anschluß unter dieser Nummer!"

Idiotisch

Der Mathe-Lehrer rauft sich wieder mal die Haare über die nicht vorhandenen Rechenkünste von Erich und seufzt: „Tut mir schrecklich leid, aber einer von uns beiden ist ein totaler Vollidiot!"
Am nächsten Tag bekommt er von Erich zu Beginn des Unterrichts einen gelben Briefumschlag überreicht.
„Was ist denn da drin?" fragt der Lehrer verblüfft.
„Ein Attest vom Schularzt, daß **ich** völlig normal bin!"

Ist der nicht lustig?

Bei Püsemüdels ist wieder einmal Tante Frieda zu Besuch. Alle sitzen steif am Kaffeetisch, wobei die kleine Walburga die Tante nicht aus den Augen läßt. Plötzlich steht sie auf, geht zur Tante und leckt ihr mit der Zunge über das Kleid.
„Aber Walburga, was machst du da?" ruft Tante Frieda erschreckt.
Das Mädchen rechtfertigt ihr Handeln: „Mami hat ganz recht: Dein Kleid ist wirklich geschmacklos!"

„Guck mal, ich habe mir die Haare ganz kurz geschnitten." — „Warum denn?" — „Dann brauche ich sie morgens in der Früh nicht so lange zu kämmen." — „Ganz schön blöd! Dafür mußt du dir jeden Tag den Hals waschen."

Erziehung
ist die organisierte
Verteidigung der Erwachsenen
gegen die Jugend!

Der kleine Rudi hat an die Tafel geschrieben: Ich möchte mit unserer Lehrerin knutschen. Die Lehrerin kommt ins Klassenzimmer, liest und fragt gleich nach dem Übeltäter. Rudi meldet sich.
Die Lehrerein: „Du kommst nach dem Unterricht mal zu mir!"
Dreht sich Rudi in der Klasse um und sagt: „Na, was hab' ich euch gesagt — die ist gar nicht so!"

Die Mutter schimpft mit Christian: „Du sollst doch keine Luftballons aufblasen, wenn Vati zu Hause ist!"
Fragt Christian: „Warum denn nicht, Mami?"
„Das erinnert Papa immer so sehr an seinen verlorenen Führerschein!"

Sagt ein Mädchen zur Schulfreundin: „Ich muß nach Hause – Schulaufgaben machen, das Zimmer aufräumen, Geige üben, das Auto waschen –, du kannst mich dann in zehn Minuten erwarten!"

Bei Miesekappels klingelt das Telefon. „Nun sagen Sie mal", brüllt die Nachbarin, „was ist denn das schon wieder für eine Art? Vier Ihrer Kinder sitzen bei uns im Apfelbaum!"
„Also, das ist ja schrecklich! Vier im Apfelbaum? Wo werden sie denn bloß wieder den Jüngsten gelassen haben?"

Dr. Pinkelbein schüttelt besorgt den Kopf. „Also, Frau Wutzke, das Gesicht Ihres Mannes gefällt mir gar nicht!"
Meint Frau Wutzke: „Mir ja auch nicht, Herr Doktor. Aber er ist doch so gut zu den Kindern!"

Berichtet der Zoodirektor: „Endlich ist es uns gelungen, einen Adler mit einem Stinktier zu kreuzen!"
Reporter: „Und? Was kam dabei heraus?"
Zoodirektor: „Kann man noch nicht genau sagen, aber es stinkt zum Himmel!"

„Plötzlich, mitten in der Wüste", erzählt Rübendüdel, „werde ich von lauter Marokkanern eingekreist. Vor mir Marokkaner, hinter mir Marokkaner, neben mir Marokkaner…"
„Und was haben Sie gemacht?"
„Ich habe ihnen schließlich einen Teppich abgekauft…!"

Atze grölt am Stammtisch zu seinen fünf Kumpanen:
„Jungs, ich habe einen großartigen Job für uns!"
„So, was denn?"
„Hier in der Zeitung steht: ‚Sechs Kognakschwenker gesucht!'"

Frau Griesbeck kommt vom Einkaufen nach Hause. Ihre Tochter Susi öffnet, und die Mutti fragt:
„Ist jemand gekommen?"
„Ja!"
„Wer!"
„Du!"
„Nein, ich meine, ob jemand hier war!"
„Ja!"
„Wer?"
„Na, ich!"

Sabine geht mit ihrer Mutter spazieren. Plötzlich sieht sie eine Ringelnatter, die am Wegrand entlangkriecht. Da ruft Sabine: „Sieh mal, Mutti, hier wedelt ein Schwanz ohne Hund!"

Drei Männer stehen vor dem Richter. Der fragt den ersten: „Was haben Sie getan?"
„Ich habe den Fisch in den See geworfen."
Richter: „Freispruch. Sie können gehen!"
Er wendet sich an den nächsten Angeklagten: „Und was haben Sie getan?"
„Ich habe geholfen, den Fisch in den See zu werfen!"
Richter: „Freispruch!" Er wendet sich an den letzten: „Und was ist mit ihnen?"
Antwortet der: „Mein Name ist Fisch, Herr Richter!"

Wer das Ferkel nicht ehrt, ist den Schinken nicht wert!

Piet und Hein sitzen am Fluß und waschen sich die Füße. Meint Piet: „Mensch, hast du schmutzige Füße!"
Entgegnet Hein: „Ist doch kein Wunder! Ich bin ja auch zwei Jahre älter als du!"

Piet Schevenstieht und Willem Dickflet wollen mit dem Zug zum Wochenmarkt nach Aurich fahren. Schon auf dem Bahnsteig bemerkt Piet, daß er seine Uhr vergessen hat. „Du, Willem", meint er, „lauf doch schnell mal nach Hause und schau nach, ob die Uhr noch in der Wohnung ist." Willem läuft los und kommt nach fünf Minuten zurück und meint: „Ja, sie liegt auf dem Nachttisch!"

Klein Peter spielt mit anderen Kindern am Strand. Schließlich gibt es einen Streit, den Peter mit einigen drastischen Worten beendet. Seine Mutter hört's und meint vorwurfsvoll: „Schäm dich, Peter! Wie kannst du nur so häßliche Worte benutzen?"
„Aber Götz von Berlichingen hat das doch auch gesagt!"
„Wirklich? Dann ist der ein ganz schlechter Umgang für dich, und ich verbiete dir, noch einmal mit ihm zu spielen!"

Es gibt Autoren, die haben das Zeug zum Schreiben, aber auch Autoren, die haben bloß das Schreibzeug!

Neues aus Ostfriesland

Die meisten Ostfriesen haben beim Fernsehen immer einen Spaten zur Hand. Sollte nämlich ein Kanal ausfallen, können sie sich gleich einen neuen graben...

Was braucht eine Roboterfrau, um sich einen Faltenrock zu schneidern, vor allem?

Weißblech

Die Lehrerin zu Fritzchen: „Hast du mir nicht fest versprochen, immer deine Hausaufgaben zu machen?" Meint Fritzchen: „Hab' ich, Frau Lehrerin, aber ich konnte doch vor der ganzen Klasse keinen Skandal auslösen!"

Bauer Füsenmüdel wacht Nacht für Nacht im Stall, doch seine Kuh will einfach nicht kalben. Da fragt er den Tierarzt. Der meint:
„Kein Wunder, wenn Sie immer hinter der Kuh stehen, glaubt diese, sie hätte schon gekalbt!"

Geschäfte

Fips trifft seinen Freund Max. „Ich habe einen Brieftaubenhandel aufgemacht. Morgens verkaufe ich die Tauben, und abends kommen sie wieder zu mir zurück."

Hugo Garstig hat an seinem neuen Wohnort schnell Anschluß gefunden. Er prozessiert bereits mit drei Nachbarn.

Gangster-Johnny schnappt sich in der alten Hafenkneipe eine Pulle Whisky und hämmert sie aus heiterem Himmel Ganoven-Sepp über die Rübe. „Bist du wahnsinnig?" brüllt Sepp und zieht sein Klappmesser. „Klappe!" grunzt Johnny zurück, „war kein Ernst. Hatte bloß gerade keinen Korkenzieher zur Hand!"

Die Rechnung ohne den Wirt

Als Artur mal wieder seine Stammkneipe betritt, hält ihn gleich der Wirt an. „Artur, ich glaube, ich habe dir gestern Nacht ein Glas Bier zuwenig berechnet."

„Das ist aber komisch, der Polizist, der mich auf dem Heimweg anhielt, meinte, ich hätte einen zuviel getrunken!"

Speedy-John rast durch die Stadt. Ein Polizist hält ihn an: „Haben Sie denn das Schild mit der Geschwindigkeitsbegrenzung nicht gesehen?" „Na, Sie sind vielleicht gut!" antwortet Speedy-John. „Bei dem Tempo!"

„Hör mal", forscht das kesse Helenchen neugierig bei ihrer Freundin nach, „weißt du eigentlich genau, was Mumien sind?" — „Klar", meint die wie aus der Pistole geschossen, „Mumien sind eingemachte Könige!"

Weit gereist

Die Reisegesellschaft blickt in den glühenden Schlund eines Vulkans. „Sieht ja aus wie in der Hölle", meint dazu ein Amerikaner.
Eine Frau staunend: „Diese Amerikaner waren aber auch wirklich schon überall!"

Veitenhansl sitzt in der Badewanne und schimpft wie ein Rohrspatz: „So eine hirnverbrannte Medizin! Zweimal täglich drei Tropfen in warmem Wasser zu sich nehmen – wer hält denn das aus?"

„Wie konntest du nur den nagelneuen Reifen so kaputtfahren, Eulalia?"
„Ich bin über eine Flasche gefahren."
„Konntest du die nicht früher sehen?"
„Nein, der Mann hatte sie in der Manteltasche."

„Als ich so alt war wie du", sagt der Lehrer zu Detlev, „konnte ich das große Einmaleins auswendig, und zwar vor- und rückwärts."
„Schön für Sie", meint Detlev ungerührt, „aber Sie hatten sicher einen guten Lehrer."

„Nächsten Monat ist Weihnachten, Papi. Da möchte ich einen richtigen Colt."
„In Ordnung, du bekommst einen Spielzeugrevolver."
„Ich will aber einen echten Colt!"
„Sei still! Wer gibt hier den Ton an – du oder ich?"
„Du! Aber wenn ich den echten Colt hätte..."

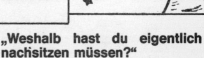

„Weshalb hast du eigentlich nachsitzen müssen?"
„Ich wußte nicht, wo die Kleinen Antillen liegen."
„Dann paß das nächstemal auch auf, wo du deine Sachen hinlegst!"

Hein und Fietje stürzen in eine Bar und schreien: „Wasser, Wasser!"
Packt sie der Wirt am Kragen und sagt: „Raus hier, hier gibt's nur Bier und Schnaps!"
Als sie dann auf der Straße liegen, meint Fietje: „Seine eigene Schuld! Soll ihm doch jemand anderes sagen, daß sein Dachstuhl brennt."

Einfallsreichtum

Sagt der Vater zum Lehrer: „Finden Sie nicht, daß mein Sohn die tollsten Einfälle hat?"
„O ja!" seufzt der Lehrer. „Besonders in der Rechtschreibung!"

TRÄUMEREI

Karli sagt zu Fritzchen: „Du, Fritz, ich hatte heute nacht einen duften Traum. Ich war auf einem Rummelplatz und durfte immerzu umsonst Achterbahn fahren."
Fritzchen ist nicht sehr beeindruckt. „Ich hatte auch einen schönen Traum. Bei uns zu Hause stand der ganze Tisch voll Kuchen, Torten, Sahne, Eis und Schokolade. So viel, daß ich es in einer ganzen Woche nicht hätte schaffen können. Da habe ich die ganzen Jungen aus der Nachbarschaft zusammengeholt, bloß dich nicht."
Karlchen ist empört. „Warum denn mich nicht! Hab' ich dir was getan?"
„Na, du warst ja nicht da, du warst doch zum

Achterbahnfahren!"

Wer aus dem Rahmen fällt, war vorher nicht im Bilde.

Ede und Otto sind mit einem schweren Lkw unterwegs und kommen dabei an eine Unterführung mit der Aufschrift: Maximale Höhe 3,60 m.
„Sieh dir das an, Otto! Sapperlot und Asche, unser Wagen ist zwanzig Zentimeter höher."
„Macht nichts, Ede. Wir versuchen's trotzdem, es ist ja nirgends Polizei."

Übung macht den Meister

Silberhorn macht gerade einen Fallschirmspringerkurs und wirft sich mal wieder beherzt aus dem Flugzeug. Doch nichts geschieht beim Ziehen der Reißleine.
„Hilfe, Herr Fluglehrer, mein Schirm öffnet sich nicht!" ruft er verzweifelt.
„Machen Sie sich nichts draus, es ist ja nur eine Übung!"

„Oskar", sagte der Lehrer im Biologie-Unterricht, „nenne mir ein Beispiel für die zunehmende Umweltverschmutzung in der Natur!"
„Ölsardinen, Herr Lehrer!"
„Was? Wie kommst du auf Ölsardinen?"
„Als meine Mutter neulich eine Dose öffnete, war sie voll Öl, und alle Sardinen waren tot!"

Klein Peter hört atemlos zu, als sein Onkel von den riesenhaften Wolkenkratzern in Amerika erzählt.
„Toll!" meint er dann ganz begeistert. „Da kann man ja tagelang das Geländer runterrutschen!"

Meier hat Zechprellerei begangen,

und der Wirt schmeißt ihn raus. Als er gerade wieder aus dem Rinnstein aufstehen will, kommt der Ober heraus und klebt ihm dazu noch eine.
„Was soll denn das?" fragt Meier unwillig.
„Das waren meine zehn Prozent."

Pete kommt gerade am Zaun von seinem Freund Wulle vorbei, als dahinter ein fürchterliches Gezeter losbricht.
„He, Wulle, warum verprügelst du denn deinen Sohn?"
„Dieser Nichtsnutz hat die Gartentür offengelassen, und nun sind die Hühner auf und davon!"
„Was soll's? Die gehen doch immer wieder in den eigenen Stall zurück."
„Eben! Das ist ja das Unglück!"

„Von dieser Medizin nehmen Sie neun Teelöffel, Frau Schwiebersuhl."
„Das geht leider nicht, Herr Doktor."
„So... Warum?"
„Ich besitze doch nur sechs Teelöffel!"

Phips hat sich geärgert. „Diese blöde Sommerzeit kann mir gestohlen bleiben!"
„Aber warum?" meint Lukas. „Sommerzeit ist doch gut!"
„Für das Zurückstellen der Uhren mußte ich aber 500 Mark Strafe zahlen."
„Das ist doch unmöglich! Wofür denn Strafe?"
„Tja, ich hatte die Gasuhr auch zurückgestellt!"

Haberstroh-Karle

kommt zu einem Hotelportier. „Ich möchte gerne hier übernachten."
„Tut mir leid, wir haben kein Zimmer frei."
„Das macht nichts. Mir genügt ein langer Gang. Ich bin Schlafwandler."

Karlchen kommt bei seiner Mutter angerannt. „Mutti, weißt du, wieviel Zahnpasta in einer Tube ist?"
„Nein, Karlchen, das weiß ich nicht."
„Aber ich weiß es! Von der Badezimmertür bis zum Schlafzimmerschrank."

Wer selbst denkt, hat selbst schuld!

Am Ufer des Sees Genezareth fragt Vetter Wolfe, was eine Überfahrt kostet.
„Fünfzig Dollar", meint der Schiffer.
„Was? Das ist ja Wahnsinn!" entrüstet sich Wolfe.
„Ja, wissen Sie", belehrt ihn der Schiffer, „über diesen See ging Jesus zu Fuß."
„Kein Wunder, kontert Vetter Wolfe, „bei diesen Preisen!"

Frau Schnuckenschuch ruft aus dem Badezimmer:
„Dieter, hast du ein gutes Gedächtnis für Gesichter?"
„Aber natürlich, meine Liebe!"
„Das ist gut. Mir ist nämlich eben dein Rasierspiegel heruntergefallen."

„Frank, kannst du mir sagen, wer Casanova war?"
„Ein italienischer Floh, Herr Lehrer!"
„So ein Unsinn! Wie kommst du denn darauf?"
„Hier steht: ‚Giacomo Casanova. Floh aus den Bleikammern von Venedig…'"

Lieber 'ne 6 in Mathe, als gar keine persönliche Note!

Teufelsbraten

Der kleine Fritz ist bei seiner Großmutter zu Besuch. Natürlich stellt er das ganze Haus auf den Kopf, tobt durch die Zimmer und läßt der Großmutter keine ruhige Minute.
Endlich wird es ihr zuviel, da holt sie den Teppichklopfer und schreit:
„Du bist doch ein richtiger kleiner Teufel!"
„Na", wehrt sich Fritzchen, „und du bist meine Großmutter!"

Gefährlich wird es, wenn die Dummen fleißig werden!

„Papa", ruft der kleine Alex, „kaufst du mir einen Globus?"
„Kommt nicht in Frage! Du fährst weiterhin mit dem Schulbus!"

Ein bekannter Politiker rückt sich seine Brille zurecht und beginnt mit einer Rede. Flüstert sein Pressechef zu einem Nachbarn:
„Gestern war er besser!"
„Aber gestern hat er doch gar nicht gesprochen!"
„Eben..."

Der Lehrer

„Fritzchen, wer hat die Teutonen geschlagen?"
„Tut mir leid, Herr Lehrer, aber das Spiel muß ich im Fernsehen verpaßt haben."

Ein Penner

wird ins Krankenhaus eingeliefert. Er muß dringend operiert werden. Man steckt ihn zuerst einmal ins Bad, er wird kräftig geschrubbt und gewienert. Zufrieden liegt er danach im Bett und sagt zur Schwester:
„So eine Operation hatte ich mir immer viel schlimmer vorgestellt...!"

Voll beladen

Sandmeier kommt vom Urlaub zurück. Fragt ihn der Zollbeamte:
„Kaffee? Tee? Zigaretten? Schnaps?"
„Danke", sagt Sandmeier, „kein Bedarf mehr. Alles schon reichlich im Gepäck."

Zollfrei

Naubeck hat bei seiner Rückkehr einen wundervollen Papagei bei sich. An der Grenze verlangt man einen hohen Zoll dafür.
„Wenn der Papagei tot und ausgestopft wäre, könnten Sie ihn zollfrei einführen", meint der Zollbeamte.
Naubeck schweigt und kratzt sich nachdenklich den Kopf. In diesem Augenblick krächzt der Papagei: „Mach bloß keinen Scheiß und zahle!"

Gesalzen

„Wie waren die Preise bei Ihnen im Urlaub?"
„Oh, noch höher als die Berge. Und bei Ihnen an der See?"
„Noch gesalzener als das Wasser."

„Na, Gustav,

hast du die Masern genauso schlimm gehabt wie dein Bruder?"
„Viel schlimmer...!" stöhnt Gustav. „Ich hatte sie in den Ferien!"

Die kleine Simone

sieht sich die Weihnachtskerzen auf dem Tannenbaum an und fragt die Mutter: „Sind das Wachskerzen?"
„Ja, mein Kind."
„Hm – warum heißen die denn Wachskerzen? Die werden doch immer kleiner!"

„Aber Junge, du darfst doch das kleine Mädchen nicht verhauen!" – „Das ist kein kleines Mädchen, das ist meine Schwester."

Ein Würstchenverkäufer steht vor einer Bank und verkauft seine Ware. Kommt ein alter Freund vorbei und sagt: „Kannst du mir fünfzig Mark leihen?" – „Nein!" – „Warum nicht?" – „Ich habe einen Vertrag mit der Bank. Die verkaufen keine Würstchen, und ich verleihe kein Geld."

Gar nicht so dumm: Ist der Zirkus noch so klein, einer muß der August sein!

Beim Lehrer klingelt das Telefon. Er nimmt den Hörer ab. Da sagt eine Stimme: „Der Max hat die Grippe und kann heute nicht zur Schule kommen." – „Aha, ja, und mit wem spreche ich bitte?" – „Mit meinem Vater!"

Mutter Fliege kurvt mit ihrem Bübchen auf der frischpolierten Glatze ein. Bübchen bewundert die nur noch ganz vereinzelt wippenden Haare auf dem Landeplatz. Seufzt seine Mutter plötzlich: „So vergeht die Zeit. Als ich das letzte Mal mit deinem Vater hier war, war die Piste noch total überwachsen.

Der Chemieprofessor sagt vor dem Beginn des Experiments zu seinen Studenten: „Wir müssen jetzt ganz vorsichtig sein, sonst fliegen wir alle in die Luft. Und nun treten Sie bitte näher, damit Sie mir besser folgen können."

Fragt der Professor seinen Schüler: „Nennen Sie mir ein eisenhaltiges Abführmittel!" – „Handschellen!" ist die prompte Antwort.

Ruft die Kuh ihre Kinder: „Kommt schnell, sonst wird das Essen welk!"

Kuno Knopfloch bekommt Wochen später einen Brief zurück, den er seinem Großonkel in Amerika geschickt hatte. Auf dem Brief hat die Post vermerkt: „Empfänger verstorben. Neue Anschrift unbekannt!"

„Herr Zeuge, weshalb haben Sie den Geschädigten nicht daran gehindert, aus dem Fenster seiner in der vierten Etage gelegenen Wohnung zu steigen?"
„Ich dachte, er kann fliegen."
„Und wie kamen Sie zu dieser Annahme?"
„Er hatte eine Feder am Hut, Herr Richter!"

Sagt der Kapitän des Flugzeugs über dem Atlantik: „Wir müssen in wenigen Minuten notlanden. Wir wünschen allen Schwimmern eine gute Weiterreise und verabschieden uns hiermit von den Nichtschwimmern...!"

Ein Mann klingelt bei Hubers an der Haustür. Er will ihnen einen Staubsauger verkaufen.
„Da sind Sie bei mir an der falschen Stelle", meint Frau Huber. „Aber versuchen Sie es doch einmal nebenan bei Familie Maier. Von denen borge ich mir nämlich immer ihren Staubsauger, und in der letzten Zeit, muß ich sagen, bin ich mit dem Ding gar nicht mehr zufrieden!"

Der Tourist fragt in Paris nach dem Eiffelturm.
„Gehen Sie diese Straße entlang, dann zweimal rechts, und schon sind Sie da! Sie können ihn gar nicht verfehlen, direkt daneben ist eine Würstchenbude!"

Karlchen und Fritzchen unterhalten sich:
„Meine Mutter meint, wir stammen alle von Adam und Eva ab!"
„Glaube ich nicht", meint Fritzchen. „Mein Vati meint, wir stammen alle von den Affen ab...!"
„Na ja", überlegt Karlchen, „vielleicht ist das in jeder Familie anders...!"

Die Überstunden eines Schülers sind das Nachsitzen!

Robert hat schon wieder keine Schulaufgaben gemacht. Der Vater schimpft mit ihm: „Als George Washington so alt war wie du, war er Klassenbester." Darauf grinst Robert und antwortet ihm: „Und in deinem Alter war er schon längst Präsident der Vereinigten Staaten von Nordamerika!"

Martin fährt mit seinem neuen Rad ganz vorschriftsmäßig. Trotzdem hält ihn ein Verkehrspolizist an einer Straßenkreuzung an. „Warum hältst du die linke Hand heraus, wenn du rechts einbiegen willst?" Martin verteidigt sich: „Ich bin doch Linkshänder!"

„Was wissen Sie über Bismarck?"
„Ach, Herr Lehrer, ich rede nicht über das Privatleben anderer Leute!"

Fragt Frau Knitterwurz ihren Ehemann: „Weshalb drehst du neuerdings deine Zigaretten selbst?"
Knitterwurz: „Der Doktor hat mir mehr Bewegung verordnet!"

Der Sohn von Safeknakker-Ede hat in Betragen eine Eins bekommen. Meint die Mutter: „Das hat er von dir. Du bist auch schon viermal vorzeitig wegen guter Führung entlassen worden."

Bröselbier kommt zum Arzt. „Sagen Sie mal, Herr Doktor, bin ich eigentlich ein Mensch oder ein Tier?"
Arzt: „Natürlich sind Sie ein Mensch! Weshalb fragen Sie?"
Bröselbier: „Wissen Sie, morgens hetze ich wie ein Jagdhund zum Bahnhof, dann hänge ich wie ein Affe im Zug. Im Büro schufte ich wie ein Pferd und komme mir vor wie ein Ochse. Das Essen schlinge ich runter wie ein Wolf, dabei schwitze ich wie ein Schwein. Und abends, wenn ich dann müde nach Hause komme, sagt meine Frau zu mir: ‚Na, du Dackel, hast du wieder Überstunden für die Katz gemacht?'"

Frau Siedezahn kommt in die Autowerkstatt.
Fragt sie der Mechaniker: „Ist Ihr Wagen in den letzten Monaten schon einmal überholt worden?"
Frau Siedezahn: „Und ob – hauptsächlich von Fußgängern!"

Fritzchen soll in der Apotheke Medizin für seine Oma holen. Der Apotheker gibt ihm ein Fläschchen und sagt: „Vor Gebrauch gut schütteln, ja?!"
Meint Fritzchen: „Ob sich das meine Oma gefallen läßt, kann ich nicht garantieren!"

Klawuttke steht vor dem Richter. Der fragt ihn: „Angeklager, weshalb haben Sie den Zeugen gleich dreimal zusammengeschlagen?"
Klawuttke: „Herr Richter, was sollte ich denn machen? Der Kerl stand ja immer wieder auf!"

Frau Knödelmeier möchte singen. Sie geht zum Gesangspädagogen und trägt ihm ein Lied vor. Anschließend fragt sie ihn: „Glauben Sie, daß ich mit meiner Stimme etwas anfangen kann?"
„Aber sicher", meint der Pädagoge. „Wenn mal Feuer ausbricht und die Sirenen nicht funktionieren, dann ist man noch froh um Sie!"

„Angeklagter, Sie wollen mir doch nicht weismachen, daß die Brieftasche, die Sie gefunden haben, Ihnen gehört?"
„Die Brieftasche vielleicht nicht, aber die Geldscheine kamen mir irgendwie bekannt vor!"

Muckermann wurde festgenommen. Beim Verhör fragt ihn der Polizist: „Welche Schulbildung haben sie?" Muckermann: „Keine, ich bin Analphabet!" Polizist: „Analphabet? Würden Sie das bitte buchstabieren?"

Ein Kannibale sitzt im Flugzeug. Kommt die Stewardeß. „Was kann ich Ihnen zu essen anbieten?" Kannibale: „Bitte bringen Sie mir die Passagierliste!"

Kellermann rempelt nachts einen Rocker an. „He, Bursche, sag mir, wieviel Uhr es ist!"
Der Rocker fackelt nicht lange und knallt ihm eine auf die Nase. „Beim Gongschlag ist es genau ein Uhr!" Rappelt sich Kellermann wieder auf und sagt: „Bin ich froh, daß ich Sie nicht vor einer Stunde gefragt habe!"

Cowboy Jim und sein junger Kumpel Hank haben den ganzen Tag auf der Weide gearbeitet. Am Abend reiten sie erschöpft zur Ranch zurück. Als sie vom Pferd abgestiegen sind, beobachtet Hank, wie Jim seinem Pferd den Schwanz lüpft und ihm einen schmatzenden Kuß auf das Hinterteil drückt.
„Pfui Deibel! Weshalb machst du denn das?" fragt Hank entrüstet.
Jim: „Ich hab' aufgesprungene Lippen!"
Hank: „Und davon wird es besser?"
Jim: „Nein, aber das hält mich davon ab, dauernd mit der Zunge drüberzufahren."

Die Reisegesellschaft blickt in den glühenden Schlund eines Vulkans.
„Sieht ja aus wie in der Hölle", meint ein Amerikaner.
Eine Frau staunend:
„Die Amerikaner waren wirklich schon überall ...!"

Zwei Jäger warten im Wald. Da kommt ein prächtiger Bock aus einer Lichtung. Sagt der eine: „Na, der kann sein Testament machen!" *und ballert los. Sagt der andere:* „Guck mal, jetzt rennt er tatsächlich zum Notar!"

Ein Schotte geht zum Friseur.
„Was kostet ein Haarschnitt?"
Friseur: „Acht Shilling!"
„Und was kostet Rasieren?"
Friseur: „Vier Shilling!"
„Gut", meint der Schotte, „dann rasieren Sie mir bitte den Schädel!"

Der Bauer freut sich auf den Winter, da hat er Zeit für seine Kinder!

Frau Ellermann meint zu Frau Legel:
„Ich hab' solche Schwierigkeiten mit meinem Sohn, daß ich nur unter einem Decknamen zum Elternabend kann ..."

Onkel Archibald ist zu Besuch und fragt: „... und kann Schorschi schon richtig mit Geld umgehen?"
Meint Sohnemann: „Klar! Und ganz schnell!"

„Früher bin ich einmal mit zehn Gläsern Bier die Treppe hinuntergefallen, ohne einen einzigen Tropfen zu verschütten! Ich hab' dabei den Mund nicht geöffnet!"

Bestürzt rennt die Mutter ins Kinderzimmer, aus dem der kleine Moritz ganz schrecklich brüllt. Auf ihre Frage, was denn los sei, antwortet Moritz: „Bärbel hat mich an den Haaren gezogen!" Die Mutter besänftigt den Sohn: „Bärbel ist doch noch so klein und weiß nicht, daß das weh tut..." Nach einer Weile gibt es wieder Geschrei. Nun brüllt Bärbel. Moritz kommt triumphierend aus dem Zimmer: „Nun weiß sie, daß es weh tut!"

Lehrer: „Nennt mir eine Flüssigkeit, die nicht gefriert!"
Mäxchen: „Heißes Wasser...!"

Lehrer: „Wenn ich drei Eier auf das Pult lege, Fritz, und du legst noch zwei dazu, wie viele sind es dann insgesamt?"
Stottert Fritz: „Ich kann keine Eier legen, Herr Lehrer!"

Mutter hält Fritzchen eine Standpauke: „Streng dich doch mal ein bißchen an!" Da platzt Fritzchen los: „Ich will mich nicht anstrengen. Ich will nicht klug werden. Ich will nicht schön werden. Ich will so werden wie Vati...!"

Der Lehrer ist auf Ruh' bedacht, die Schüler nur auf Fez nach acht. So kommt's, wie's eben kommen muß: Der Schultag ist heut' kein Genuß.

Streiche spielt der freche Fritz und meint, der Lehrer merkt davon nix, die Quittung kommt mit schlechten Noten und vom Vater eins auf den Hosenboden!

"Für Benutzung zwanzig Pfennig, bitte!" fordert die Toilettenfrau. "Wieso? Da steht doch ‚frei' dran?"

Sagt der Lehrer: "Venedig sinkt und sinkt, die Bewohner machen sich große Sorgen!" Meint Kurtchen dazu: "Die sollen sich mal ein Beispiel an Mainz nehmen!" Lehrer: "Wie meinst du das?" Kurtchen: "Mainz singt und lacht!"

**Ritter Franz lebte im Süden,
doch war er damit nicht zufrieden.
So tauschte er mit Ritter Krol
und lebt fortan im Eis am Pol!**

Hinter schwedischen Gardinen

Bei der Besichtigung eines Gefängnisses.
„Weshalb sind Sie hier?"
„Wegen eines mißglückten Selbstmordversuchs!"
„Wie das?"
„Ich wollte mich im Wald erschießen und habe einen Rehbock getroffen!"

„Heute muß die Zelle glänzen!" herrscht der Gefängniswärter den Häftling an. „Nachher kommt der Direktor zu Ihnen!"
„Oh, was hat er denn ausgefressen?"

Gefängniswärter zum Kollegen: „Der Meier ist heute nacht ausgebrochen!"
„Gott sei Dank! Das Quietschen seiner Feile hat mich schon ganz nervös gemacht!"

Leben zu zweit

Murrt die junge Ehefrau: „Nun habe ich schon zum drittenmal Mittagessen gekocht, und du sagst überhaupt nichts."
Erwidert er: „Ich kann doch nicht dauernd meckern!"

Im Speisewagen fragt Graf Bobby den Kellner: „Darf man hier rauchen?" — „Leider nein!" Der Graf zeigt auf einen Aschenbecher voller Kippen. „Und von wem sind die Kippen?" — „Die sind von Leuten, die nicht gefragt haben!"

Ein Schwein hat sich auf dem Hof verlaufen und kommt in die Räucherkammer. Es wirft einen Blick hinein und murmelt kopfschüttelnd: „Es ist wirklich eine Schande, wie sie Großvater zugerichtet haben!"

Die kleine Inge war bei ihrer Tante zu Besuch. Der Onkel kam am Abend von der Arbeit nach Hause und zog sich gleich um. Als er seine Hose auszog, kam Inge gerade ins Zimmer und fragte teilnahmsvoll: „Armer Onkel, hattu naß demacht?"

Was ist das?

Es springt nachts über die Straße und ruft: „Man sieht mich, man sieht mich nicht, man sieht mich, man sieht mich nicht...!"

Ein Neger auf dem Zebrastreifen

Sagt eine Spatzenfrau zur Nachbarin: „Ich laß mich scheiden, mein Mann hat eine Meise!"

Ganz schön teuflisch!

Kommt ein Mann in die Hölle. Fragt der Teufel: „Willst du in Hölle eins, zwei oder drei?"
Sagt der Mann: „Das will ich mir vorher erst einmal anschauen."
„Gut", sagt der Teufel. „Das ist Hölle eins."
Der Mann sieht, wie die Gefangenen in einer übelriechenden Flüssigkeit stehen. Die Brühe geht bis zum Nabel hoch. „Jetzt möchte ich auch noch die beiden anderen Höllen sehen!"
Der Teufel zeigt ihm Hölle zwei. Dort geht die übelriechende Flüssigkeit bis zum Hals. Dann kommen sie zu Hölle drei. Dort geht die Flüssigkeit nur bis zu den Oberschenkeln. Darauf sagt der Mann: „Ich will in Hölle drei!"
Der Teufel: „Ehrenwort?"
Mann: „Ja!"
Nach einer Weile steht der Mann in Hölle drei. Plötzlich ertönt ein Lautsprecher: „Die Stehpause ist beendet. Bitte wieder hinlegen!"

„Brauchst du eine Taschenlampe?"
„Nein, danke! Ich finde mich in meiner Tasche auch so zurecht!"

Topfit

„Mein Opa ist schon neunzig Jahre alt, aber jeden Morgen steht er schon um sechs Uhr auf und joggt seine drei Kilometer!"
„Sagenhafte Leistung! Und womit verbringt er seinen Nachmittag?"
„Da ist er gerade beim Endspurt!"

Didi und Golli fahren nach fünf Flaschen Wein und zehn Pils sturzbesoffen über die Autobahn.
Da sagt Didi zu Golli: „Mann, die Kurve hast du aber rasant genommen! Wenn du weiterhin so tollkühn fährst, kommen wir nicht mehr lebendig nach Hause."
„Was willst du denn von mir? Ich bin es doch gar nicht, der fährt."

Nur wer wirklich klug ist, kann sich auch richtig dumm stellen!

Hannes steht vor südlichen Gewässern.
„Ich würde ja gerne hier tauchen, aber ich fürchte, es gibt hier Haie."
„Ach wo", meint der Einheimische beruhigend, „hier gibt es doch keine Haie!"
„Sind Sie sicher?"
„Aber natürlich! Wo Krokodile sind, gibt es keine Haie..."

„Verzeihung,
...sind Sie nicht Herr Braun?"
„Nein, mein Name ist Schwarz!"
„Donnerwetter! Da bin ich wohl farbenblind...!"

"Sagen Sie! Kenne ich Sie nicht irgendwoher?"
"Kann nicht sein, damals war ich woanders!"

Lieber Rio als Bio!

Baß-Hannes besucht eine Wahrsagerin.
"Bis zu Ihrem achtunddreißigsten Lebensjahr werden Sie unter Armut zu leiden haben."
"Ah, und was dann?" fragt Baß-Hannes gespannt.
"Dann haben Sie sich daran gewöhnt!"

Kniebelmann ist furchtbar betrunken. Auf dem Weg nach Hause wankt er an einem Fischgeschäft vorbei, bleibt stehen und blickt entsetzt auf die Fische im Schaufenster und lallt: "Auch das noch! Ich bin ertrunken...!"

Es sprach der Kaffee zur Sahne: "Komm schon! Ich warte in der Tasse auf dich!"
Meint die Sahne: "Na gut! Ehe ich mich schlagen lasse!"

"Na, Kleiner, wieviel Milch gibt denn eure Kuh täglich?"
"Sechs Liter."
"Und wieviel davon verkauft ihr?"
"Acht Liter."

Es ist Weihnachten, und Friederike bekommt einen Papagei geschenkt. „Au fein!" ruft sie. „Bald hab' ich Namenstag, dann wünsch' ich mir ein Weibchen dazu!"
„Dann darfst du dir aber keinen Papagei, sondern einen Mamagei wünschen!" meint ihr kleiner Bruder.

Wer zwei linke Hände hat, der sollte die Rechte studieren!

Fips, der ein gutgehendes Pfandleihgeschäft betreibt, erhält einen Anruf von einem Geschäftsfreund: „Hör mal, Fips, dieser Bröselmeier, der schon für dich gearbeitet hat, bewirbt sich bei mir um eine Stelle. Kannst du mir Auskunft über ihn geben?"
„Aber natürlich!" entgegnet Fips. „Der Kerl hat gestohlen, gelogen, betrogen und alles, was er kann, bei mir gelernt."

Veitenhansl hat eine neue Methode herausgefunden, um Strom zu sparen: Er benutzt nur noch eine einzige Steckdose!

Ein Tourist steckt im Kochtopf des Kannibalen. „Laß mich raus! Ich habe eine Frau und sieben Kinder zu ernähren!"
„Ich auch."

Schwarzer Humor

Zwei englische Grafen unterhalten sich. Der eine möchte seine Frau auf nicht zu auffällige Weise loswerden. Da rät ihm der andere: "Laß sie doch einfach den Führerschein machen! Und wenn sie ihn hat, dann gib ihr deinen Rolls-Royce. Bei dem Straßenverkehr heutzutage kommt sie bestimmt nicht mehr zurück!"
Ein paar Wochen später treffen sich die Grafen wieder. Da meint der erste: "Jetzt fährt meine Frau schon drei Wochen mit dem Rolls-Royce und kommt immer wieder zurück!"
"Nun", überlegt der andere. "Der Rolls-Royce ist vielleicht nicht das Richtige. Versuche es doch mal mit einem Jaguar, der ist noch schneller!"
Beim nächsten Treffen meint der erste frohgelaunt: "Du, das mit dem Jaguar war eine prima Idee! Kaum hatte sie das Garagentor aufgemacht, da hat er sie auch schon gefressen…!"

Ein Engländer und ein Bayer streiten sich wegen der Aussprache. Der Engländer: "Wir schreiben ,house' und meinen Haus!" Darauf der Bayer: "Das ist noch gar nichts. Wir schreiben ,wie bitte' und sagen: ,Was moanst?'"

Hansi trifft seinen Freund Günther. "Mann, du hast aber eine fürchterliche Beule!"
"Meine Frau hat gestern Blumen nach mir geworfen."
"Na, davon kann man doch kein blaues Auge kriegen!"
"Doch! Die Töpfe waren noch dran."

Eiermann nimmt an einer Schloßführung teil. Eben sind sie beim blauen Salon angekommen, als der Führer erklärt: "Beim Ausbau des blauen Salons wurden zehntausend der wertvollsten Kacheln verlegt."
Entsetzt ruft Eiermann aus: "Du meine Gute, hat man sie denn inzwischen wiedergefunden?"

Als Zieselmeier aus der Narkose erwacht, stellt er fest, daß außer den Mandeln auch der Blinddarm fehlt. Als er daraufhin den Professor zur Rede stellt, antwortet dieser: „Als die Studenten nach der gelungenen Operation applaudierten, habe ich noch eine kleine Zugabe gegeben."

Wer nichts lernt, kann nichts vergessen!

Lieber mangelhaft als Einzelhaft!

„**Herr Tierarzt,** können Sie mir helfen? Mein Dackel jagt alle Leute auf einem Fahrrad!"
„Nun, das einfachste dürfte sein, Sie nehmen ihm das Rad weg!"

"So eine Unverschämtheit!" schimpft der Schneider mit dem säumigen Schwudelbeck. "Wegen so einer lächerlichen Summe muß ich wöchentlich zweimal sechs Treppen steigen!" "Das wird bald anders", tröstet ihn Schwudelbeck. "Ich habe eine Parterrewohnung in Aussicht."

Hansi geht mit seiner kurzsichtigen Großmutter spazieren. Es regnet. An jeder Pfütze sagt er: "Oma, hüpf!" Ein Passant kommt vorbei und fragt: "Weshalb läßt du deine Oma hüpfen? Hier sind doch gar keine Pfützen mehr!" Darauf Hansi ganz erbost: "Das geht Sie gar nichts an. Das ist meine Oma, und die kann ich hüpfen lassen, sooft ich will!"

Rettet die Purzelbäume!

★ "Wulle, wie hat dir die Rede gefallen, die ich gestern gehalten habe?" "Nicht übel, nur der Schluß kam ein bißchen zu spät!"

Zwei Taschendiebe verlassen eine Bar. Meint der eine: "Hast du die goldene Taschenuhr vom Oberkellner gesehen?" "Nein. Zeig mal her!"

Der Vater deutet in den Sternenhimmel und meint: „Das dort ist der Große Wagen!" Meint der Sohn neugierig: „Und wieviel Zylinder und PS hat der?"

Zur Überraschung aller Touristen gibt die Dorfkapelle ein Ständchen. Fragt ein Gast den Kapellmeister: „Was ist denn hier los?"
„Unser Bürgermeister hat heute Geburtstag!"
„Ja, und warum kommt er nicht hinaus auf den Balkon?"
Brummt der Trommler: „Ich kann ja nicht überall sein!"

Kaputzke geht mit seinem Sohn in den Zoo.
„Das hier ist ein Jaguar", erklärt er dem hoffnungsvollen Sprößling.
„Glaube ich nicht", erwidert der. „Wo hat er denn die Räder?"

Holger ist ein großer Rowdy, der alle Jungen in der Nachbarschaft verprügelt. Eines Tages kommt seine Mutter dazu, wie er auf einen Jungen Steine wirft.
„Aber Holger, man wirft doch nicht mit Steinen!"
„Ja, ich darf nicht näher rangehen – er hat Grippe!"

Knöbl kommt vom Arzt, und seine Frau fragt ihn: „Was hat er gesagt?"
„Dreißig Mark!"
„Nein, ich meine, was du gehabt hast."
„Zwanzig Mark!"
„Aber nein, ich meine, was dir gefehlt hat!"
„Zehn Mark!"

Tünnes hat sich ein neues Auto zugelegt – mit Katalysator. Er prahlt: „… und das Tollste an dem Wagen ist die Steuerbefreiung!" Entgegnet Schäl ungläubig: „So, und wie lenkst du?"

„Wo arbeitest du denn eigentlich, Veitenhansl?"
„Ich bin arbeitslos."
„Und was hast du früher getan?"
„Ich habe Klarinette im Posaunenchor geblasen."
„Aber beim Posaunenchor braucht man doch gar keine Klarinette."
„Eben! Deshalb bin ich ja auch arbeitslos."

Ackermann und Veitenhansl haben in einer Kneipe Krawall gemacht und fliegen raus. Da krempelt sich Veitenhansl die Ärmel hoch und sagt: „Ich geh' jetzt rein und räume ab. Du mußt nur zählen, wie viele rausfliegen."
Ackermann bleibt draußen. Prompt geht die Tür auf, einer fliegt raus, und Ackermann zählt: „Eins."
„Du Ochse!" stöhnt Veitenhansl. „Mich brauchst du doch nicht mitzuzählen!"

„Herr Ober, der Wein ist aber trüb!"
„Das kann nicht sein, mein Herr! Sicher ist nur das Glas ein wenig schmutzig..."

Hafermehl schreibt an seinen Chef: „Unter Bezugnahme auf mein heutiges Horoskop bitte ich um Bestätigung der darin angekündigten Gehaltserhöhung...!"

Geht ein Mädchen zur Beichte. Dem Pfarrer beichtet sie ihre Sünden: „Ich stehe manchmal den ganzen Tag vor dem Spiegel und bewundere, wie schön ich bin." — „Das ist keine Sünde, meine Kleine, das ist ein Irrtum!" erwidert der Pfarrer.

Zwei Ärzte unterhalten sich. Sagt Dr. Brink: „Mein Operationstisch ist schon wieder kaputt!" Entgegnet Dr. Mann: „Du darfst halt nicht so tief schneiden...!"

Hetty kommt todtraurig nach Hause. „Das war das letzte Mal, daß ich bei Oma und Opa war! Die sitzen abends auf dem Sofa und haben nichts an!" — „Wie?" meint die Mutter besorgt. „Die haben nichts an!?" — „Wirklich rein gar nichts, kein Radio und keinen Fernseher!"

Der Zirkusdirektor...

...tobt: „Der Feuerschlucker ist entlassen! Gestern, als das Zelt gebrannt hat, hat er völlig versagt!"

Was kommt beim Schüler niemals an?
Ein übervoller Stundenplan!

**Thank you very much,
Englisch lernen ist Quatsch!**

Nehmt die Lehrer, wie sie sind, und vergeßt nicht: Auch sie waren mal arme Schüler!

Eine Schlagzeile kann den Betroffenen schwerer verletzen als eine Axt.

Übrigens...

Welches ist das beliebteste Haustier? – Das halbe Hähnchen!

**Merke:
Kein Schneemann erlebt einen zweiten Frühling!**

Lehrerin zu Inge: „Wie viele Elemente gibt es?"
Inge: „Fünf! Feuer, Wasser, Erde, Luft und Bier!"
Lehrerin: „Aber Inge, Bier ist doch kein Element!"
Inge: „Und ob! Fragen Sie mal meine Mutter! Die sagt immer, wenn Vater aus dem Wirtshaus kommt: JETZT IST ER WIEDER IN SEINEM ELEMENT!"

Das richtige Mittel

Veitenhansl kommt in eine Drogerie und fragt erregt:
„Wer hat vor einer Stunde meiner Frau statt Zahnpasta einen Alleskleber verkauft?"
Niemand will's gewesen sein, bis endlich der Lehrling stammelt: „Ich war's!"
Veitenhansl geht auf ihn zu, drückt ihm fünf Mark in die Hand und sagt: „Ich danke dir!"

Au, Backe!

Was ist der Unterschied zwischen einem Krokodil?

Im Wasser kann es schwimmen, auf dem Lande nicht!

Ein seltener Gast

In Kuddels Kneipe trabt eines Tages ein Pferd und bestellt ein Bier.
„Was bin ich schuldig?" fragt das Pferd.
„Fünf Mark", schluckt Knuddel und stottert: „Ein Pferd hab' ich noch nie bedient."
„Bei diesen Preisen war es auch das letzte Mal!"

Ein fürchterliches Gebrüll gellt um Mitternacht durch die Wohnung von Hesselbach. Seine Frau hält das schreiende Baby im Arm und sagt zu ihrem Mann: „Hilf mir doch endlich! Schließlich ist es zur Hälfte ja auch dein Kind!"
Antwortet Hesselbach schläfrig: „Gut, beruhige du deine Hälfte, ich lasse meine schreien."

Jammert der Zirkusdirektor: „Mein radfahrender Elefant ist entlaufen!"
Tröstet ihn ein Besucher: „Aber den werden Sie doch bald wieder gefunden haben, Herr Direktor!"
Antwortet der: „Sie haben ja keine Ahnung. Er hat doch das Fahrrad mitgenommen!"

Hufnagel und Pulvermantel treffen aufeinander.
„Weißt du", meint Hufnagel, „daß bei jedem Atemzug, den ich mache, ein Mensch stirbt?"
„Hast du es denn schon mal mit Mundwasser versucht?"

Häberle hat schreckliche Zahnschmerzen. Pfleiderer, sein Nachbar, rät ihm: „Geh' doch zum Zahnarzt!"
„Ha no! Ich werd' doch noch die drei Jährle warte könne, bis mei Sohn selber Zoaarzt ischt!"

Merke:

Wenn einer an einem Gerstenkorn erkrankt ist, dann sollte er es unbedingt im Auge behalten.

Kommt der kleine Fritz zur Marktfrau: „Ich hätte gerne zehn Kilo Kartoffeln! Suchen Sie aber bitte möglichst kleine heraus, ich darf nämlich nicht so schwer tragen."

Lupo zum Ober: „Ich hätte gerne eine Forelle!"
Onkel Fax: „Mir auch eine, aber 'ne frische!"
Ruft der Ober in die Küche: „Zwei Forellen, eine davon frisch!"

„War das Essen heute wieder aus der Dose, Babsi?"
„Ja."
„Wie hieß das denn?"
„Das weiß ich nicht mehr, aber auf der Verpackung stand drauf ‚Für Ihren kleinen Schatz!',und dann war da noch ein Bild von einem kleinen süßen Pudel drauf!"

Erwachsene sind komische Leute. Tobt man in der Wohnung herum, dann schimpfen sie. Sitzt man ruhig im Sessel, messen sie gleich Fieber.

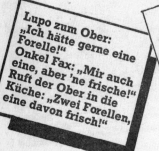

Simone geht ins Sportgeschäft und verlangt ein Paar Boxhandschuhe. Sagt die Verkäuferin: „So ein kleines niedliches Mädchen und boxen?"
„Nein", antwortet Simone. „Ich will nur einen Igel streicheln!"

Morgenspaziergang im Zoo:
„Warum machen die Geier solch böse Gesichter?"
„Weil noch keen Aas da is!"

In der Kürze liegt die Würze
Zeitungsmeldung aus Ostfriesland: Mit Hilfe eines brennenden Streichholzes wollte Piepenbrink feststellen, ob er noch genügend Benzin im Tank hatte.
Die Beerdigung findet am kommenden Mittwoch statt.

Woran sterben die meisten Vampire?
...An Blutvergiftung

Was bedeutet es, wenn ein Pfälzer einen Löffel an einer Kette um den Hals trägt?

Zehn Jahre unfallfreies Essen

Ein Pfälzer kauft sich eine Motorsäge. Am nächsten Tag kommt er zum Verkäufer und sagt: „Da haben Sie mir aber eine Motorsäge angedreht! Von wegen zwanzig Bäume in der Stunde – ganze zwei habe ich geschafft!"
Der Verkäufer: „Geben Sie die Säge mal her!" Er schaut sie an und wirft den Motor an. Sagt der Pfälzer: „Ach Gott, was ist denn das für ein Geräusch…?"

Herr Siedezahn verlangt in der Drogerie ein gutes Haarwuchsmittel.
„Und Sie können mir dieses Mittel wirklich bestens empfehlen?" fragt er die Verkäuferin. Antwortet diese: „Und ob! Letzte Woche sind mir ein paar Tropfen davon auf meinen Bleistift gefallen. Heute benutze ich ihn als Zahnbürste!"

„Herr Wirt, wer war eigentlich der Mann, der heute morgen alle Betten im Hotel durchwühlt hat?"
„Das war Pfeiffer, der Direktor vom Flohzirkus, der hat bei uns die Jagd gepachtet!"

Kennt ihr den Unterschied zwischen einem Nilkrokodil und Rübekastels Schwiegermutter? Nilkrokodile stehen unter Artenschutz!

Alte Schülerweisheit

Aqua das Wasser,
Vinum der Wein.
Hol dich der Teufel,
verfluchtes Latein!

Was ist das? Es kommt einmal in der Minute, zweimal im Moment, keinmal im Augenblick!

das M

Schorschi hat im Diktat das Wort Löwe klein geschrieben. Ermahnt ihn der Lehrer: „Aber Schorschi, ich hab's doch oft genug erklärt! Alles, was man anfassen kann, wird groß geschrieben!" Da entgegnet der Schüler: „Glauben Sie denn, daß man Löwen anfassen kann?"

„Es gibt Kleinwohnungen, die muß man rückwärts betreten, um sie vorwärts verlassen zu können!"

Opa und Enkel Bröserich sitzen auf der Wiese. Der Opa kaut an einem Grashalm. Als dies der Enkel sieht, springt er auf und vollführt einen wahren Freudentanz. Strahlend erklärt er dem Opa: „Jetzt kriegen wir endlich einen Farbfernseher! Mama hat gesagt: ‚Wenn der Großvater mal ins Gras beißt, kaufen wir einen!'"

Merke:
Fliederfarbene Hemden können auch weiß sein!

Hartmut ist sauer. „Mir stinkt's gewaltig! Am liebsten würde ich von daheim weglaufen, wenn meine Eltern mich nicht so dringend bräuchten..." „So? Warum brauchen sie dich?" „Na, ja, wegen der Steuerermäßigung und des Kindergelds!"

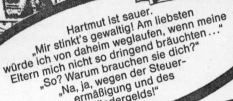

Woran erkennt man einen ostfriesischen Seeräuber?
...Er trägt zwei Augenklappen.

Merke:
Manche „erste Reitstunde" verläuft im Sande!

Ein Mann kommt zu einem Fotografen und fragt: „Können Sie jedes Bild bis zur natürlichen Größe vergrößern?" – „Ja, freilich!" – „Gut, ich hätte da eine Aufnahme von der Insel Helgoland...!"

Feuer breitet sich nicht aus, hast du Mini-Max im Haus!

Mini-Max ist großer Mist, wenn du nicht zu Hause bist!

Merke: Gescheite Lehrer stellen keine dummen Fragen.

„Sie wagen es, mich eine lästige Fliege zu nennen? Dafür fordere ich Sie zum Duell! Wählen Sie die Waffen!"
„Fliegenspray!"

Auf dem Markt

„Ist der Fisch auch wirklich frisch?" fragt Frau Semmelbrösel die Marktfrau.
„Aber gewiß doch! Wenn Sie zwei Minuten Mund-zu-Mund-Beatmung machen, schwimmt er wieder!"

Auweia!

Der Friseur fragt seinen Kunden: "Hatten Sie nicht eine rote Krawatte an?" Meint der Kunde: "Nein, bestimmt nicht!"
Da wird der Friseur ganz kleinlaut. "Ähem – k-könnten Sie mal nachsehen, ob Ihre Zunge noch...?"

Der Schulrat kommt. "Na, Kinder", fragt er leutselig, "wißt ihr, wer ich bin?"
"Ein Mann", meldet sich ein Schüler.
"Richtig. Aber ich bin doch auch noch etwas anderes."
"Ein kleiner Mann", meint ein anderer Schüler. Die Leutseligkeit des Schulrats läßt merklich nach. "Meinetwegen! Aber was noch?"
"Ein kleiner, häßlicher Mann."

Ein netter Kerl

"Na, mein Sohn", erkundigt sich die Mutter bei ihrem Sprößling. "Was gefällt eigentlich deiner neuen Freundin so besonders an dir?"
"Sie findet, daß ich gut aussehe, ein netter und patenter Kerl und so sportlich bin und gut tanzen kann."
"Und was gefällt dir an ihr?"
"Daß sie das findet!"

Vorsichtig

"Bevor du dir mein Zeugnis beguckst", sagt der Sprößling zu seinem Vater, "solltest du wissen, daß wir im Bio-Unterricht gelernt haben, daß jeder Mensch ein Produkt seiner Erbanlagen ist!"

Oberknacki Brummel steht vor Gericht. Fragt ihn der Richter: "Angeklagter, warum haben Sie bei dem Einbruch außer den Lebensmitteln auch noch die Schuhe mitgenommen, die in der Speisekammer standen?"
Antwortet Brummel:
"Das geschah rein aus erzieherischen Gründen, Herr Richter. Ich frage Sie: Gehören Schuhe in die Speisekammer...?

Fremdenführung in einem kleinen schwäbischen Dorf. "Wir haben unserem verdienstvollen Bürgermeister sogar ein Denkmal gesetzt."
"Seltsam – der hat ja eine verblüffende Ähnlichkeit mit Beethoven!"
"Nun ja, im Vertrauen: Es ist eine Büste von Beethoven. Wir haben sie bei einer guten Gelegenheit auf dem Flohmarkt erstanden."

Was noch erfunden werden müßte:

Leise Lautsprecher

TENNISMÄNTEL FÜR KÜHLE TAGE

Kühlschränke mit Außenleuchte

SCHIENENLOSE STRASSENBAHNEN

Hühnereier mit Reißverschluß

Was ist der Unterschied zwischen Tanzen und Ringkampf?

Beim Ringkampf sind einige Griffe verboten.

Tünnes kommt strahlend aus dem Gericht und trifft seinen Freund Schäl. „Warum freust du dich denn so? Bist du freigesprochen worden?"
„Nein, das nicht! Zwei Monate habe ich bekommen!"
„Und da freust du dich?"
„Klar, ich sitze sie im Dezember und im Januar ab! Was glaubst du, was ich da zu Hause an Heizkosten sparen kann...!"

Manchen Leuten werden nur schöne Augen gemacht, wenn sie auf dem Kartoffelacker stehen!

Brösel besichtigt eine Sternwarte. Der Astronom läßt das große Fernrohr kreisen und visiert ein Sternbild an. Brösel blickt durch. In dem gleichen Augenblick fällt eine Sternschnuppe.
„Ausgezeichnet! Ausgezeichnet!" freut sich Brösel. „Ein tadelloser Schuß!"

Ottokar klagt seinem Freund: „Ich kann einfach nicht mehr ausschlafen! Jede Nacht wache ich auf von meinem eigenen Geschnarche."
„Na, wenn dich das so stört, leg dich halt in ein anderes Zimmer!" rät ihm sein Freund.

„Spielst du Skat?"
„Schon lange nicht mehr. Ich weiß nicht, wo die Würfel hingekommen sind!"

„Früher habe ich immer in vollen Zügen gelebt."
„Waren Sie so reich?"
„Nein, Kellner in einem Speisewagen."

„Vor jeder Urlaubsreise kommst du mir vor wie ein spannender Roman."
„Wieso?"
„Packend bis zum Schluß."

Was ist das wichtigste Detail an einem Reisezug? Die Scharniere an den Aschenbechern. Sonst müßte man den Zug jedesmal auf den Kopf stellen, um die Aschenbecher zu leeren!

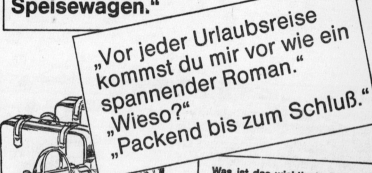

Bommel kommt verzweifelt zum Arzt: „Herr Doktor, Sie müssen mich unbedingt krank schreiben!"
„So... Was fehlt Ihnen denn?"
„Ein paar freie Tage", antwortet Bommel.

Piet Schevenstieht und Willem Dickfleet sind im Hafen und beobachten die Schiffe. Auf einem Segelboot bellt ein Hund. Sagt Piet: „Das ist aber ein starker Hund! Was'n das für 'ne Rasse?"
Meint Willem: „Wat, das weißt du nich!? Das ist doch glasklar! Dat is'n Jachthund!"

Einem kleinen, dicken Professor namens Zuber hatten Studenten an die Tafel geschrieben:
„Zuber ist ein Faß!"
Er las, nickte und sagte: „Schön, nur mit einem Unterschied. Ein Faß ist von Reifen umgeben, ich hingegen von Unreifen!"

Zwei Irre stehen auf dem Balkon. Es ist bereits dunkel, und unten im Garten singt eine Nachtigall. Meint der eine: „Hörst du die Eule?"
„So ein Quatsch!" antwortet der andere. „Das ist doch keine Eule, das ist ein Karpfen!"
Der eine Irre überlegt: „Karpfen, mitten in der Nacht? Also, ich weiß nicht so recht..."

Herr Pingelig ruft den Ober an den Tisch: „Wissen Sie, wie das Steak schmeckt? Wie eine alte Schuhsohle, die man mit Zwiebel und Ketchup eingerieben hat!"
Staunt der Ober: „Was Sie schon alles probiert haben...!"

„Kennst du frutti di mare?"
„Nein. Wo in Italien soll die Firm sitzen?"

Hafermehl geht an einem Bekannten vorbei, ohne zu grüßen.
„Sie halten mich wohl für einen Laternenmast, was?" – „Ach nein, mein Lieber, dazu sind Sie mir oben nicht helle genug!"

Herr Knotterbeck ist Vater geworden. Fragt ihn sein Kollege im Büro: „Na, jetzt sind Sie wohl mächtig stolz? Wem schlägt er denn nach?"
Knotterbeck: „Also, Augen und Nase hat er von mir, den Mund von meiner Frau, und die Stimme erinnert mich an meine Autohupe!"

Herr Klawuschke will ein Pferd kaufen, seine beiden Kinder haben es sich gewünscht.
„Rappen oder Schimmel?"
„Die Farbe ist uns egal. Nur lang muß es sein, wir sind vier Personen!"

Ein Bauer stellt als Ferienhilfe einen aus der Großstadt ein. Eines Abends sieht er, wie der die Kuh zwingt, die eigene Milch zu saufen. „Was, in Gottes Namen, machst du denn da?" schreit der Bauer.
„Die Milch sah mir ein bißchen dünn aus, da wollte ich sie noch einmal durchlaufen lassen!"

Herr Bollermann kommt ins Zoogeschäft. „Geben Sie mir bitte fünfzehn Mäuse!"
Der Verkäufer erstaunt: „Was wollen Sie denn mit fünfzehn Mäusen anstellen?"
Bollermann: „Ich muß aus der Mietwohnung raus! Und im Mietvertrag steht, daß ich die Wohnung in dem Zustand verlassen muß, in dem ich sie vorgefunden habe!"

Staunt der Zahnarzt, als er sich Peters Zähne anschaut: „Mein Gott, ein größeres Loch habe ich noch nie gesehen, **noch nie gesehen, noch nie gesehen!**"
Peter: „Das brauchen Sie aber nicht **dreimal** zu sagen!"
Zahnarzt: „Das habe ich auch nicht – **das war das Echo!**"

Ein Missionar in Afrika schrieb seiner Mutter nach Hamburg: „Ich habe schon immer gewußt, daß meine Frau eine böse Zunge hat. Aber nun ist es schon so weit, daß die Wilden zu ihr kommen, um mit ihrer Spucke die Pfeile zu vergiften!"

„Wer nicht pariert, der fliegt raus!"
sagte der Gefängniswärter und war fortan äußerst beliebt.

Siggi erklärt der Lehrerin, daß er morgen nicht zur Schule kommen könne, weil seine Oma beerdigt wird. „Aber Siggi, das kann doch gar nicht sein! Das sagst du doch zum drittenmal in zwei Jahren, und mehr als zwei Großmütter hat niemand..."
Schluchzt Siggi: „Was kann ich denn dafür, wenn mein Großvater immer wieder neue Frauen heiratet!"

Fragt der Lehrer: „Wer von euch kann mir ein Beispiel von Zufall nennen?"
Meldet sich Egon: „Ich, Herr Lehrer! Meine Mutter und mein Vater haben zufällig am gleichen Tag geheiratet!"

Kurti beim Zoll: „Haben Sie was zu verzollen?"
„Ja, ein halbes Schwein!"
„Tot oder lebendig?"

Was ist das?
Es ist genauso groß wie ein Elefant, wiegt aber gar nichts?

Der Schatten des Elefanten

Lehrer zu Heinz: „Was ist dein Vater von Beruf?"
Heinz: „Er kümmert sich um verklemmte Typen."
Lehrer: „So, dann ist dein Vater also Psychiater!"
Heinz: „Eigentlich nicht. Er repariert Schreibmaschinen!"

Zwei Hennen gehen an einem Schaufenster vorbei. Es ist ein Lebensmittelladen. Sagt die eine: „Haste gesehen? Zehn Eier für drei Mark! Und dafür ruinieren wir uns die Figur!"

„Keine Sorge", meint der Doktor, „die Grippebazillen sind nicht so gefährlich. Tägliche Turn- und Atemübungen töten sie ab!"
„Na gut! Das mag stimmen, aber wie bringe ich den Biestern Turnen und Atmen bei?"

Ein Mann kommt in einen vollautomatischen Schönheitssalon. An der Wand hängt ein Automat: FINGERNÄGEL SCHNEIDEN 1 MARK! Er überlegt kurz und geht dann zum Geschäftsführer. „Sagen Sie mal, wie ist das denn möglich? Die Leute haben doch verschieden lange Finger!"
Sagt der Geschäftsführer: „Nach dem Schneiden nicht mehr!"

Ehepaar Dicklich benimmt sich immer ein paar Nummern zu vornehm. Zur Zeit hat man im „Restorah" gerade die Hauptmahlzeit hinter sich gebracht und bestellt die Nachspeise. Frau Dicklich bestellt beim geduldigen Kellner: „Und ich nehme zum Dessert (Nachtisch) Kompoh (Kompott)!" – „Sehr wohl, gnädige Frau", lächelt der Kellner da, „möchten Sie Ananah oder Apfelmuh?"

Herr Püselmüdel beschwert sich beim Ober: „Soll der Salat wirklich für zwei Personen sein?"
„Gewiß, mein Herr!"
„Und warum ist dann nur eine Schnecke drin?" schreit Püselmüdel den Ober an.

Der Lehrer fragt die Schüler im Biologieunterricht: „Und wißt ihr auch, warum das Küken aus dem Ei schlüpft?" Meldet sich Stephan: „Ist doch klar! Wenn es das nicht tun würde, würde es beim Frühstück ja mitgekocht werden!"

„Wieso nennt ihr euren Lehrer ‚Blinddarm'?" Weil er ständig gereizt und außerdem höchst überflüssig ist!"

Im D-Zug. Ein kleiner Mann versucht vergeblich, die Notbremse zu ziehen. Steht ein starker Mann auf, zieht die Notbremse und meint triumphierend: „Muskeln muß man haben!"
Sofort kommt der Schaffner und verlangt vom Starken hundert Mark wegen mißbräuchlichem Ziehen der Notbremse. Darauf meint der Kleine: „Nicht Muskeln, Köpfchen muß man haben!"

Peter und Klaus wollen über eine umzäunte Wiese, auf der ein mächtiger Stier weidet. Sicherheitshalber wirft Peter einen Knüppel auf den Bullen, um ihn zu vertreiben. Aber der Stier reagiert anders und stampft wütend auf die beiden zu. Peter und Klaus rennen um ihr Leben. Der Stier kommt immer näher. Da schreit Klaus: „Ich war es nicht – der Peter hat geworfen!"

„Herr Doktor, Herr Doktor, ich habe Fieber! Können Sie einmal bei mir vorbeischauen?" „Ist es denn hoch?" „Nein, im Erdgeschoß..."

Opa ist zu Besuch und fragt seinen Enkel: „Wie geht es dir denn so, Alfred?" Meint der: „Eigentlich ganz gut – nur mit deinem Sohn habe ich immer Ärger!"

„Ich habe es satt, mit so einem geizigen Mann verlobt zu sein!" schluchzt Susi. „Da hast du deinen Ring zurück!" Er nimmt den Ring und fragt: „Und wo ist der Geschenkkarton?"

Der hundertste Fahrer auf der neuen Autobahn bekommt von der Polizei tausend Mark und einen Blumenstrauß. Fragt der Polizist den Glücklichen: „Was machen Sie nun mit dem Geld?" – „Erst mal den Führerschein", antwortet der Fahrer. Meint seine Frau entsetzt: „Ach Herr Wachtmeister, hören Sie nicht auf meinen Mann. Der hat ein Gläschen zuviel getrunken und redet Blödsinn!" Da mischt sich der taube Opa ein, der von allem nichts mitgekriegt hat: „Seht ihr, ich wußte es ja, daß wir mit dem geklauten Wagen nicht weit kommen!"

Der Winterurlauber schimpft mit dem Chef des Hotels: „Unverschämtheit! Hier gibt es ja kaum Schnee, dabei heißt es im Wintersportbericht, daß hier fünfzig Zentimeter liegen!" Darauf der Beschimpfte: „Stimmt ja auch, mein Herr – allerdings messen wir in diesem Jahr nicht die Höhe, sondern die Länge!"

„Was geht's mir heut' so mies!" stöhnte das Huhn und verfiel in dumpfes Brüten!

„Weshalb füllst du denn Hefe in deinen Fallschirm?" fragt Hein seinen Freund Daddel.
Meint Daddel: „Ich will sicher sein, daß er auch aufgeht!"

Was ist der Unterschied bei einem Ziegenbock, einem Pferd und einem Dummkopf?

Eine Ziege fürchtet man von vorne, ein Pferd von hinten und einen Dummkopf von allen Seiten.

Ein Schüler kommt zu spät in die Schule und entschuldigt sich beim Lehrer: „Mein Fahrrad ist plötzlich kaputtgegangen!"
Ein weiterer Nachzügler trifft ein und hat die gleiche Entschuldigung parat. Ein paar Minuten später kommt auch noch ein dritter. Wieder die gleiche Entschuldigung. Als der vierte Schüler zu spät einmarschiert, brüllt der Lehrer: „Nun sag bloß, dein Fahrrad ist auch plötzlich kaputtgegangen!"
„Nein, mein Vater hat mich mit dem Auto gebracht. Aber wir kamen nicht durch, weil drei kaputte Fahrräder auf der Straße lagen!"

In Texas kommt ein Cowboy in einen Laden und verlangt eine Zigarre. Der Verkäufer beißt die Spitze ab und gibt dem Kunden die Zigarre.
„Komische Sitten sind das!" murrt der Cowboy. „Beißen Sie die Spitze immer selber ab?"
„Nur bei den teuren Sorten", erklärt der Händler. „Bei den billigen klemme ich sie dem Käufer zwischen die Zähne und schlage ihm meinen Colt über den Kopf."

Beim Mittagessen. Fritzchen: „Du, Papa...!"
„Ruhe! Beim Essen wird nicht geredet!"
Fritzchen: „Aber Papa...!"
„Hörst du nicht, was ich sage!"
Fritzchen ist ruhig. Nach dem Essen fragt ihn der Vater: „Was wolltest du vorhin sagen?"
Fritzchen: „Schon zu spät – jetzt hast du die Schnecke im Salat längst gegessen!"

„Hat der alte Meierhofer viel hinterlassen?"
„Ich glaube nicht, seine Erben sprechen noch alle miteinander!"

Fällt der Regen auf das Gras, dann wird es dabei meistens naß!

Es ist eisiger Winter. Ein Skelett geht spazieren und trifft einen Freund.
„Bitterkalt ist es geworden", meint dieser.
„Ja", entgegnet das Skelett. „Man friert bis auf die Knochen!"

Dieter bekommt sein fünftes Brüderlein. Da kommt sogar der Lehrer nach Hause, um zu gratulieren. Er sieht auf dem Hof eine Ente herumwatscheln und meint: „Hast du aber mal eine schöne Ente!"
Dieter: „Von wegen Ente! Das ist unser Storch, der sich die Beine abgelaufen hat!"

Der Lehrer fragt: „Woher kommt eigentlich das Wetter?"
Alles schweigt, nur Fritzchen meldet sich zögernd: „Von meiner Oma!"
Lehrer: „Von deiner Oma? Du spinnst wohl!"
Fritzchen: „Und ob, Herr Lehrer! Meine Oma sagt immer: ‚Wir bekommen anderes Wetter – ich hab's in den Knochen!'"

Kleinwagen werden auch nicht größer, wenn man alle drei Tage mit ihnen durch die Waschanlage fährt!

Ein Schwabe fährt mit dem Zug von Stuttgart nach Karlsruhe. In Karlsruhe angekommen, hilft ihm ein badischer Gepäckträger, seine beiden schweren Koffer zu tragen. Am Taxistand angekommen, drückt der Schwabe dem Gepäckträger etwas in die Hand und sagt: „Hier, für einen Kaffee!"
Der ist ganz erstaunt, sind doch die Schwaben sonst nicht sehr großzügig, und schaut nach. Und was hält er in der Hand? Ein Stück Zucker...

Sturmflut in Ostfriesland. Auf einem Hausdach sitzen zwei Männer: „Guck mal, Hinnerk, da schwimmt 'ne Mütze." – „Nee, das ist keine Mütze, das ist Hein Harms; der mäht seinen Rasen bei jedem Wetter."

Entweder – oder!

Der Sohn aus reichem Haus wird zum Militär eingezogen. Als er sein erstes Essen sieht, fragt er seinen Vorgesetzten: „Kann ich mein Menü denn nicht wählen?" „Aber sicher!" antwortet dieser prompt. „Entweder Sie essen, oder Sie lassen es stehn!"

Eine Kundin im Laden: „Haben Sie runde Suppenwürfel? Mein Mann bekommt die eckigen Dinger immer so schlecht runter!"

Fragt der Tourist: „Hier war doch früher ein riesiger See! Was ist mit ihm nur geschehen?"
Reiseführer: „Das war so: Ein Dampfer mit Löschpapier fuhr mitten auf dem See...!"

Ober zum Gast: „Mein Herr, ich muß mich doch aber sehr wundern! Der Fünfzigmarkschein, den Sie mir gegeben haben, ist leider nicht echt!"
Antwortet der Gast: „Das war der Hasenbraten aber auch nicht!"

Ein Bauer erwischt zwei Jungen im Kirschbaum.
„He, ihr da!" schreit er. „Ihr klaut wohl meine Kirschen?"
„Nein", sagt einer der Buben, „wir hängen sie auf...!"

Vater zur Familie: „Der Anblick der Berge ist berauschend!"
„Ist ja auch kein Wunder, Papi, es sind ja auch Weinberge!"

Ausruf:

„Der Fahrer des Wagens HH – A 999 wird gebeten, sein Fahrzeug vom Schachtdeckel wegzufahren. Der städtische Kanalarbeiter möchte sein freies Wochenende antreten!"

Meint die Wahrsagerin: „Herr Müsepampel, ich sehe Ihre zukünftige Frau…"
„Interessant! Wie heißt sie?"
„Frau Müsepampel!"

Warum haben Elefanten Falten in den Kniekehlen?
…Vom vielen Murmelspielen

Fragt die Mutter ihre Tochter: „Wer ist eigentlich Alex?"
Die Tochter bekommt rote Bäckchen und antwortet: „Ach, so heißt der Hund unserer Lehrers. Weshalb fragst du, Mutti?"
Mutter: „Weil der Hund eben angerufen hat und dich sprechen wollte!"

Wichtiger Hinweis:
WER GRIPPE HAT, DARF KEINE ANSTECKNADELN TRAGEN!

Das fürchterliche Gespenst spukt nachts Schlag zwölf beim alten Grafen. Der Graf wird wach und flucht: „Verdammt noch mal, Sigismund, spuk gefälligst drüben bei meiner Schwiegermutter!"
„Nein, bitte nicht!" fleht das Gespenst. „Danach krieg' ich immer Alpträume!"

Sitzen zwei ältere Herren im Park und genießen die warme Sonne. Kommt ein hübsches Mädchen vorbeigelaufen und grüßt die beiden Herren. Sagt der eine seufzend: „Hach, man müßte eben noch mal zwanzig sein!"
Meint der andere: „Unsinn, dann müßten wir ja noch einmal fünfundvierzig Jahre arbeiten!"

Herr Nuckelmann und Herr Bröselbier unterhalten sich. „Stimmt es, daß Sie ein sehr guter Schwimmer sind?"
„Aber klar doch! Haben Sie nicht gewußt, daß ich früher drei Jahre Laufbursche in Venedig war?"

„Hier sind die zwanzig Mark, die Sie mir neulich geborgt haben."
„Ach ja, die hatte ich schon längst vergessen!"
„So? Aber warum sagen Sie mir das erst jetzt?"

Im Hotel

„Ich habe Ihnen doch schon mehrfach verboten", sagt der Hoteldirektor zum Hausdiener, „die Schuhe auf dem Gang zu putzen!"
„Aber ich wollte sie ja mitnehmen, doch es ging nicht. Die Schuhe gehören einem Schotten, und der hält sie drinnen an den Schnürsenkeln fest."

„Schade, daß Tante Hilde nicht in den Himmel kommen kann!" meint Alfred zu seiner Mutter.
„Wieso sollte Tante Hilde nicht in den Himmel kommen können?"
Alfred: „Vater sagt, sie wäre ein Drachen! Und Drachen fliegen höchstens fünfzig Meter hoch!"

Ein **BOXER** steht vor einem Hochhaus und bellt zu seinem Kumpel, einem **COLLIE**: „Komm runter, wir gehen spazieren!"
COLLIE: „Geht nicht, die Wohnungstür ist abgesperrt!"
BOXER: „Dann spring doch einfach herunter!"
COLLIE: „Nein! Oder glaubst du, ich will auch so aussehen wie du?"

Der sicherste Weg

Ackermann hetzt über den Gehsteig und fragt einen Passanten:
„Wie komme ich schnellstens ins Krankenhaus?"
„Machen Sie einfach die Augen zu, und überqueren Sie die Hauptstraße. Dann werden Sie mit Blaulicht hingefahren!"

Frau Raffzahn möchte den Chef der Metzgerei sprechen.
„Was stört Sie an unseren Würstchen, gnädige Frau?"
„Die Zipfel."
„Aber jede Wurst hat zwei Zipfel!"
„Das weiß ich! Aber bei Ihren Würstchen sind mir die Zipfel einfach zu nahe beieinander!"

Die Mutter ist außer sich.
„Holger, es gefällt mir gar nicht, daß du so häßliche Sachen sagst!"
„Aber das stammt doch alles von Goethe, Mama!"
„So? Dann spiel nicht mehr mit ihm!"

Lieber einmal Frühstück am Muttertag machen, als das ganze Jahr über in der Küche schuften!

Axel ist voll

und bemüht sich vergeblich, den Schlüssel in die Haustüre zu stecken. Sein Nachbar kommt dazu und will ihm helfen.
„Gib mir den Schlüssel, Axel, ich schließe dir auf!"
„Halt... halt nur das Haus fest! Das Schlüsselloch finde ich schon selber!"

Sandhammer ist furchtbar schüchtern. Als er in einem Hotel einen Lift besteigt, fragt ihn der Liftboy:
„Welches Stockwerk?"
Flüstert Sandhammer:
„Vierter Stock, falls es für Sie kein Umweg ist."

Merke:

Man sollte keine Auslaufmodelle von Waschmaschinen kaufen, damit man nicht ständig das auslaufende Wasser aufwischen muß!

Eine Schotte sitzt in seinem Zimmer und liest eine Zeitschrift. Dauernd knipst er das Licht an und aus. Regt sich seine Frau auf: „Was soll das ständige Ein- und Ausschalten? Weshalb tust du das?" „Na, hör mal, umblättern kann ich schließlich im Dunkeln!"

Eine Partyrunde lauscht gespannt den Erzählungen eines berühmten Astronauten. „Raumfahrt ist sehr teuer", meint dieser mit wichtiger Miene. „Drei Tage auf dem Mond kosten alles in allem rund fünfzig Millionen Dollar." Meint eine ältere Dame blinzelnd: „Mit oder ohne Frühstück?"

In der Schule

„Alfons, nenne mir sechs Dinge, in denen Milch enthalten ist!"
„Butter, Käse und vier Kühe, Herr Lehrer!"

Zwei Mäuse haben einen Elefanten gefangen. Sie bewachen ihn abwechselnd. Als die eine Maus zur Wachablösung kommt, ist der Elefant verschwunden.
„Er ist mir entwischt!" jammert die wacheschiebende Maus.
Meint die andere: „Lüg mich nicht an! Du kaust ja noch!"

Der Beamte bringt seinen tags zuvor gekauften Goldfisch samt Glas wieder zurück in die Tierhandlung und meint: „Es hat keinen Zweck! Wir können das Tier nicht behalten! Es bringt zuviel Hektik ins Büro!"

„Ich finde, das Brot schmeckt heute nach Schießpulver!"
„Da wird wohl wieder einer die Flinte ins Korn geschmissen haben!"

Wie erkennt man die Tierliebe eines Biologielehrers?
Er veranstaltet einmal wöchentlich ein Affentheater, brüllt täglich wie ein Ochse, und wen er nicht zur Sau macht, den macht er zur Schnecke!

Es hat geklingelt. Bollermann geht an die Tür und fragt: „Sie wünschen?"
„Geben Sie auch etwas fürs Altersheim?"
Bollermann: „Aber selbstverständlich! Nehmen Sie auch Schwiegermütter?"

„Du, Helmut, kannst du mir einen Tip geben, wie man am besten Kaninchen fängt?"
Helmut: „Das ist ganz einfach, Simone: Du legst dich ins Gras und machst den Lockruf einer Möhre nach!"

Ein Frosch hüpft über die Wiese und fragt eine Kuh: „Was frißt du hier?" — „Ich fresse Gras!"
Der Frosch hüpft weiter und trifft einen Storch: „Was frißt du denn?" — „Frösche!" Da spitzt der Frosch das Maul und flötet: „Gibt's denn hier welche?"

Bubi marschiert mit seiner Tante Monalisa in den Zoo. Sie schauen sich die verschiedenen Tiere an. Schließlich schlägt Tante Monalisa ihrem Neffen vor: „Jetzt gehen wir noch zu den Affen. Aber vorher kaufen wir noch Erdnüsse zum Füttern, dann können wir beobachten, wie die Affen fressen!" — „Ach, Tante", flüstert Bubi da, „möchtest du dir nicht lieber anschauen, wie ein kleiner Junge Eis und Kuchen ißt?"

Familie Knappsig macht Picknick an einem See. Schon nach kurzer Zeit picknicken Tausende von Mücken auf Familie Knappsig; man kann sich der Viecher kaum erwehren. Aber die wackere Familie harrt aus bis zum Abend. Als es dunkel wird, tauchen plötzlich Glühwürmchen auf. Da hat Mutter Knappsig endlich genug. „Das halt ich nicht mehr aus", schreit sie, „jetzt kommen die Biester auch noch mit Laternen!"

Wütend segelt die reiche Kundin in den Juwelierladen: „Eine Unverschämtheit ist das von Ihnen!" keift sie den Juwelier an. „Die Elfenbeinkette, die Sie mir vorgestern verkauft haben, ist ja überhaupt nicht echt!"
„Das ist durchaus möglich", antwortet der Juwelier da freundlich. „Dann wird der Elefant einen künstlichen Zahn gehabt haben."

Begeistert stürzt der kleine Rollo in die Küche und ruft: „Mutti, Mutti, ich habe in unserer ersten Schulaufgabe ‚mangelhaft'!" — ‚Mangelhaft' ist eine ganz schlechte Note", belehrt die Mutter den Schulneuling streng. Da meint der enttäuscht: „Ach so ... der Lehrer meinte nämlich, sag's deiner Mutter — die wird sich freuen!"

Sagt der Trainer der Wasserballmannschaft zum Reporter: „Im großen und ganzen bin ich mit meiner Mannschaft zufrieden. Sie hat zwar noch nie gewonnen, aber es ist auch noch keiner ertrunken."

Herr und Frau Knasterzahn im Auto. Sie fährt. Plötzlich schreit er: „Bremsen! Bremsen!" Doch seine Frau gibt Vollgas, und schon hat es gekracht. Nachdem die beiden aus dem Wrack herausgekrabbelt sind, fragt er: „Warum hast du nicht gebremst?" Darauf sie: „Weil ich mich nicht von dir anschreien lasse!"

◆

Um welche Uhrzeit haben Beamte den größten Streß?

Mittags um 12 Uhr – weil sie noch nicht mit dem Frühstück fertig sind...

Welche Weinsorte wächst am Fuße des Vesuvs?

Glühwein.

◆

Welches ist die Nationalhymne der Pilzsucher?

„Hurra, wir leben noch...!"

„Sag mal, Klaus-Werner, rauchen deine Pferde?"
Klaus-Werner: „Nö! Sag, wie kommst du denn auf die Idee?"
„Dann brennt dein Stall!"

◆

Zwei Hunde kommen die Hauptstraße entlang und sehen da eine nagelneue Laterne. Sagt der eine:
„Komm schnell, das muß sofort begossen werden!"

Conny sitzt im Knast, seine Frau besucht ihn. „Soll ich dir beim nächsten Besuch vielleicht ein paar Blümchen mitbringen?"
Conny: „Ja, Veilchen mit F!"

◆

„Du, Papi, was ist eigentlich ein Vampir?"
„Sei still, und trinke endlich dein Blut aus!

Die Kinder haben sich verspätet. „Wenn wir jetzt nach Hause kommen, gibt's ein Donnerwetter!", meint der ältere Bruder zerknirscht. „Dann warten wir noch zwei Stunden!" schlägt der jüngere vor, „dann sind unsere Eltern froh, daß sie uns überhaupt wieder haben!"

„Diese Infektionskrankheit", sagt der Biologielehrer, „kann man gar nicht ernst genug nehmen. Entweder man stirbt daran, oder man bleibt für den Rest des Lebens blöd. Ich muß das ja wissen, denn ich hatte dieses Leiden schon mal!"

„Du siehst heute aber wieder verkatert aus!" meint die Katzenmutter zu ihrem Jüngsten.

Ein Elefant kommt vom Psychiater zurück nach Hause.
Fragt die Elefantendame: „Na, wie war's?"
„Nicht schlecht, aber sehr, sehr teuer! Dreitausendzweihundert Mark!"
Elefantendame: „Was, so viel Geld? Ich frage mich, was dabei so teuer sein kann!"
Antwortet der Elefant: „Zweihundert Mark für die Behandlung und dreitausend Mark für eine neue Couch!"

„Nun, Bernd, hast du kein Fahrrad mehr?" fragt der Lehrer.
„Nein, Herr Lehrer, das hat sich nicht gelohnt. Entweder war das Fahrrad in Reparatur oder ich."

Auf dem Standesamt: „Ich möchte meinen neugeborenen Sohn anmelden."
„So, wie soll er denn heißen?"
„Nelken-Otto, mein Herr."
Der Standesbeamte schüttelt den Kopf. „Ein völlig unmöglicher Name – den kann ich nicht eintragen."
„Wieso nicht? Die Tochter unserer Nachbarin heißt ja auch Rosemarie!"

Verkehrsregel

Autofahrer, die statt bei Grünlicht bei Rotlicht über die Ampel rauschen, müssen besonders auf Blaulicht achten!

Prost, Prost, Kamerad!

Warum haben es
Fußballspieler so schwer?
Sie müssen, wenn der Gegner
ein Tor schießt, darauf anstoßen!

Interview mit einem Schriftsteller: „Ist es richtig, daß für Sie der große Durchbruch erst kam, nachdem Sie zum fünftenmal heirateten, und wie erklären Sie sich das?"
„Allein aus der Vergangenheit meiner jetzigen Frau. Das hat schon für fünf Bestseller gereicht!"

Im stinkfeinen Lokal regt sich ein Gast über einen anderen auf: „Mein Herr, Ihr Benehmen ist das eines Parvenüs!"
Der andere stutzt und beginnt zu lachen.
„Fremdwörter sind Glückssache bei Ihnen, wie? Der Affe, den Sie meinen, heißt Parmesan!"

Bio-Unterricht

„Wozu gehört der Wal?"
„Zu den Säugetieren."
„Und der Hering?"
„Zu den Pellkartoffeln!"

Lerne schweigen ohne zu platzen!

Merkwürdig!

Die einen bekommen mit 1,3 einen Studienplatz,
die anderen den Führerschein weggenommen!

„Heut nacht habe ich von dir geträumt, Anette!"
„So, was denn?"
„Wir sind in ein Faß gefallen. Du in eines mit leckerem Honig und ich in eines mit Jauche!"
„Welch ein Glück, daß es nicht umgekehrt war!"
„Wie man's nimmt! Anschließend haben wir uns nämlich gegenseitig abgeleckt!"

ALTE WEISHEIT

Lieber Rosinen im Kopf als Haare im Kuchen!

Schreit der Gefängnisdirektor den Häftling an: „Wenn ich das nächstemal die Zelle betrete, dann stehen Sie gefälligst auf – ist das klar?" Antwortet der Gefangene: „Du kannst mich mal! Schließlich wurde ich zum Sitzen verurteilt!"

Die Polizeistreife hält Motorradfahrer Miesezahn an. „Sie haben in der letzten Kurve Ihre Frau vom Sozius verloren!"
Miesezahn: „Ach Gott, haben Sie mich erschreckt. Ich habe schon gedacht, ich sei zu schnell gefahren!"

Ein Nilpferd steht im Fluß. Ruft eine Maus vom Ufer: „He, du Fettsack, komm sofort heraus?"
Fragt das Nilpferd: „Was willst denn du mickriger Knirps von mir?"
Antwortet die Maus: „Ich will bloß mal nachsehen, ob du meine Badehose geklaut hast!"

Durchsage beim 400-m-Lauf: „Achtung, auf Bahn eins kommt Ihnen ein Geisterläufer entgegen. Halten Sie sich bitte stark rechts, und überholen Sie nicht…"

Herr Heinemann zu Frau Klafterzahn: „Mein Mann ist jetzt als Übersetzer in München tätig!"
Sagt Frau Klafterzahn: „Ich habe gar nicht gewußt, daß Ihr Mann Bayrisch kann!"

Herr Knickebier hat einen Lügendetektor angeschafft. Als sein Sprößling von der Schule heimkommt, wird dann auch das Ding sogleich getestet.
„Welche Note hattest du heute in Mathe?"
„Note eins, Papi!"
Das Gerät zittert leicht.
„Und welche Note hattest du in Physik?"
„Die Note zwei!"
Das Gerät klappert und schüttelt sich.
Knickebier wird wütend und schreit: „Lüge mich nicht dauernd an! Als ich in deinem Alter war, habe ich lauter Einsen geschrieben!"
Das Gerät explodierte...

Auf der Schwäbischen Alb herrscht seit Wochen eine große Trockenheit. Eines Tages holt der Bauer eine Säge aus dem Schuppen und fängt an, sich ins Bein zu sägen. Seine Frau reißt ihm die Säge aus der Hand und fragt: „Was machst du denn? Spinnst du?"
Meint der Bauer: „Ich hab' ebe an das Sprichwort ‚Sich säge bringt Räge' denkt, und da hab i gmoint..."

Die dicke Tante Hilde kommt zu Besuch und sagt zum kleinen Klausi: „Wir haben uns ja schon ewig nicht mehr gesehen, mein Junge!"
Klausi: „Ja, es ist bestimmt schon zwanzig Kilo her!"

Knotterbeck trifft einen alten Bekannten. Sie unterhalten sich über ihre Familien.
Meint Knotterbeck: „Meine Frau ist eine Kratzbürste, meine Schwiegermutter ein elender Besen und meine Schwägerin ein Reibeisen erster Klasse!"
Antwortet der Bekannte: „Ich weiß gar nicht, was du hast! An deiner Stelle würde ich eine Reinigungsfirma aufmachen!"

Schimpft die Serviererin mit dem Gast: „Jetzt haben Sie auch noch den Kaffee umgeschüttet!"
Gast: „So ist das nicht! Das Gesöff war so schwach, daß es von allein umgefallen ist!"

Muckermanns Kleinwagen hat mal wieder seine Mucken. Nichts geht mehr! Geht Muckermann in den Keller, holt den größten Hammer und zertrümmert die Scheinwerfer.
Fragt seine Frau: „Was tust du? Bist du jetzt total übergeschnappt?"
Schreit Muckermann zurück: „Wenn er nicht fahren will, dann braucht er auch nichts zu sehen!"

Frau Pleitenstein beschwert sich bei ihrer Nachbarin: „Gestern war der Gerichtsvollzieher bei mir! Er hat sich wirklich aufgeführt wie ein kleines Kind!"
„Wieso?"
„Na ja, er wollte alles haben, was ihm unter die Finger kam!"

Der Arzt ermahnt seinen Patienten: „Denken Sie daran, was ich Ihnen gesagt habe, Herr Petermann! Jedes Bier verkürzt Ihr Leben um einen Monat!"
Petermann: „Jetzt machen Sie mal halblang, Herr Doktor! Wenn das stimmen würde, wäre meine Frau schon seit zehn Jahren Witwe!"

„Sagen Sie, wie alt sind Sie eigentlich?" fragt ein Fahrgast im überfüllten Bus seinen Nachbarn.
„Siebenunddreißig Jahre, aber was geht Sie das an?"
„Viel, denn in Ihrem Alter müßten Sie schon auf Ihren eigenen Füßen stehen können und nicht auf meinen!"

„Du, Mami, muß ich eigentlich jeden Sonntag zur Kirche gehen?"
„Ja, du mußt! Das wird dir später noch einmal helfen!"
„Sag, Mami, ist Papa früher auch jeden Sonntag zur Kirche gegangen?"
„Aber natürlich!"
„Siehst du, Mami, dann hilft das also doch nichts!"

Warum nehmen die Ostfriesen ein Metermaß mit ins Bett?
Damit sie am anderen Morgen wissen, wie tief sie geschlafen haben!

WIE BEKOMMT MAN EINEN PFÄLZER AUS DER BADEWANNE?
Man füllt sie mit Wasser ...

Frau Obermuffel für ihren ist Geiz bekannt. Sie geht zum Bäcker und steht vor den Brötchen.
Fragt die Verkäuferin: „Was darf's denn sein?"
Frau Obermuffel: „Brötchen – aber ich habe mich noch nicht entschieden, wie viele ich nehme – vielleicht zehn!"
Verkäuferin: „Nehmen Sie doch neun Brötchen, dann haben Sie vierzig Pfennig gespart und können sich noch eines kaufen!"

Klagt der kleine Hans bei seinem Vater: „Ach, Papi, ich wünschte, ich wäre in grauer Vorzeit geboren worden!"
„Warum denn das?"
„Dann müßte ich nicht diese Unmengen von verflixten Geschichtsdaten lernen!"

★

Der Bürgermeister sucht seinen Stellvertreter. Endlich hat er ihn gefunden.
„Wo waren Sie denn? Ich habe Sie überall gesucht!"
Stellvertreter: „Aber ich saß doch die ganze Zeit in meinem Büro und habe gearbeitet!"
Bürgermeister: „Ja, wer kann denn so was ahnen!"

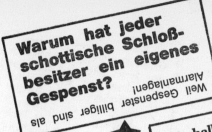

Warum hat jeder schottische Schloßbesitzer ein eigenes Gespenst?

Weil Gespenster billiger sind als Alarmanlagen!

Weshalb sind Meteorologen höchstens 1,60 Meter groß?

Weil Lügen immer kurze Beine haben.

Stehen zwei Roboter vor einem Feuermelder. Meint der eine: „Ist das nicht ein hübsches Mädchen?"
Der andere: „Laß bloß die Finger von der! Wenn du sie antippst, fängt sie sofort an zu brüllen wie eine Sirene!"

★

Mault Frau Hesslich: „Es ist schlimm mit dir! Du behandelst deine Hose besser als mich!"
Herr Hesslich: „Das ist doch normal! Ohne dich kann ich mich überall sehen lassen – ohne meine Hose jedoch nicht!"

Dattelstein und seine Frau haben tüchtig Krach. Sagt sie zu ihm: „Du hörst sofort mit dieser Trinkerei auf!"
„Blödsinn! Alkohol ist doch gesund! Sieh dir mal Opa an: Jeden Tag drei Flaschen Wein, und er ist schon fünfundsiebzig Jahre alt!"
„Ja, und wenn er nicht getrunken hätte, wäre er bestimmt schon über achtzig..."

★

Heinz zu Dieter: „Weshalb machst du denn an deinem Geburtstag so ein trauriges Gesicht? Hast du etwa keine Geschenke bekommen?"
Dieter: „Doch, ein Paar Wasserski!"
Heinz: „Und darüber freust du dich nicht?"
Dieter: „Hast du vielleicht schon mal einen See mit Gefälle gesehen?"

Schlotterbeck steht mit seiner Gattin vor dem Theatereingang. Plötzlich meint er wütend: „Warum habe ich nur auf dich gehört und den neuen Anzug angezogen!"
„Aber was hast du denn? Er steht dir doch ganz ausgezeichnet!"
„Das schon", knurrt Schlotterbeck. „Nur – in dem anderen Anzug sind die Eintrittskarten!"

Grieselböck kommt mit seiner Frau und der Schwiegermutter in ein Lokal. „Herr Ober, ein Bier bitte!" Ober: „Zuerst die Damen!" Grieselböck: „Ist das hier ein Gasthaus oder ein Rettungsboot?"

Sagt Hilde zu dem flotten Eugen: „Oh, was ist das für ein wunderbarer Ring! Was kostet so was denn?"
Meint Eugen ganz trocken: „Wenn sie mich erwischen, mindestens zwei Jahre!"

Eine ältere Dame wird vom Feuerwehrhauptmann aus dem brennenden Haus getragen. Auf der Leiter schreit sie wie am Spieß. Ihm wird das zu bunt.
„Nun beißen Sie doch mal die Zähne zusammen!"
„Huch! Dann müssen wir zurück! Die liegen noch auf dem Nachttisch!"

Kellermann bewirbt sich um einen neuen Job. Er spricht mit dem Geschäftsführer: „Ich verspreche Ihnen, daß ich alles für die Firma tun werde, und daß Sie keine Probleme mit mir haben werden, wenn ich die Stellung bekomme! Es gibt nur eine Kleinigkeit: Ich bin abergläubisch!"
Chef: „Aber daran soll es nicht scheitern! Dann zahlen wir Ihnen eben kein dreizehntes Monatsgehalt!"

Aus dem Polizeibericht: „Der Überfallene wurde von 24 Schüssen getroffen. Zum Glück war nur einer davon tödlich!"

Piepenbrink ist bei der Freiwilligen Feuerwehr. Eines Nachts heult die Sirene. Seine Frau schubst ihn: „Aufstehen! Es brennt!"
Schlaftrunken zieht sich Piepenbrink an, dann fragt er seine Frau: „Und wo ist mein Helm?"
Antwortet sie: „Unterm Bett, aber paß auf, daß du nichts verschüttest!"

Fragt Frau Knobelzahn ihre Nachbarin: „Sagen Sie mal, geben Sie Ihren Kindern auch immer einen Gutenachtkuß?"
„Ja, natürlich – wenn ich noch wach bin, wenn sie nach Hause kommen!"

Muckermanns Schwiegermutter ist gestorben. Als er von der Beerdigung nach Hause kommt, fällt ihm vor seiner Haustür ein Dachziegel auf den Kopf.
Seufzt er: „Schau einer an – die Alte ist bereits oben!"

Klawuttke im Restaurant: „Herr Ober, bitte ein Hähnchen!"
Ober: „Tut mir leid, sie sind ausgegangen!"
Klawuttke: „Kein Wunder, in solch einem miesen Schuppen hätte ich es auch nicht lange ausgehalten!"

Herr und Frau Knobelich machen Urlaub auf dem Lande. Als der Bauer gerade mit einem frisch geborenen Kalb aus dem Stall kommt, fragt Frau Knobelich: „Warum hat denn ein Kalb nach der Geburt so nasse Augen?"
„Kein Wunder!" antwortet der Bauer. „Würden Sie nicht auch heulen, wenn Sie sofort nach der Geburt erkennen müßten, daß Ihre Eltern Rindviecher sind?"

Ein Skelett geht zum Arzt und läßt sich untersuchen. Als der Arzt fertig ist, fragt das Skelett: „Herr Doktor, ist es sehr schlimm?"
„Das kann ich jetzt noch nicht sagen. Ich muß Sie erst röntgen!"

Kommt ein Skelett zur Behörde. „Ich hätte gerne einen Paß!"
Antwortet der Beamte: „Sie können keinen Paß erhalten!"
Skelett: „Weshalb kann ich keinen Paß bekommen?"
Beamte: „Weil auf jedem Paßbild das linke Ohr drauf sein muß!"

*

„Herr Ober, in meiner Suppe schwimmt eine Nadel!"
Ober: „Oh, Verzeihung, der Herr! Das ist ein Druckfehler. Es sollte eine Nudel sein!"

*

Schimpft der Lehrer: „Wer sich nicht verständlich und deutlich ausdrücken kann, ist ein Vollidiot! Verstanden?"
Die Klasse: „Nein, Herr Lehrer!"

*

Die Eltern sind verreist, und die große Schwester hat nun das Kochen übernommen. Als sie dem kleinen Peter abends ihr „Kunstwerk" auftischt, erklärt sie stolz: „Heute habe ich uns etwas nach einem Fernsehrezept gekocht!"
Peterchen probiert und meint: „Da hast du wohl gerade Bildstörung gehabt, was!"

*

„Hast du schon gehört? Die riesige Fabrik in der Biberstraße ist abgebrannt!"
„So, so... Was haben die denn hergestellt?"
„Feuerlöscher!"

*

Püselmeier beim Augenarzt. Der Arzt schaut ihm mehrfach prüfend in die Augen und meint dann nebenbei:
„Sie haben zum Frühstück wohl ein weichgekochtes Ei gegessen?"
„Unglaublich!" wundert sich Püselmeier. „Das ist richtig! Haben Sie das aus meinen Augen abgelesen?"
„Aus Ihren Augen nicht, aber von Ihrer Krawatte!

*

„Dieser Egon ist doch ein wirklich faules Stück! Von was lebt der eigentlich?"
„Von Mangel an Beweisen!"

*

„Warum hast du deinen gelben Kleinwagen umlackiert?"
„Weil die Leute immer Briefe reinwarfen!"

Zwei Ostfriesen sehen zum erstenmal einen Neger. Sagt der eine: „Nun schau dir mal das an! Jetzt laufen die Schwarzarbeiter schon in der Gegend herum, als ob gar nichts dabei wäre!"

※

Dussel und Wussel begegnen sich. Meint Dussel: „Für jeden gibt es ein passendes Sprichwort!"
„Na, und welches würde dann auf mich passen?"
„Wem Gott ein Amt gibt, dem gibt er auch Verstand!"
„Aber ich hab' doch gar kein Amt!" entgegnet Wussel!"
„Eben!"

※

Warum sind sibirische Windhunde so schnell?
„Weil die Bäume so weit auseinanderstehen!"

※

Meint die Mutter beim Arzt ermahnend zu ihrem Sohn: „So, Peterle, nun mach mal deinen Mund schön weit auf, und sage ganz brav ein langes AAA, damit der Onkel Doktor seinen Finger wieder rausnehmen kann!"

Treffen sich Muckermann und Bollermann. „Du hast aber einige Pfund zugenommen!" meint Bollermann.
Muckermann schaut an sich runter und antwortet: „So wild ist das auch nicht! Wenn die Waage am Hauptbahnhof stimmt, wiege ich gerade zweiundachtzig Kilo – nackt!"

※

Klaus fragt seinen Lehrer: „Tut Ihnen das Ohr noch sehr weh?"
Lehrer: „Wieso sollte mir mein Ohr weh tun?"
Klaus: „Vater hat mir erzählt, daß er Sie gestern beim Skat kräftig übers Ohr gehauen hat!"

Der Gefängnispfarrer spricht mit dem Häftling: „Ich würde Ihnen wirklich gerne nach Ihrer Entlassung helfen!"
„Stellen Sie sich das nicht so einfach vor, Herr Pfarrer! Das ist gar nicht so ohne, zumal jeder Tresor seine Besonderheiten hat!"

Mosermeier ruft im Zug: „Hat jemand einen Schnaps dabei? Hier ist eine Dame ohnmächtig geworden!"
Der Zugschaffner bringt eine Flasche mit Schnaps. Mosermeier nimmt einen tiefen Schluck und meint: „Das hat gutgetan! Wissen Sie, ich kann einfach keine ohnmächtigen Frauen sehen!"

Charly und Max begegnen sich.
„Hallo, Charly! Was macht denn deine Schriftstellerei?"
„Mhm, soweit ganz gut! Leider bekomme ich vom Verleger alles, was ich schreibe, mit den Worten zurück: ,Wir können Ihr Papier nicht kaufen, weil es schon beschrieben ist!'"

*

Richter zu der Angeklagten: „Wie alt sind Sie eigentlich genau?"
Angeklagte: „Fünfundzwanzig Jahre und ein paar Monate!"
Richter: „Wie viele Monate?"
Angeklagte: „Fünfundzwanzig Jahre und einhundertzweiundfünfzig Monate, Herr Richter!"

*

Sagt der Doktor zum Hintermoser: „Mein Lieber, mit Ihrer Leber schaut es nicht gut aus! An Ihrer Stelle würde ich eine Woche nur Brei zu mir nehmen!"
Hintermoser: „Löwenbrei, Spatenbrei oder Franziskanerbrei?"

*

Knotzke sitzt in seiner Kneipe. „Herr Ober, haben Sie Froschschenkel?"
„Jawohl, mein Herr!"
„Dann hüpfen Sie hinter die Theke, und bringen Sie mir ein Bier!"

*

Wutschnaubend klingelt die Nachbarin. „Sie, Ihre Katze hat meinen Kanarienvogel aufgefressen!"
„Gut, daß Sie das sagen! Dann kriegt sie heute nämlich kein Futter mehr!"

Ein Beamter zum anderen: „Eigentlich haben wir einen sehr gefährlichen Beruf. Ich kenne da einen, der ist mitten in der Arbeit eingeschlafen und hat sich fürchterlich den Kopf am Schreibtisch aufgeschlagen!"

„Was bewunderst du an meinen Bildern am meisten?"
„Daß du sie verkaufen kannst!"

Vater zum Sohn: „Den Wagen bekommst du nicht, aber den Rasenmäher!"

Der kleine Ingolf beschwert sich bei seiner Mutter, daß er so abstehende Ohren hat.
„Da kann doch keiner was dafür! Die hat der liebe Gott so gemacht", versucht sie ihm zu erklären.
„Wenn das so ist, dann lassen wir bei dem aber nichts mehr machen!"

Lehrer zu Horst: „Und nun nenne mir zwei Schlaginstrumente!"
Horst überlegt kurz.
„Die Hand meines Vaters und ein Hammer!"

Der Schiedsrichter hat das Fußballspiel zwischen der Eintracht und Borussia furchtbar schlecht gepfiffen. Nach dem Schlußpfiff geht der Trainer der Eintracht zum Schiedsrichter und sagt: „Ein tolles Spiel war das heute! Nur schade, daß Sie es nicht gesehen haben!"

Meint Frau Siedezahn: „Schlimm, wie schmutzig die Kinder immer nach Hause kommen! Gestern mußte ich vier abschrubben, bis ich meinen herausfinden konnte!"

*

Herr Eierspeck sitzt im Theater. Beugt er sich zu seiner Frau und flüstert: „Gleich kommt der große Monolog!" „Oh, hoffentlich setzt er sich nicht vor uns!"

*

Fragt der Tourist einen berittenen Polizisten: „Warum fahren Sie nicht ein Auto, wie die anderen Polizisten?" Meint der: „Weil da mein Pferd nicht reinpaßt!"

*

Meint Patzke zu Knatzke: „Wir bauen uns mitten in der Wüste ein Lokal!" „Quatsch, da kommt doch keiner hin!" „Aber wenn einer kommt, was meinst du, was der für einen Durst hat!"

*

„Was meinst du wohl", schimpft die Mutter wütend mit der kleinen Ingrid, „was mit solchen Mädchen geschieht, die ihren Teller nicht leer essen wollen?" „Die bleiben schlank, werden später Mannequins und verdienen eine Menge Geld, Mutti!"

Was ist der Unterschied zwischen einem Mofa und Telly Savalas alias Kojak?"
Ein Mofa kann man frisieren – Kojak nicht!

Siegfried schreibt an seine Schwiegermutter eine Urlaubskarte: „Das Wetter ist schlecht, der Wind heult, das Meer tobt – ich muß immer an dich denken!"

Notruf in Ostfriesland:
„Ist dort die Feuerwehr?"
„Ja, hier ist die Feuerwehr!"
„Kommen Sie sofort! Meine Frau hat einen Sonnenbrand!"

*

Arzt: Guten Tag, Frau Käsebein. Was fehlt Ihnen heute?"
„Überhaupt nichts, Herr Doktor! Ich wollte nur im Wartezimmer den Roman von letzter Woche weiterlesen!"

Knuddel und Buddel springen mit dem Fallschirm ab. Schreit Buddel: „Knuddel, dein Fallschirm öffnet sich nicht!"
Brüllt Knuddel zurück: „Macht doch nichts! Ist ja nur eine Übung!"

„Holger, du sollst doch nicht immer mit diesen unerzogenen Kindern spielen! Warum spielst du nicht mit den wohlerzogenen?"
„Das wollte ich ja, aber deren Eltern haben das nicht erlaubt!"

✳

„Wissen Sie, Herr Schwefelbusch, Honig ist das beste Mittel gegen Haarausfall!"
„Das kann schon sein! Aber wie bekomme ich dann wohl wieder meinen Hut vom Kopf?"

✳

Pfadfinderprüfung.
„Feuer macht man mit zwei Hölzern! Am besten jedoch ist, eines von beiden ist ein Zündholz..."

✳

Jammert Frau Bröselbier: „Früher hast du mich wenigstens ab und zu am Kinn gekitzelt!"
Antwortet ihr Mann: „Ja, das war früher – da hattest du ja auch nur eins!"

✳

„Eusebius, wieviel ist die Hälfte von neun?"
„Keine Ahnung, Herr Lehrer, aber viel kann es nicht sein!"

✳

Lehrer sind unheimlich nett – sie können es unheimlich gut verbergen!

ZWILLINGE SIND LEUTE, WO DER EINE NICHT WEISS, OB ER DER ANDERE IST!

✳

Knisselbeck steht vor Gericht. Fragt der Richter ganz genervt: „Angeklagter, hat Ihre Frau nun bei dem Teppichdiebstahl geholfen oder nicht?"
„Mhm, nicht direkt", meint Knisselbeck. „Sie hat lediglich das Muster ausgesucht!"

„Wie zerstreut man eine Volksmenge?" wird der schottische Polizist bei der Prüfung gefragt.
„Ganz einfach: Ich nehme die Mütze ab und gehe ringsum sammeln!"

✳

Patzke meint zu seiner Frau: „Kapier' ich nicht! Wie kriegst du nur den Faden durch das winzige Nadelöhr?"
„Wieso? Das ist doch ganz einfach."
„Und warum hast du dann gestern unseren Wagen in der Garagentür zu Schrott gefahren?"

✳

Horstchen kommt nach Hause.
„Papi, schönen Gruß von unserem Lehrer. Er möchte dich zum Elternabend im kleinen Kreis einladen!" „Kleiner Kreis?"
„Ja, du und er!"

Kaschulke sitzt mit seiner Familie vor dem Fernsehapparat. Da steht seine Frau ganz plötzlich auf und meint: „Wenn du so gähnst, Vater, dann fällt mir ein, daß ich das Garagentor nicht abgeschlossen habe!"

Sagt Susi zu Jutta: „Mein Opa hatte einen härteren Aufschlag als Ivan Lendl!"
Jutta: „Dann muß er ja toll Tennis gespielt haben!"
Susi: „Wie kommst du auf Tennis? Er ist vom Dach gefallen!"

Ein Reporter interviewt einen Lebenskünstler: „Was würden Sie machen, wenn Sie zehntausend Mark gewinnen würden?"
„Urlaub machen."
„Und bei hunderttausend Mark?"
„Einen tollen Sportwagen kaufen!"
„Und bei einer Million Mark?"
„Meine Schulden bezahlen!"

Lehrerin zu Kurtchen: „Ich sehe dir genau an, was du über mich denkst!"
Kurtchen: „Sind Sie mir sehr böse?"

*

Herr Bröselbier ist Zeichner, und er will einen alten Zecher malen. Als er nicht weiterkommt, fragt er seine Frau: „Wie sahen denn Säufer vor dreißig Jahren aus?"
Frau Bröselbier: „Schau doch mal in den Spiegel!"

Zwei Bettler treffen sich vor einer Villa.
„Was meinst du? Ist da was zu holen?"
„Kannst du vergessen...! Eben sind zwei Mäuse mit verweinten Augen herausgekommen..."

*

Fragt Frau Siedezahn ihre Tochter Helga: „Sag, wechselt deine neue Freundin eigentlich nie ihr T-Shirt?"
Helga: „Keine Ahnung, ich kenne sie ja erst acht Wochen!"

*

Kommt ein Mann in ein Musikgeschäft und beschwert sich: „Diese Geige taugt überhaupt nichts!"
„Wieso denn?"
„Auf jeder Saite gibt sie einen anderen Ton von sich!"

Zwei Ostfriesen spielen Fußball. Meint der eine: „Halbzeit! Jetzt bekommst du mal den Ball!"

„Sag mal, Egon, kannst du mir fünf Mark leihen?"
„Tut mir leid, ich habe kein Geld bei mir!"
„Und zu Hause?"
„Vielen Dank! Die sind alle ganz gesund und munter!"

Welches sind die Lieblingsfrüchte von Dracula?"

Blutorangen – ist doch klar!

Ruft der Konditor beim Arbeitsamt an:
„Ich suche dringend eine Verkäuferin!"
„Soll sie jung oder schon etwas älter sein?"
Konditor: „Egal, Hauptsache Diabetikerin!"

Dracula wollte immer einen Bruder haben. Wen hätte er wohl am liebsten zum Bruder gehabt:

Winnetou – wegen der Blutsbrüderschaft...

Wie bekommt man einen Ostfriesen aus der Badewanne?

Ganz einfach! Man muß nur Wasser einlassen!

Weshalb sind Ostfriesenhirne so begehrt für Transplantationen?

Weil sie kaum gebraucht sind!

Der Mensch redet so, wie ihm der Schnabel gewachsen ist.

Bauchredner reden so, wie ihnen der Nabel gewachsen ist.

Fragt Frau Püsemüdel ihre Nachbarin: „Weshalb läuft Ihr Hund immer in die Ecke, wenn es klingelt?"
„Das ist ganz einfach: Er ist doch ein Boxer!"

Was tut ein Vampir, der kein Blut mehr vertragen kann?

Er steigt um auf Tomatensuppe...

NUR EIN SPRUCH

DIE NASE IST DIE BOHRINSEL DES KLEINEN MANNES.

Die letzten Worte eines Löwenjägers: „...und ich dachte, es wäre mein Magen, der da knurrt!"

Was ist der Unterschied zwischen PYJAMA und FUTSCHIJAMA?
Futschijama ist ein kaputter Schlafanzug...

Fritz zu Susi: „Das ist aber nett, daß du mir eine LP zum Geburtstag geschenkt hast!"
Susi: „Du Blödmann, das ist keine LP, sondern ein selbstgebackener Kuchen!"

Mutter zu Rolfi: „Wie konntest du nur dem Sohn unseres Nachbarn sechs Zähne ausschlagen?"
Rolfi: „Wenn er doch nicht mehr hatte..."

Renate motzt mit ihrer Mutter: „Mutter, du lebst ja hinter dem Mond!"
Mutter entsetzt: „Wo lebe ich?"
Renate: „Mein Gott, jetzt weißt du nicht einmal, wo hinten ist!"

Fragt der Arzt: „Sie kommen wohl ein bißchen wenig an die Luft. Was sind Sie denn von Beruf?"
„Flieger, Herr Doktor!"

„Herr Ober, in meiner Suppe schwimmt ein Frosch!"
Ober: „So? Und wo liegt dabei das Problem?"
„Er hat seine Leiter dabei, klettert an den Tellerrand und meldet ein Hoch!"

„Hallo, Fips! Tust du eigentlich auch etwas für den Umweltschutz?"
„Na klar! Ich spare, wo ich kann, Papier! Sogar die Busfahrkarte benutze ich immer mehrmals!"

Es sagte das Ei im Kochtopf: „Es ist zwar sehr heiß hier, aber Hitze macht hart!"

Nach der ersten Englisch-Stunde kommt Peter aufgeregt nach Hause. „Mami, ich kann jetzt schon bitte und danke auf englisch sagen!"
„Das ist ja toll! Das konntest du bisher ja nicht einmal auf deutsch!"

Lehrer zu Hansi: „Nenne mir sieben Tiere, die in Afrika leben!"
Hansis Antwort: „Vier Panther und drei Löwen!"

„Vor einer Stunde habe ich bei Ihnen sechs Äpfel gekauft, und als ich zu Hause nachzählte, da waren nur noch fünf in der Tüte!"
„Ja, das stimmt", antwortet der Gemüsehändler. „Einer davon war schlecht! Den hab' ich erst gar nicht eingepackt!"

◆

„Eine ganze Stunde hab' ich mich geplagt", erzählt der Angler am Stammtisch, „bis ich den Fisch endlich heraus hatte!"
„Das kenn' ich", lacht ein anderer. „Das geht mir manchmal auch so mit dem Büchsenöffner!"

◆

Richter zum Angeklagten: „Das ist mir auch noch nicht untergekommen, daß einer zwölf Schweine auf einmal klaute!"
Meint der Angeklagte: „Das ist so nicht richtig! Ich habe nur die Sau gestohlen – die elf Jungen sind mir dann nachgelaufen!"

◆

Fragt der Lehrer Fritzchen, ob er ihm den Unterschied zwischen kostenlos und umsonst erklären könne. Fritzchen schüttelt den Kopf. „Keine Ahnung, Herr Lehrer!"
Lehrer: „Ich werde es dir erklären! Deine Schulkameraden gehen kostenlos zur Schule – und du umsonst!"

Ein Vampir überfällt im Stadtpark einen Mann. Nach zähem Kampf gelingt es dem Vampir, die Zähne in den Hals des Mannes zu schlagen. Der wehrt sich: „Was fällt Ihnen denn ein? Wissen Sie nicht, wer ich bin?"
Vampir: „Ist mir egal, aber sagen sie schon, wer Sie sind!"
„Ich bin der Bundesfinanzminister!"
Meint der Vampir: „Oh, Entschuldigung, Herr Kollege Blutsauger!"

„Du, Egon, deine Frau hat soeben der Blitz getroffen! Herzliches Beileid!"
Egon: „Reiz mich nicht zum Lachen! Ich habe gerade so aufgesprungene Lippen!"

Befriedigt erkundigt sich der Lehrer am Tag nach der Zeugnisausgabe: „Nun, Kaputtke, dein Vater hat dir sicher wegen deines miserablen Zeugnisses eine hinter die Ohren gegeben, wie?"
„Nein, so was tut mein Vater nicht! Das würde ihn noch mehr schmerzen als mich!"
„Hat er so ein gutes Herz?"
„Nein, aber Rheuma!"

◆

Kommt ein Kunde in die Apotheke. „Ich möchte gerne ein Bandwurmmittel."
„Soll es für einen Erwachsenen sein?" fragt der Apotheker.
„Woher soll ich denn wissen, wie alt der Bandwurm ist?"

◆

Michaela kommt nach Hause und erzählt ihrer Mutter: „Heute hat der Lehrer vor der Klasse eine Rede gehalten."
Mutter: „Vor der Klasse? Weshalb hat man ihn denn nicht reingelassen?"

◆

Verkehrserziehung in der Schule. Sagt der Lehrer: „Was muß man tun, wenn man als Fußgänger eine Straße überquert?"
Meldet sich Helmut:
„Die Arme hochhalten und zügig gehen!"
Lehrer: „Weshalb sollte man die Arme hochhalten?"
Helmut: „Damit man im Krankenhaus leichter das Hemd ausziehen kann!"

Frankenstein ist wieder einmal auf dem Friedhof und plündert die Gräber. Als er gerade buddelt, wird er vom Friedhofsverwalter erwischt. Der schreit ihn an: „He, was machen Sie da?"
Frankenstein: „Ich will aus diesem Menschen, der hier liegt, ein Monster machen!"
Friedhofsverwalter:
„Das ist in diesem Falle einfach – es handelt sich nämlich um meine Schwiegermutter!"

Es klingelt an der Haustür eines Skeletts, draußen steht ein Mann mit einem großen Kranz.
Skelett: „Das finde ich aber reizend, daß Sie mir zum Geburtstag gratulieren wollen!"

◆

Weshalb tragen Skelette keine Ohrringe?

Öhö, öhö, öhö...

Der neue Arzt möchte Reklame machen, damit er endlich mehr Patienten bekommt. Er gibt eine Anzeige im Ärzteblatt auf: „Kommen Sie zu mir – unter den ersten zehn Besuchern verlose ich als Hauptpreis eine Beinamputation nach freier Wahl!"

◆

Graf Klapperstein schwärmt: „Ich habe zu Hause ein paar herrliche alte Gemälde!"
„Ah!" meint sein Kunstfreund interessiert. „Aus welcher Zeit denn?"
„Aus der Zeit, als ich noch Geld hatte!" antwortet Klapperstein gequält.

◆

Der Schulrat ist in der Klasse. Er prüft und prüft und prüft. Der Klasse geht das auf den Wecker. Fragt der Schulrat: „Hat noch jemand eine Frage?"
Bernd: „Wann geht Ihr Bus?"

◆

Häberle zu Pfleiderer: „I han g'hört, daß dei Frau sehr sparsam sei soll!"
Pfleiderer: „Des kann mer wohl behaupte! Jedesmol, wenn se 's Wasser vom Goldfisch wechselt, macht se am nägschde Dag ä Fischsüpple!"

◆

„Unser Papagei macht alles nach – sogar das Cellospielen meines Mannes!"
„Soso… Ein sehr begabter Vogel! Und wie hält er dabei das Instrument?"

Ein Skelett sitzt beim Zahnarzt auf dem Stuhl und schaut den Zahnarzt ängstlich an. Der macht ein sehr nachdenkliches Gesicht. Fragt das Skelett: „Was ist? Stimmt etwas nicht mit meinen Zähnen?"
Zahnarzt: „Ihre Zähne sind in Ordnung – aber das Zahnfleisch… Ich weiß nicht, ich weiß nicht!"

▲

Welches ist das liebste Haustier der Vampire?

Blutegel

▼

Kurz vor der Hinrichtung wird Klafterzahn gefragt, ob er noch einen letzten Wunsch habe. Meint er: „Ja, ich möchte das Abitur nachmachen!"

Hafermehl repariert das Dach seines Hauses. Plötzlich kommt er auf dem steilen Dach ins Rutschen und saust abwärts. Als er am Küchenfenster vorbeifliegt, ruft er seiner Frau zu: „Du brauchst nicht für mich zu kochen, ich esse heute im Krankenhaus!"

◆

Frau Reibeisen beschwert sich beim Elektriker. „Seit Wochen bitte ich Sie, vorbeizukommen und die Klingel zu reparieren!"
„Ich war schon viermal bei Ihnen", verteidigt sich der Mann. „Aber auf mein Klingeln hat mir niemand aufgemacht!"

◆

Meint die Liliputanerin zu ihren Kindern: „...und wenn ihr mal einen Hut auf der Straße liegen seht, tretet um Gottes willen nicht drauf!"
„Weshalb?"
„Es könnte ja euer Vater drunter sein!"

◆

Herr Kellermann kommt zum Arzt: „Herr Doktor, ich kann mit meinem rechten Auge nur noch geradeaus und mit meinem linken Auge nur noch waagrecht schauen. Helfen Sie mir – bitte!"
Der Doktor überlegt kurz und antwortet: „Herr Kellermann, ich habe Ihnen doch vor Jahren schon gesagt, daß der Beruf eines Rätselredakteurs nichts für Sie ist!"

Bei uns in Amerika

zeigt die Uhr immer eine spätere Zeit an als hier in Deutschland", sagt der kleine Joe zu seinem Freund Wolfgang.
„Na, ist doch klar!" antwortet dieser nach einer Weile. „Amerika ist ja auch viel später entdeckt worden!"

◆

Knorgel sitzt beim Friseur

und beschwert sich: „So eine Ungerechtigkeit! Bei meinen paar Haaren soll ich so einen hohen Preis für das Schneiden bezahlen! Ich denke nicht daran!"
„Mein Herr, Sie bezahlen auch nicht für das Schneiden, sondern für das Suchen!"

Ein Ostfriese fährt zum erstenmal mit dem Zug. Als er von der Toilette zurückkommt, findet er sein Abteil nicht wieder. Also wendet er sich an den Schaffner, und der fragt ihn: „Können Sie sich nicht an eine Einzelheit, eine Besonderheit erinnern?"
Der Ostfriese denkt nach, dann plötzlich strahlt er. „Doch! Jetzt weiß ich's! Vor dem Fenster grasten ein paar Kühe!"

Frau Bollermann zu ihrem Mann: „Schatz, weißt du, daß wir am Donnerstag fünfundzwanzig Jahre verheiratet sind? Ich schlage vor, wir schlachten ein Huhn!"
Antwortet Bollermann: „Aber was kann denn das Huhn dafür, Schnukkilein?"

„Was halten Sie denn von Sonnenenergie?" fragt Frau Tischknausers Nachbarin.
„Überhaupt nichts!" antwortet die. „Mein Mann liegt ständig auf der Sonnenbank, aber mehr Energie hat er trotzdem nicht."

Der kleine Seppl

steht auf einer Wiese und betrachtet verzückt die feuerrote Glut hinter dem Wald. Kawitzke beobachtet ihn eine Weile und spricht ihn dann an: „In dir steckt wohl ein Dichter, junger Mann? Sicher stehst du oft hier und beobachtest den herrlichen Sonnenuntergang."
„Sonnenuntergang...?" wundert sich der Seppl. „Das ist doch unsere Schule, die gerade abbrennt!"

Ein Versicherungsagent will bei Piepke ein Geschäft machen.
„Die meisten Unglücksfälle im Haus passieren in der Küche!" erklärt der eifrige Verkäufer.
„Richtig!" stimmt Piepke zu. „Und das Schlimmste dabei ist, daß die Männer sie aufessen und auch noch loben müssen!"

★

Frau Knödelbier zu ihrer Nachbarin: „Also, meine Tochter, die ist bei allen Lehrern unheimlich beliebt!"
Nachbarin: „Und woran merken Sie das?"
Frau Knödelbier: „Sie darf jede Klasse zweimal besuchen!"

★

Herr Knickebein und Frau stehen vor einem Restaurant und lesen das Schild:
HIER ESSEN SIE GENAUSO GUT WIE ZU HAUSE!
Meint Knickebein zu seiner Frau: „Da kriegen mich keine zehn Pferde rein!"

★

Weshalb können Skelette Hunde nicht ausstehen?

 ...Weil Hunde Knochen so mögen...

Ein Skelett wird von einem Räuber überfallen: „Geld oder Leben!"
Skelett: „Nimm alles, was du findest!"

Es war einmal ein Mann, der hatte eine sehr, sehr böse Frau. Eines Tages kündigte sie an, daß sie bei seiner Beerdigung einen Freudentanz auf seinem Grab aufführen würde. Daraufhin bestellte er ein Seemannsgrab.

★

Brummeisel

hat ein Reisebüro eröffnet, und prompt rennt ein verärgerter Kunde in seinen Laden. „Hören Sie mal, was ist denn das Individuelle an Ihren Reisen, von dem in Ihren Prospekten immer die Rede ist?"
„Die Gäste", erwidert Brummeisel. „Jeder zweite meckert über etwas anderes."

Eine Erbtante kommt zu Besuch, und der kleine Manfred starrt sie die ganze Zeit an. Fragt sie ihn: „Weshalb schaust du mich die ganze Zeit so prüfend an?"
Manfred: „Weißt du, Tante – eine alte Spinatwachtel habe ich mir viel grüner vorgestellt!"

„Weshalb hast du denn dein Sparschwein zertrümmert?"
„Damit ich den Töpferkurs bezahlen kann!"
„Und was macht ihr auf dem Töpferkurs?"
„Ein neues Sparschwein!"

Die Lehrerin: „Alle Menschen stammen von Adam und Eva ab!"
Fritzchen: „Mein Vater sagt, daß wir von den Affen abstammen!"
Lehrerin: „Wir sprechen im Moment nicht von deiner Familie!"

Schreibt ein Schwabe an die Zeitung: „Wenn Sie nicht sofort damit aufhören, Ihre blöden Schwabenwitze abzudrucken, werde ich mir Ihre Zeitung nicht mehr ausleihen!"

Peter hat sich aus allen möglichen alten Fahrrädern ein neues zusammengebastelt.
Bewundernd steht sein Freund Rolf davor.
„Warum hast du denn ein so kleines Vorderrad und ein großes Hinterrad, Peter?"
„Das ist doch ganz einfach: Wenn es hinten höher ist, kann man immer bergab fahren."

Silberhorn unterhält sich auf einer Party mit einem Herrn.
„Solche Partys sind eine feine Sache. Man ist nicht eingeladen und kommt trotzdem. Man ißt sich voll, betrinkt sich ordentlich, und keiner fragt danach."
„Sehr interessant. Ich bin übrigens auch nicht eingeladen."
„Wie sind Sie denn hereingekommen?"
„Ich bin der Gastgeber!"

Obermoser ist an Tollwut erkrankt und wird im Krankenhaus behandelt. Mitten in der Behandlung verlangt er vom Arzt Papier und Bleistift. Fragt ihn der Doktor: „Wollen Sie Ihr Testament machen?"
Obermoser: „Nein, ich will mir nur schnell die Leute aufschreiben, die ich noch beißen will!"

Frau Nuschelmeier zu ihrem Mann: „Heute hat mir eine Wahrsagerin gesagt, daß ich sehr alt werde!"
Herr Nuschelmeier: „Siehst du, die hat das auch schon bemerkt!"

Ein Mann jammert am Tresen: „Vor drei Wochen habe ich meine Kreditkarte verloren!"
„Oh, das ist ja schrecklich!"
„Na ja, es geht! Der Finder gibt erheblich weniger mit ihr aus als meine Frau!"

Im Gasthaus beschwert sich ein Mann: „Herr Ober, das Schnitzel war sehr klein und auch noch hart dazu!"
Ober: „Beruhigen Sie sich! Seien Sie froh, daß es nicht auch noch groß war!"

Graf Dracula kommt total betrunken nach Hause. Macht ihm seine Frau Vorwürfe: „Hab' ich dir nicht schon tausendmal gesagt, du sollst keine Alkoholiker beißen?"

Die Klasse soll einen Aufsatz über die Westfalen schreiben. Rolf schrieb: „Die Westfalen sind Deutsche wie wir, haben meist blaue Augen und einen bekannt zarten Schinken!"

Der Feinschmecker zum Ober: „Heute möchte ich einmal etwas essen, was ich noch nie gehabt habe!"
„Wie wäre es denn mit Hirn?"

„Woran denkst du?"
„Ooch, an nichts Besonderes!"
„Und ich dachte, du denkst an mich!"
„Tu ich auch!"

Egon trifft seinen Freund Fips.
„Hallo, Fips! Du bist ja schon von deiner Weltreise zurück!"
„Ja, selbstverständlich! Ich habe ja schließlich sofort ein Gnadengesuch eingereicht."

Ackermann besucht seinen Freund Veitenhansl und steht bewundernd vor dem großen Vogelkäfig.
„Veitenhansl, woher hast du diesen schönen Kanarienvogel?"
„Den habe ich auf den Kanarischen Inseln gekauft."
„Aber wieso? Den hättest du doch in der Tierhandlung am Marktplatz bekommen können!"
„Stimmt. Aber finde dort mal einen freien Parkplatz!"

Hubert und Franzl machen eine Bergtour. Der Aufstieg zum Gipfel ist mühsam. Als sie den Gipfel schließlich schwitzend erreichen, meint Hubert: „Schau mal, wie schön es da unten ist!"
„Du bist aber komisch!" meint da der Franzl. „Wenn es da unten so schön ist, wieso sind wir dann überhaupt erst da heraufgekraxelt?"

★

Frau Itzenblitz zu ihrem Mann: „Enttäusche heute abend die Kinder nicht, Schatz!"
Er: „Wie meinst du das?"
Sie: „Na, du hast doch versprochen, deinen alten Hut zu fressen, wenn die Eintracht wieder verliert!"

★

„Mann, Ede, du bist vielleicht ein Träumer!" meint Else. „Jetzt habe ich deinen Namen dreimal rückwärts gesagt, und du hast nicht einmal reklamiert!"

Aufgeregt ruft der Gast den Oberkellner zu sich. „Also hören Sie mal, ich kann ja einiges vertragen, aber ein Stück Autoreifen in der Wurst ist doch zuviel!"
„Da sehen Sie mal!" meint der Ober ungerührt. „Das Auto verdrängt das Pferd halt immer mehr!"

Fridolin fragt in der Schule den Lehrer: „Herr Lehrer, wie kommt es, daß wir fest auf der Erde stehen, wo die Erde doch erstens rund ist und zweitens sich mit großer Geschwindigkeit dreht?"
„Das verdanken wir dem Gesetz der Schwerkraft", antwortet der Lehrer.
„Und was hat man gemacht, bevor dieses Gesetz erlassen wurde?"

★

Richter zu Knotzke: „Sie sind nun schon zum neuntenmal hier! Schämen Sie sich eigentlich nicht?"
Knotzke: „Herr Richter! Ich bitte zu bedenken, daß ich bereits dreimal aus Mangel an Beweisen freigesprochen wurde!"

Frau Knödelspeck wiegt satte 100 Kilo. Sagt sie zu ihrem Mann: „Ach, gönne mir doch die Abmagerungskur im Allgäu! Man hat mir garantiert, daß ich in vier Wochen zehn Kilo abnehmen werde!"
Meint Herr Knödelspeck: „Also gut, aber mehr als zehn Jahre machst du mir das nicht!"

„Nächstes Jahr fahr' ich nach Sicht in Urlaub!"
„Sicht...? Wo liegt das denn?"
„Keine Ahnung – aber es heißt doch immer: Schönes Wetter in Sicht!"

Fragt der Lehrer den Hansi: „Weißt du, warum Hubschrauber einen Propeller haben?"
„Klar! Damit der Pilot nicht zu schwitzen braucht!"
„Unsinn!"
„Aber ich habe es selbst im Fernsehen gesehen: Als der Propeller nicht mehr lief, fing der Pilot unheimlich an zu schwitzen!"

Aus einem Schulaufsatz über Haustiere: „Unser Hasso ist ein familiäres Tier. Er ist sehr wachsam und frißt alles. Besonders mag er kleine Kinder!"

Wenn ein Lehrer in sich geht, erschrickt er manchmal, daß er niemand antrifft!

Piet und Hein sitzen am Fluß und waschen sich die Füße. Meint Piet: „Mensch, hast du schmutzige Füße!" Entgegnet Hein: „Ist doch kein Wunder! Ich bin ja auch zwei Jahre älter als du!"

„Der Arzt hat behauptet, er würde mich innerhalb von vier Wochen wieder auf die Beine stellen!"
„Und hat er das geschafft?"
„Auf der ganzen Linie! Letzte Woche kam seine Rechnung, die mich gezwungen hat, mein Auto zu verkaufen...!"

„Herr Ober, sind die Brote auf beiden Seiten mit Butter bestrichen?"
„Aber nein, natürlich nur auf einer!"
„Ach, dann zeigen Sie mir bitte, auf welcher...!"

Schülerwitz DER WOCHE:
Fragt der Lehrer seine Klasse: „Wie stellt ihr euch die ideale Schule vor?" Darauf die Klasse im Chor: „Geschlossen!"

Die Lehrerin fragt die kleine Vreni: „Weißt du, wie die Menschen heißen, die in der Wüste leben und dort umherziehen?"
Vreni strahlt: „Wüstlinge!"

In einem angebissenen Apfel einen Wurm zu entdecken, ist schlimm! –
Was ist aber noch schlimmer?
Einen halben Wurm zu entdecken!

Fest auf dem gräflichen Schloß. Die fette Gräfin prahlt: „Unsere Ahnentafel reicht zurück bis zu Kaiser Karl dem Großen! Darf man fragen, wie alt Ihre Familie ist?" erkundigt sie sich von oben herab bei ihrer Tischnachbarin.
„Kann ich leider nicht sagen", meint diese. „Unsere Unterlagen sind bei der Sintflut mit untergegangen!"

„Was treibt ihr denn da?" empört sich die Mutter von Heini.
„Wir spielen Doktor!"
„Und wieso sitzt Tine dann auf dem Schrank?"
„Die haben wir zur Erholung in die Berge geschickt!"

Spruch des Monats:
MACHT ES HINTER DIR LAUT PENG, WAREN DEINE JEANS ZU ENG

„Nun, Frau Mischke", erkundigt sich die Hausnachbarin, „wie haben Ihnen die Goldfische gefallen, die ich Ihnen zur Silberhochzeit geschenkt habe?"
„Ganz ausgezeichnet. Sie zergingen mir förmlich auf der Zunge!"

Sitzen zwei Spatzen am Rande eines Swimmingpools. Sagt der eine zum anderen: „Nun trink schon aus, ich will heute noch auf Fliegenjagd!"

Kalle Karsunke kommt zur Würstchenbude und erkundigt sich: „Wat kostet der Senf?"
„Den jibt's kostenlos!"
„Prima! Dann hätte ick jerne een Kilo!"

„Jetzt gehst du schon das dritte Jahr zur Schule und kannst noch immer nicht weiter als bis zehn zählen!" sorgt sich Heios Vater. „Was soll denn bloß aus dir werden?" – „Ringrichter, Vati!"

„Angeklagter, Sie haben dem Zeugen die Brieftasche aus der Jacke gestohlen und gleich darauf wieder hineingesteckt. Haben Sie da bereits so etwas wie Reue verspürt?"
Angeklagter: „Aber nicht doch, Herr Richter! Das können Sie doch wegen fünf Mark nicht verlangen!"

Wer hat es besser, der Kaffee oder der Tee?

Lösung: Der Kaffee, denn der darf sich setzen. Der Tee muß ziehen.

„Er muß in den Kühlschrank gesprungen sein, als ich gerade etwas anderes zu tun hatte...!"

DER TEST

„Wetten, daß ich jedes Getränk mit verbundenen Augen erkenne?" gibt Naubeck auf der Party an. Der Test beginnt sofort. „Pfui Teufel, das ist ja Benzin!" schimpft er nach dem ersten Glas. „Richtig", gibt der Gastgeber zu. „Aber welche Marke?"

Kerschkamp macht eine Reise nach Afrika. Dort fragt er einen Einheimischen: „Sagen Sie mal, regnet es bei euch hier nie?"
Meint der: „Wissen Sie, Regen ist bei uns so selten, daß wir zweijährige Fische haben, die noch nicht schwimmen können!"

Sichtlich zufrieden mit sich steht Opa Zicko vor dem Spiegel. Genüßlich streichelt er sich über die Glatze und meint: „Bist schon ein Teufelskerl, Zicko! 65 Jahre auf dem Buckel und noch kein graues Haar!"

Schülerwitz DER WOCHE:

„Herr Lehrer, wollten Sie nicht heute über das Gehirn reden?"
„Ja, sicher! Aber heute geht das nicht. Ich habe heute etwas anderes im Kopf...!"

Frau Klawuttke stöhnt: „Ich habe nichts anzuziehen!" Meint Klawuttke darauf beruhigend: „Dann hülle dich in Schweigen!"

Kommt eine Frau in die Zoohandlung. „Ich hätte gerne einen Papagei, der sprechen kann!" „Tut mir leid, aber so etwas haben wir nicht. Aber ich kann Ihnen einen Specht anbieten!" „Kann der denn auch sprechen?" „Das nicht, aber morsen!"

Sagt der Personalchef bedauernd zum Bewerber: „Tut mir leid, aber wir haben beim besten Willen keine Arbeit für Sie!" „Ach, wissen Sie", erwidert der Bewerber, „das würde mich überhaupt nicht stören!"

Fragt die Gesangsschülerin: „Kann ich jemals etwas mit meiner Stimme anfangen, Herr Professor?" „Ich denke doch, Gnädigste! Zum Beispiel beim Ausbruch eines Feuers könnte Ihre Stimme sehr von Nutzen sein!"

Ein Junge sitzt im Kirschbaum des Nachbarn. Der sieht das und schreit: „Komm sofort runter, oder ich erzähle alles nachher deinem Vater!" „Das können Sie auch gleich loswerden – er sitzt einen Ast höher!"

Lehrer Lämpel ist ganz verliebt in seine neue Kollegin, doch die will nichts von ihm wissen. So kniet er eines Tages vor sie hin und fleht: „Erhören Sie mich! Glauben Sie etwa, ich bin aus Holz?" Meint die Kollegin: „Nein, gewiß nicht! Holz arbeitet nämlich!"

Schülerwitz DER WOCHE:

„Wir unterscheiden eßbare und nichteßbare Früchte!" erklärt die Lehrerin. „Als Beispiel nenne ich euch die nichteßbare Roßkastanie und die Eßkastanie. Wer kann mir ein weiteres Beispiel sagen?"
„Äpfel und Roßäpfel!"

Frau Fettig und Frau Fuchsig fachsimpeln über die Küchengeräte. Erzählt Frau Fettig: „Gestern haben wir unseren neuen Mixer ausprobiert. Ich wollte Tomatenpüree machen."
„Und weiter?"
„Heute haben wir unsere Küche neu streichen lassen!"

„Weißt du, warum die Chinesen klein und gelb sind?" fragt Klein Frieda ihre Freundin.
Die antwortet ohne mit der Wimper zu zucken: „Weil, wenn sie groß und gelb wären, alle Postbusse wären!"

„Es gibt nichts, was ich vom Fußball nicht weiß!" brüstet sich Fritzchen vor Erna. „Toll!" meint Erna. „Wie viele Maschen hat eigentlich ein Tornetz?"

Beschwert sich eine Kellnerin bei ihrem Chef:
„Den Hypnotiseur am letzten Tisch bediene ich nicht mehr!"
„Und warum nicht?"
„Der schaut mich immer so lange an, bis ich glaube, er hat die Rechnung schon bezahlt!"

Warum haben es die Küken immer so eilig, aus den Schalen zu schlüpfen? Weil sie nicht gekocht werden wollen!

Opa erzählt wieder mal:
„Damals in Alaska wurde ich von zwölf Wölfen angefallen!"
„Aber Opa", protestiert Micha, „vor vier Wochen hast du die gleiche Geschichte mit sechs Wölfen erzählt!"
Meint der Opa: „Stimmt, aber vor vier Wochen warst du noch zu klein, um die ganze grausame Wahrheit zu erfahren!"

Verplappert
Der Lehrer schimpft: „Heute glaubt doch jeder Blödmann, er hätte das Zeug zum Lehrer! Seinerzeit war ich in unserer kleinen Stadt der einzige . . .!"

Zwei Irre spielen Fußball. Stöhnt der eine nach einer Dreiviertelstunde: „Halbzeit, jetzt kriegst du den Ball!"

Deutschstunde

Was für die Pflanzen der Mist, ist für uns die Schule!

(Aus einem Schulaufsatz)

Opa Nickelmann im Speiselokal:
„Herr Ober, bringen Sie mir bitte ein Kotelett ohne Knochen!"
Ober: „Wie bitte? Das heißt bei uns Schnitzel!"
„Weiß ich, aber wenn ich Schnitzel sage, fliegen mir immer die Zähne raus!"

Lehrer Knolle erklärt das Bruchrechnen:
„Nun, Ilse, wenn ich diesen Apfel in zwei Teile breche, was habe ich dann?"
Ilse: „Hälften."
Knolle: „Gut! Und wenn ich ihn in tausend Teile zerlege?"
Ilse: „Apfelmus!"

Lars fragt seinen alten Herrn: „Sag mal, bist du als Kind eigentlich immer zur Kirche gegangen?"
Meint der Vater: „Aber klar, mein Sohn!"
„Siehste, Mama", sagt Lars, „und es hat auch bei ihm nichts genützt!"

Bröselhuber hat in Venedig Urlaub gemacht. Als er wieder zu Hause ist, sagt er zu seinem Kumpel:
„Nerven haben die ja! Alle Straßen überschwemmt, aber singen, singen, singen!"

Lehrer: „Wer weiß, wie lange Krokodile leben?"
„Genauso lang wie kurze!"

Schülerwitz

Elternabend in der Schule. „Herr Lehrer", fragt der stolze Vater, „haben Sie nicht auch den Eindruck, daß mein Sohn sehr originelle Einfälle hat?" „Tja", schüttelt der Lehrer den Kopf, „besonders in der Rechtschreibung!"

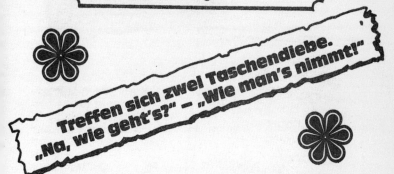

Treffen sich zwei Taschendiebe. „Na, wie geht's?" – „Wie man's nimmt!"

Völlig aufgelöst erscheint Frau Muckelmeier beim Psychiater: „Herr Doktor, ich halte das nicht mehr aus! Mein Mann bildet sich ein, er sei ein Kühlschrank, und ich habe seit Wochen keine Nacht mehr schlafen können!" „Ich verstehe Sie sehr gut", sagt der Doktor, „aber Sie ruinieren sich, wenn Sie sich über den Zustand Ihres Mannes so Sorgen machen!" „Ach was!" schluchzt Frau Meier. „Es ist nicht sein Zustand, der mich nicht schlafen läßt, es ist vielmehr das kleine Licht, welches angeht, sobald er mit offenem Mund schläft!"

Frau Merkel fährt mit ihrem verbeulten Auto zur Tankstelle. „Einmal waschen bitte!" Fragt der Tankwart: „Und wie wär's mit Bügeln?"

Beim Tanztee: Nach den ersten Schritten meint er: „Sie müssen wissen, ich habe das Tanzen in einem Fernsehkurs gelernt!" Darauf sie: „Ja, aber warum tanzen Sie ständig bloß das Testbild?"

Fußballspiel in der Amateurliga. Plötzlich kommt eine Flasche auf das Spielfeld geflogen. Schreit der Schiedsrichter: „Was soll das?!" Antwort aus dem Publikum: „Nur so! Damit Sie nicht so allein sind!"

Kommt ein Mütterchen in die Stadtbücherei. „Ich will unbedingt wieder so ein wundervolles Buch, wie ich gestern eins ausgeliehen habe!" „Gern! Wissen Sie noch Titel und Autor?" „Das nicht, aber es lag ein Hundertmarkschein als Lesezeichen drin!"

Frau Brösel und Frau Zickig unterhalten sich über Krimis. „Wenn ich Krimis lese", berichtet Frau Brösel, „bin ich immer total gefesselt!" Frau Zickig reißt erstaunt die Augen auf und fragt: „Stört Sie das nicht beim Umblättern?"

Hein sagt zu seinem Freund Fietje: „Die Stelle als Leuchtturmwärter bin ich wohl los!"
Fietje: „Warum das denn?"
Hein: „Es hat denen nicht gefallen, daß ich immer das Licht ausgemacht habe, wenn ich zu Bett ging!"

Knotterbeck kommt von der Arbeit nach Hause. Er hat einen Mordshunger, geht sofort in die Küche, sieht einen Topf auf dem Herd, hebt den Deckel ab und probiert. Er dreht sich um und sagt: „Da fehlt aber Salz, Schatz!" Meint seine Frau: „Das ist schon möglich, aber was da kocht, ist keine Suppe, sondern Kurtchens Fußballsocken!"

Quiz im Fernsehen. Der Kandidat hat die Aufgabe, ein Damenkränzchen in kürzester Zeit zum Schweigen zu bringen. Er überlegt kurz, dann legt er los: „So, nun reden wir mal der Reihe nach – die Älteste von Ihnen fängt an!"

Kommt eine Henne ins Restaurant und meint zum Ober: „Bitte nur einen Eierbecher und etwas Salz. Den Rest lege ich selber!"

Der Angeklagte beteuert immer wieder seine Unschuld. Meint der Richter erbost: „Wir haben eindeutige Beweise, daß Sie es waren! Außerdem haben Sie sich noch der Beamtenbestechung schuldig gemacht!"
„Das ist nicht wahr!" ruft der Angeklagte.
„Nicht wahr?" fährt der Richter auf. „Wollen Sie vielleicht leugnen, daß Sie dem Polizeihund, der Sie aufgestöbert hat, eine Wurst gegeben haben?"

Schülerwitz DER WOCHE:

Fritzchen war in der Schule wieder einmal vorlaut. Der Lehrerin wird das zu bunt, und so faucht sie ihn an: „Du wirst heute zur Strafe eine Stunde nachsitzen, Freundchen!"
Gibt Fritzchen zurück: „Mir kann's recht sein, Fräulein, aber was werden die anderen über uns denken?"

„Ich habe zur Zeit so entsetzliche Schlafstörungen", erzählt Simone ihrer Freundin Katja.
„Das kenne ich auch, mir geht es genauso. Aber ich habe ein Mittel gefunden. Ich zähle bis drei!"
„Was? Nur bis drei? Und das hilft?"
„Na ja, nicht immer. Manchmal wird's auch halb vier…"

Nur ein kleiner Unterschied

„Was hat zwei Augen und 100 Zähne?" – „Ganz klar, das ist ein Krokodil!" – „Und was hat zwei Zähne und 100 Augen?" – „Auch klar: Ein Bus mit 50 Rentnern auf Kaffeefahrt!"

„Wen liebst du mehr, Hansi: deinen Vater oder deine Mutter?"
„Meinen Vater!"
„So, ist der netter als die Mutter?"
„Nö, aber er ist seltener zu Hause!"

Bei der Feuerwehr klingelt's. Ein nervöser Anrufer meldet sich: „Kommen Sie schnell zur Kreditbank! Da ist ein Überfall!" „Dann wollen Sie sicher die Polizei!" „Nein, nein! Die Feuerwehr! Die Leiter der Diebe ist einen Meter zu kurz..."

„Stell dir vor", sagt der eine Floh zum anderen, „ich habe im Lotto sechshundert Mark gewonnen!" „Und was machst du damit?" „Ich leiste mir einen Hund – einen ganz für mich allein!"

Ostfriesland, wo's am tiefsten ist. Piet kommt in die Bank und fragt: „Können Sie mir einen Achtzehn-Mark-Schein wechseln?" Meint der Mann hinter dem Schalter: „Klar doch! Wie hätten Sie's denn gerne, in sechs Drei-Mark-Stücken oder in drei Sechs-Mark-Scheinen?"

Arzt zu seiner Tochter: „Hast du dem jungen Mann, der um deine Hand anhielt, gesagt, daß ich nicht viel von ihm halte?"
„Ja, Papa!"
„Und? Was hat er geantwortet?"
„Daß das nicht deine erste Fehldiagnose ist!"

„Wir lassen die ganze Nacht das Licht brennen, wissen Sie – wegen der Einbrecher!"
„Erstaunlich! Ich dachte immer, Einbrecher haben Taschenlampen!"

Baffke hat eine neue Freundin. „Seit die immer an mir herumknuspert", klagt Baffke dem Nervenarzt sein Problem, „muß ich dauernd denken, ich bin ein Keks!"
„So, so", beruhigt der Arzt. „Ein Keks also! So ein kleiner runder vielleicht?"
„Ja, genau so einer!"
„Einer mit kleinen Einschnitten ringsherum und Salz obendrauf?"
„Ja, ja – stimmt!"
„Aber dann sind Sie kein Keks, Herr Baffke, dann sind Sie ein Cracker!"

Aufgeregt kommt Heinerle aus der Schule nach Hause. „Stell dir vor, ich habe gestern vor dem Einschlafen meinen Schutzengel gebeten, mich heute in der Schule vor schlechten Noten zu bewahren?"
„Und, hat er es getan?"
„Leider ist es ihm nicht gelungen!"

An der mexikanischen Grenze. Ein Reisender mit einem Papagei auf dem Arm taucht auf und fragt den Zöllner: „Muß ich den verzollen?"
„Aber sicher", belehrt der Zöllner. „Lebende Papageien kosten hundertfünfzig Mark, ausgestopfte nur fünfzig!"
Da kreischt der Papagei seinen Besitzer an. „Mach jetzt bloß keinen Mist, Mann!"

Klausi ist total betrunken und steigt in ein Taxi. Der Taxifahrer fragt ihn: „Wohin?" Klausi: „Zum Hauptbahnhof." Taxifahrer: „Aber da sind wir doch schon!" Klausi drückt dem Taxifahrer 20 Märker in die Kralle und meint: „Aber ... hicks ... das nächsssste Mal fa-fahren Sie nichso schnell ... hicks!"

Hein Knittel ist beim Bund. Er macht in seiner Dusseligkeit alles falsch, was man nur falsch machen kann. Schnauzt ihn der Feldwebel an: „Wissen Sie was, Sie Oberpflaume, Sie beknackte Nato-Pfeife? Kaufen Sie sich ein Gewehr, und machen Sie sich selbständig!"

Diensteifrig greift der Hotelbesitzer nach dem Koffer des neuen Gastes. „Obacht!" warnt dieser. „Da sind lauter Butterbrote drin!" „Heißt das, der ganze Koffer ist voll?" „Klar! In Ihrer Anzeige stand doch, hier kann man Ferien für ein Butterbrot machen. Und ich will nun mal vier Wochen hierbleiben!"

„Hast du Papi schon das Zeugnis gezeigt?"
„Nein, der redet immer so mit den Händen!"

Der Azubi geht auf der Straße an seinem Chef vorbei, ohne ihn zu grüßen. Der Boß ist natürlich sauer und fragt ihn: „Warum grüßen Sie eigentlich nicht?" Antwortet der: „Wieso eigentlich? Ich habe doch Urlaub!"

Physikstunde. Es geht um Experimente mit Strom. „Im Augenblick ist der Strom so stark, daß man damit einen Esel umbringen könnte. Ich werde mich hüten, der Versuchsapparatur zu nahe zu treten!"

Herr Flottbeck plaudert an der Tür mit der hübschen Nachbarin. Plötzlich kommt ein Messer angesurrt und bleibt eine Handbreit neben Flottbeck im Türrahmen stecken. Sagt Flottbeck zu der schönen Nachbarin: „T'schuldigung, aber ich glaube, meine Frau möchte mich sprechen!"

★

Ein Gast im Berghotel: „Herr Ober, weshalb haben Sie mir eigentlich zwei Schnitzel gebracht, wo ich doch nur eines bestellt habe?" Ober: „Dieses verdammte Echo bringt mich noch um den Verstand!"

Im Zoo: Ein Frosch quakt und quakt, was dem Flußpferd schließlich auf den Keks geht. Es watet aus dem Wasser, steigt dem Frosch auf den Hals, daß dem die Augen aus dem Kopf quellen und sagt: „Da guckste, was?"

Tante Olga beschwert sich: „Der Fisch, den ich gestern bei Ihnen gekauft habe, war aber alles andere als frisch!" „Da sind Sie aber selber schuld!" meint die Marktfrau. „Als ich Ihnen den Fisch letzte Woche angeboten habe, haben Sie ihn ja nicht gewollt!"

In Kanada: „So, Mister, Sie bewerben sich also bei uns als Holzfäller. Haben Sie denn eine solche Arbeit schon mal gemacht?" – „Natürlich! Ich habe die ganze Wüste Sahara abgeholzt!" – „Erzählen Sie keinen Unsinn! In der Sahara gibt es doch gar keine Bäume!" – „Klar – jetzt nicht mehr!"

SCHÜLERWITZ

„Wieso habe ich in der Arbeit eigentlich eine "Sechs?" erkundigt sich Heini beim Deutschlehrer.
„Warum? Weil's keine Sieben gibt!"

Vater stöhnt: „Früher mußte ich essen, was meine Eltern mochten, und heute das, was meine Kinder mögen...!"

„Herr Ober, in meiner Suppe schwimmt ein Haar!" „Sie irren, mein Herr! Das ist eine Wimper vom Fettauge!"

●●●●●

Fritz Bröselhuber ist beim Bund. Eines Morgens beim Appell: „Herr Leutnant, der oberst . . ." Schreit ihn der Leutnant an: „Das heißt: Herr Oberst! Merken Sie sich das, Bröselhuber! Der knallt die Hacken zusammen und sagt: „Jawoll, Herr Leutnant! Der Herr oberste Knopf an Ihrer Uniform ist offen!"

●●●●●

Neues aus der Pfalz

Warum gibt es in der Pfalz keine Eiswürfel?

(Weil die Pfälzer das Rezept nicht kennen)

●●●●●

„Haben Sie die Operation gut überstanden?" erkundigt sich der Doktor. „Danke, aber eigentlich wollte ich im Operationssaal nur die Fenster putzen!"

●●●●●

UND DANN WAR DA NOCH...

...der schottische Schloßbesitzer, der so knauserig war, daß er sein Schloßgespenst nicht gekauft, sondern nur auf Dauer gemietet hatte...

●●●●●

Stottert die junge Frau errötend beim Doktor: „Ich glaube, ich habe einen Herzklappenfehler! Mein Herz ist nämlich in Ordnung, aber ich kann nun mal meine Klappe nicht halten!"

Frau Kustermann fragt in der Drogerie die Verkäuferin: „Haben Sie unsichtbare Haarnetze?" „Natürlich, gnädige Frau!" „Kann ich mal eines sehen?"

Obermoser zu seinem Sohn: „Den Unterschied zwischen einer Krawatte und einer Frau kennst du?" Obermoser junior: „Nein, Vater!" Erklärt der Vater, während er sich die Krawatte umbindet: „Den merkst du erst, wenn du sie am Hals hast!"

„Also, Kinder", meint die Lehrerin, „wenn ich auf den einen Stuhl zwei und auf den anderen vier Eier lege, wie viele Eier liegen dann da?" „Das mit den Eiern weiß ich nicht", meldet sich Paulchen, „und daß Sie Eier legen können, glaub' ich nicht!"

Ein Pfälzer kommt mit vier Holzstücken zum Arzt in die Sprechstunde. Meint die Sprechstundenhilfe: „Was soll das?" Der Pfälzer: „Aber Sie hatten mir doch gesagt, ich soll eine Stuhlprobe mitbringen!"

„Kriegen Giraffen eigentlich auch Halsschmerzen, wenn sie nasse Füße bekommen?" „Ja, aber erst ein halbes Jahr später...!"

Dödelberger fragt einen Passanten: „Wie komme ich bitte zum Bahnhof?" „Haben Sie denn ein Auto?" „Nein!" „Tja, dann am besten zu Fuß...!"

Ratatamba, der Kannibalenkoch, läßt fünf Touristen hintereinander antreten, jeder muß ein großes Blatt vor sich halten. Fragt der letzte in der Reihe: „He, was haben Sie mit uns vor?" Ratatamba: „Ich machen Schaschlik!"

Frau Klugmann schreibt an die Post einen Beschwerdebrief: „Meine Freundin hat die Rufnummer 2 13 12. Ich bitte hiermit um einen Apparat, bei dem auch die Zahlen 12 und 13 auf der Wählscheibe sind!"

McGeiz berechnet die Kosten für seine Farm. Nach fünf Stunden seufzt er schwer und tief: „Es hilft nichts, ich muß den Hund abschaffen und selber bellen."

In der Straßenbahn stehen sich ein Rotschopf und ein Glatzkopf gegenüber. Meint der Rotschopf frech zum Glatzkopf: „Na, dir hat der liebe Gott wohl keine Haare gegönnt?"
„Das schon", meint der Kahlhäuptige, „aber nur rote, und rote Haare wollte ich nicht!"

Ach, so ist das!

Wenn ein Gast in einem Restaurant wild auf seinem Teller herumstochert, dann könnte es sein, daß er auf „Schnitzeljagd" ist!

Hübedaddel hat ein Gemälde erworben. Stolz präsentiert er es am Stammtisch. „Ein echter Rembrandt – und so günstig! Hat bloß zehntausend Märker gekostet!" Entgegnet sein Spezi: „Ja, sicher! Und bestimmt der einzige Rembrandt mit einem Porsche drauf!"

Kuddel und Muddel stoßen nachts mit dem Fahrrad zusammen und purzeln in den Straßengraben. Dabei verliert Kuddel seinen Hut, und eine herrliche Glatze kommt zum Vorschein. Muddel tastet benommen im Dunkeln herum und streift dabei die Glatze von Kuddel: „Jessas, Kuddel, ist deine Hose zerrissen?"

Umwelt-Preisfrage:
Was macht der Aal im Rhein? – Er studiert Chemie!

Und gleich noch eine Umwelt-Quizfrage:
Warum ist der Rhein der sauberste Fluß Deutschlands? Weil er mindestens einmal im Monat chemisch gereinigt wird!

Kellner Harry hat sich über einen Stammgast geärgert. Bei passender Gelegenheit meint er: „Ich schätze, Sie sind genau sechsundvierzig Jahre alt!"
„Stimmt genau!" wundert sich der Gast. „Wie sind Sie darauf gekommen?"
„Bei mir im Haus wohnt ein Halbidiot, der ist dreiundzwanzig!"

Schülerwitz DER WOCHE:

Lehrer: „Welchen Nutzen hat die Sonne?"
Schüler: „Keinen! In der Nacht scheint sie nicht, und am Tag ist es sowieso hell...!"

Im Schuhgeschäft:
„Können Sie wirklich jeden Schuh liefern?"
„Aber selbstverständlich!"
„Dann hätte ich gerne ein Paar Lederstiefel – innen Größe 43, außen Größe 48...!"

„Ich kündige!" empört sich die Raumpflegerin beim Bankdirektor. „Sie haben kein Vertrauen zu mir!"
„Aber gute Frau, ich lasse sogar die Tresorschlüssel herumliegen!"
„Das schon! Aber keiner paßt!"

Scherzfrage: Welche Sprache sprechen Deutsche, wenn sie in heißen Ländern sind?
Klarer Fall: Schwitzerdütsch!

SCHÜLERWITZ DER WOCHE:

Der Schulrat fährt mit seinem Motorrad zur Inspektion nach Düdelsdorf. Kurz vor dem Ort streikt das Fahrzeug plötzlich und springt nicht mehr an. Da kommt ein Junge auf den Schulrat zu und sagt: "Lassen Sie mich mal machen!"
Der Junge fummelt ein wenig am Motor herum, dann springt das Fahrzeug wieder an.
"Bist ein fixer Kerl", lobt der Schulrat. "Gehst du auch zur Schule?"
"Klar, aber heute soll ich daheim bleiben, weil der Schulrat kommt und ich der Dümmste in der Klasse bin...!"

Peter geht mit seinem Hund Gassi. Bleibt eine Dame stehen und meint freundlich: "Ein schöner Hund! Hat er auch einen Stammbaum?" "Nee!" meint Peter. "Der pinkelt an jeden Baum, der ihm gefällt!"

Hansmanns planen eine Afrika-Safari. Fragt ihn sein Kumpel: "Und was tust du, wenn sich plötzlich ein Löwe auf deine Frau stürzt?"
"Gar nichts! Wenn sich der Löwe das zutraut, dann muß er halt sehen, wie er damit fertig wird!"

Sigi geht dem Ober schon eine ganze Weile auf die Nerven. Schließlich läßt Sigi den Ober zum fünften Mal an den Tisch kommen und fragt: "Ist das Ei auch wirklich frisch?" Meint der Ober: "Frisch ist untertrieben! Das Huhn vermißt das Ei noch gar nicht!"

Die Frau am Steuer...

Frau Henkelmann war mit dem Auto zum Einkaufen in die Stadt gefahren. Spätabends kommt sie nach Hause und fragt ihren Mann verstört: „Sag, Schnuckiputz, war der Schutzmann eigentlich schon immer auf unserer Kühlerhaube...?"

Empört reckt der Gast den Hals und ruft hinter dem Kellner her: „Dieses Brathuhn ist eine Katastrophe!" „Das verstehe ich nicht, mein Herr", erwidert der Kellner gelassen, „immerhin hat das Tier zwölf Jahre lang auf Hühnerausstellungen erste Preise gewonnen!"

„Unerhört! Ihr Dackel hat mich eben in die Wade gebissen!
„Und? haben Sie vielleicht erwartet, daß so ein kurzbeiniges Tier Sie ins Genick beißt?"

Was ist der Unterschied zwischen Schule und Friedhof?
Die auf dem Friedhof haben längere Pausen...

Schülerwitz

Gebannt schaut Frau Dödel zu, wie der Mann neben ihr auf der Bank Apfelkerne ißt. Nach einer Weile fragt sie schüchtern:
„Warum machen Sie das?"
„Weil ich davon klüger werde!"
„Würden Sie mich auch mal probieren lassen?"
„Gern! Das kostet pro Kern eine Mark!"
Frau Dödel zahlt für drei Kerne und ißt sie sofort auf. Dann meint sie plötzlich:
„Für drei Mark hätte ich mir leicht ein Kilo Äpfel kaufen können!"
„Sehen Sie", antwortet der Mann, „es wirkt schon!"

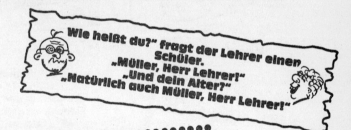

„Wie heißt du?" fragt der Lehrer einen Schüler.
„Müller, Herr Lehrer!"
„Und dein Alter?"
„Natürlich auch Müller, Herr Lehrer!"

Kuno hat im Lotto gewonnen. Nachdem er seinen Gewinn eingesteckt hat, geht er in ein Blumengeschäft und verlangt hundert rote Rosen. Meint die Verkäuferin mitleidvoll:
„Du meine Güte! Was haben Sie denn angestellt...?"

Mahnt der Pfarrer das Peterchen: „Du weißt doch, wohin die bösen Kinder kommen, die das Geld, das sie von den Eltern für den Klingelbeutel bekommen haben, für sich behalten?"
„Ja, Herr Pfarrer, ins Kino!"

Zwei Schlangen räkeln sich behaglich in der Sonne. Plötzlich fragt die eine: „Du, sind wir eigentlich giftig?"
„Warum?" erkundigt sich die andere.
„Ich hab' mir eben auf die Zunge gebissen!"

Schülerwitz – DER WOCHE:

Hein kommt nach Hause. Die Mutter fragt ihn: „Und hast du deinen Lehrer wie ein rohes Ei behandelt?"
„Ja, Mutter, ich hab' ihn gleich in der ersten Stunde in die Pfanne gehauen!"

Schiffstaufe in Schottland. In dem Moment, in dem die Flasche an den Bug des Ozeanriesen geworfen werden soll, ruft jemand aus der Menge: „Nicht, das ist eine Pfandflasche!"

„Nun, wie gefällt Ihnen mein neuer Kamelhaarmantel?"
„Ganz besonders gut! Er steht Ihnen wie angewachsen!"

Stöhnt die bekloppte Kreszenzi: „Nu hab' ich schon zweihundert Frösche geknutscht, und es war noch nicht ein Prinz dabei!"

Zwei Kühe treffen sich auf der Wiese. Meint die eine: „Muh!" Darauf die andere „Mäh!" Die erste: „Himmel, komm doch nicht immer vom Thema ab!"

Bolle trifft seinen alten Schulfreund, der die Schule nie geschafft hat und es auch später zu nichts gebracht hat. Aber jetzt staunt Bolle: Sein Schulfreund ist wie aus dem Ei gepellt und fährt einen dicken Wagen.
„Junge, wie hast du denn das geschafft?" erkundigt sich Bolle.
„Ganz einfach", meint der Gefragte, „ich kaufe die leeren Obstkisten auf dem Markt für eine Mark und verkaufe sie für fünf Mark weiter. Von den vier Prozent Gewinn kann ich prima leben!"

Steht eine Frau in der Telefonzelle und blättert das Telefonbuch durch. So geht das eine Viertelstunde, bis der Herr vor der Zelle ungeduldig wird. Er öffnet die Tür und sagt höflich:
„Kann ich Ihnen beim Suchen behilflich sein?"
Meint die Frau:
„Aber ich suche doch gar keine Nummer, sondern einen hübschen Vornamen für mein Kind!"

„Auf, auf, Jungs", ermuntert der Schotte seine Söhne, „lauft schnell beim Kohlenhändler vorbei, macht Faxen, und streckt ihm die Zunge heraus! Vielleicht wirft er euch dann ein paar Briketts nach!"

Schulspruch der Woche:

Belehrt der gestrenge Herr Lehrer seine Klasse:
„Die Schule ist für Kinder ebenso wichtig wie der Mist für Bäume!"

„Denk nur", berichtet Steffi ihrer Freundin, „ich habe gestern vier Hufeisen gefunden! Ob das was bedeutet?"
„Klar! Da läuft jetzt irgendwo ein Pferd barfuß herum!"

Heini steht auf dem Schulhof und heult. In der Hand hält er eine große Wurstsemmel. Kommt die Klassenlehrerin und meint: „Aber Heini, ein großer Junge wie du heult doch nicht! Schon gar nicht, wenn er ein so schönes großes Wurstbrötchen hat!"
„Was nützt mir das", heult Heini weiter, „wenn ich den Mund nicht weit genug aufkriege?"

Ach, so ist das!

In Biologie wird über die Nützlichkeit der Bäume gesprochen. „Wie sieht es diesbezüglich mit der Kiefer aus?" will der Lehrer wissen. Meldet sich Kurti: „Die Kiefer liefert uns die Hausschuhe!" Lehrer: „Hausschuhe? Wie kommst du denn darauf?" Kurti: „Haben Sie etwa noch nie etwas von der Latschenkiefer gehört?"

Fahrprüfung. Frage an den Fahrschüler: „Sie sind zweihundert Meter gefahren und merken plötzlich, daß Sie den Zündschlüssel vergessen haben. Was machen Sie?" „Ich fahre rechts ran und sehe nach, welcher Trottel mich die ganze Zeit geschoben hat."

Obermoser ersteigert auf der Auktion eine alte Standuhr. Auf dem Heimweg stößt er mit einem Passanten zusammen. „Mann", sagt er verägert, „können Sie nicht die Augen aufmachen?" Brummt der andere: „Und – können Sie nicht eine Armbanduhr tragen wie andere auch?"

Schorsch hat mal wieder einen Wagen zu Schrott gefahren. Er läßt ihn zur Werkstatt abschleppen und fragt den Meister: „Was meinen Sie, ist da noch etwas zu retten?" Antwortet der Meister: „Aber sicher! Ganz hoffnungslos ist der Fall ja nicht. Wenn wir die beiden Nummernschilder an einem neuen Wagen befestigen...!"

Wie nennen die Kannibalen einen Rollschuhläufer?

Essen auf Rädern!

Verbissen arbeitet der Friseur an der Mähne von Dieter. Schließlich fragt er ihn: „Junger Mann, haben Sie früher eine Baskenmütze getragen?" Dieter: „Hab' ich, aber das ist lange her!" Meint der Friseur: „Das glaub' ich – jedenfalls habe ich sie jetzt gefunden!"

Schülerwitz DER WOCHE:

Rudi Ratlos kommt schon wieder zu spät zur Schule. Motzt ihn die Lehrerin an: „So langsam gehst du mir auf den Keks! Hast du eigentlich keinen Wecker, du Penner?"
Meint Rudi: „Aber logo! Nur – der blöde Dinger rasselt immer dann, wenn ich noch schlafe!"

Blättert ein Pfälzer im Telefonbuch: „Na, das ist doch der Gipfel der Verschwendung! Ein Mann namens Müller und 725 Anschlüsse!"

Stinkwütend steht der Direktor von dem kleinen Wanderzirkus vor dem zusammengebrochenen Zirkuszelt und schreit: „Wenn ich den erwische, der unserem Elefanten Niespulver gegeben hat!"

Herr Knasterzahn knöpft sich seinen Sohn vor: „Hast du nun die Fensterscheibe bei Müllmeiers eingeschlagen, oder hast du nicht?" Stottert Knasterzahn-Junior: „Ja, ich war's! Aber nicht absichtlich, der Schuß hat sich versehentlich gelöst, als ich gerade dabei war, meine Steinschleuder zu reinigen."

„So, meine liebe Frau Baktus", bereitet der Zahnarzt die Patientin vor, „vor der Behandlung muß ich Ihnen eine kleine Narkose geben!" Frau Baktus angelt ihre Handtasche, zieht das Scheckbuch. „Aber Sie brauchen doch jetzt nicht zu bezahlen!" meint begütigend der Zahnarzt. „Das erledigt doch sowieso Ihre Kasse!"
„Ich wollte vorher bloß noch mal mein Geld zählen!" erwidert da Frau Baktus treuherzig.

Doktor Brandmeier will seine Tochter von der Schule abholen. Eine Lehrerin fragt ihn, als er vor der Schule wartet: „Erwarten Sie ein Kind?" „Aber nein", antwortet er, „ich bin immer so dick!"

„Klara, warum um alles in der Welt willst du denn deinen Untermieter heiraten?" „Ach, weißt du, der schuldet mir noch so viel Miete, daß wir davon für den Rest unseres Lebens sorglos leben könnten..."

Polizist Huber beim Zahnarzt. „Sind Sie des Wahnsinns? Sie haben ja den Falschen erwischt!" stöhnt er. Meint der Zahnarzt: „Na und – ist Ihnen das vielleicht noch nie passiert?"

Paulchen

fährt mit seinem Vater mit der S-Bahn. Etwas weiter sitzt ein Schornsteinfeger. Da stößt Paulchen den Vater an und fragt: „Psst, Vati! Ist das ein Schwarzfahrer...?"

Fragt der Spülmaschinen-Vertreter die Hausfrau an der Tür:
„Haben Sie schon die zweite Spülmaschine?"
„Nein! Mein erster Mann lebt noch!"

Eine leidenschaftliche Skatspielerin soll operiert werden. „Zählen Sie bitte!" fordert sie der Narkosearzt auf. Die Patientin zählt: „Achtzehn, zwanzig, zwei, null... weg!"

Meint Frau Schifferling:
„Jetzt war ich vierzehn Tage an der Ostsee und hab' immer meine Kurtaxe bezahlt, aber gefahren bin ich damit nie..."

„Herr Lehrer, gestern haben Johnny und ich zwanzig Mark auf der Straße gefunden!"
„Und, wart ihr auch ganz ehrlich?"
„Aber klar doch! Jeder hat zehn Mark bekommen...!"

„Wie werden Fischernetze eigentlich gemacht?" erkundigt sich die Landratte beim alten Fischer. „Nu, das is ganz einfach: Du nimmst viele Löcher und bindest sie fest zusammen!"

Frau Dr. Linkmann ermahnt ihren Gatten: „...und rase nicht wieder so, wenn du durchs Dorf fährst, damit dich der Polizist nicht erwischt...!"
„Da hab mal keine Sorge! Den habe ich vierzehn Tage krank geschrieben...!"

SCHÜLERWITZ

„Weißt du, was ein Heuchler ist, Fritzchen?"
„Ja, Herr Lehrer! Ein Heuchler ist einer, der immer fröhlich und vergnügt zur Schule geht!"

„**DU** hast eine neue Stelle? Wo arbeitest du denn?" wird Hafermehl von einem Bekannten gefragt.
„Im Krankenhaus. Ich verbinde jeden Tag einige hundert Leute!"
„Dann bist du jetzt Krankenpfleger?"
„Nein, Telefonist!"

MERKE:

Wer eine harte Birne hat, ist nicht so leicht aus der Fassung zu bringen!

Schülerwitz DER WOCHE:

Was ist der Unterschied zwischen einem Knochen und der Schule?
Der Knochen ist für den Hund, die Schule für die Katz!

„Zeuge, wo waren Sie, als Sie überfahren wurden?" fragte der zerstreute Richter.
„Unterm Auto, Euer Ehren!"

Im Kino tuscheln zwei:

„Den Film sehe ich nun schon zum elftenmal, aber so gut wie heute haben die Schauspieler noch nie gespielt!"

„Warum steht denn an diesem gefährlichen Abgrund kein Warnschild?"
„Das haben wir weggenommen! Da fiel ja doch keiner runter...!"

Rechnen in der Dorfschule. Fragt die Lehrerin die kleine Moni: „Wenn auf dem Tisch fünf Fliegen sitzen und du erwischst eine mit der Fliegenklatsche – wieviel bleiben dann übrig?"
„Eine! Die Tote!"

Karl, seit vielen Jahren im Dienst des total schwerhörigen Grafen Knotterbeck, begrüßt seinen heimkehrenden Herren: „Na, du verkalkter Schrumpfkopf, warst du wieder in der Stadt bei den Weibern und hast dir den letzten Grips aus dem Hirn gesoffen?"
„Irrtum, Karl! Ich war zwar in der Stadt – aber ich habe mir nur ein Hörgerät gekauft!"

Staunend schaut ein Passant zwei Arbeitern am Straßenrand zu. Der eine schaufelt ein Loch nach dem anderen, der andere schaufelt die Löcher immer wieder zu.
„Wozu soll denn das gut sein?" erkundigt sich der Passant.
„Ach, wissen Sie, eigentlich sind wir zu dritt. Aber der, der sonst die Bäume reinsetzt, ist heute krank!"

„Papi, ich hab' das Geld gar nicht gebraucht, das du mir gegeben hast."
„Wieso nicht? Du solltest doch Briefmarken für den Brief kaufen."
„War nicht nötig! Ich hab' ihn in den Briefkasten gesteckt, als keiner hingeschaut hat."

Auch eine Möglichkeit

„Warum haben Sie eigentlich immer so eine Menge Reiseprospekte? Seit eh und je verbringen Sie Ihren Urlaub doch zu Hause!"
„Schon, doch ich möchte immer genau wissen, wieviel Geld ich spare!"

„Interessant, Sie sind also Zauberer?"
„Erraten! Ich zersäge Menschen!"
„Haben Sie auch noch Geschwister?"
„Ja, zwei Halbbrüder und eine Halbschwester!"

Schülerwitz

DER WOCHE:
Was ist der Unterschied zwischen einem Lehrer und einer Kaffeemaschine? Die Kaffeemaschine kann man entkalken!

„Inzwischen habe ich schon zehnmal vergeblich nach Ihnen geläutet, Fräulein Murks!" empört sich der Chef.
„Tut mir leid", bedauert die Sekretärin. „Was wollten Sie denn von mir?"
„Ich wollte Ihnen sagen, daß ich das erste Mal versehentlich geläutet habe!"

„Schorschi, warum heulst du denn so?" Die Mutter ist ganz besorgt.
„Weil die anderen immer nur Dornröschen spielen wollen!" schluchzt der kleine Mann.
„Aber das ist doch ein schönes Spiel, da braucht man doch nicht zu weinen!"
„Aber mir macht's keinen Spaß!" protestiert Schorschi. „Ich muß immer den Küchenjungen spielen, der die Ohrfeigen bekommt!"

Hannes wird zur Marine eingezogen, doch schon nach einer Woche ist er wieder zu Hause – entlassen!
Fragen ihn seine Kumpels, wie er das geschafft hätte.
„Ganz einfach, die hatten mich auf ein U-Boot verfrachtet, und ich habe ihnen erklärt, daß ich nur bei offenem Fenster schlafen kann!"

Jan und Jens spielen Verstecken.
Jan: „Ich verstecke mich im Schrank, und du mußt mich suchen!"
Dreißig Minuten vergehen, da klopft Jens an die Schranktür und ruft: „Kannst rauskommen, Jan, ich hab' dich nicht gefunden!"

In der Kleingartenkolonie kriegt Herr Karsunke mit, wie sein Gartennachbar eine Schnecke erschlägt.
„Können Sie mir sagen, was das soll?" schreit Karsunke aufgebracht.
„Das aufdringliche Tier ging mir auf die Nerven! Es verfolgte mich schon den ganzen Tag!"

Die Redaktion der Schülerzeitschrift nimmt ihre Behauptung, daß die Hälfte der Lehrer nichts tauge, mit dem Ausdruck des Bedauerns zurück.

„Warum sind die Flüsse voller Wasser?"
„Damit es nicht so staubt, wenn die Schiffe bremsen!"

„Woran ist Ihre Gattin eigentlich gestorben?"
„An ihrer Rechthaberei!"
„Aber das gibt's doch gar nicht!"
„Doch! Das letzte, was sie sagte, war: ‚Das ist im Leben kein Fliegenpilz!'"

Idiotisch

Der Mathe-Lehrer rauft sich wieder mal die Haare über die nicht vorhandenen Rechenkünste von Erich und seufzt: „Tut mir schrecklich leid, aber einer von uns beiden ist ein totaler Vollidiot!"
Am nächsten Tag bekommt er von Erich zu Beginn des Unterrichts einen gelben Briefumschlag überreicht.
„Was ist denn da drin?" fragt der Lehrer verblüfft.
„Ein Attest vom Schularzt, daß ich völlig normal bin!"

Leitspruch

aus dem chinesischen Mittelalter:

Leiten mit lostigen Littellüstungen knallt lautel als mit vom Lost geleinigten!

Genossen

„Weshalb haben Sie denn Ihre Köchin entlassen? Genoß sie nicht mehr Ihr Vertrauen?"
„Nein, nur noch meinen Wein!"

Stöhnt der Mathelehrer über seine Klasse: „Eure Leistungen sind so miserabel, daß mindestens achtzig Prozent eine Fünf bekommen!" Stimme aus der letzten Bank: „Hahaha, so viele sind wir doch überhaupt nicht!"

„Herr Ober, ich fühle mich dauernd beobachtet!"
„Keine Bange, Madam, das sind bestimmt nur die Fettaugen auf der Suppe.

„Sag mal, Peter, was machst du eigentlich bei der Bundeswehr?" –
„Ich putze Handgranaten."
„Ach, du meine Güte! Und wenn die Dinger mal hochgehen?" –
„Halb so schlimm, sie gehören ja nicht mir!"

Hungermann rennt über die Straße und schreit: „Ich kann wieder laufen! Ich kann wieder laufen!" Fragt ihn Pfarrer Weber: „Ist also ein Wunder geschehen, mein Sohn?"
„Nein, man hat mir mein Auto geklaut!"

„Hallo, Seppel!" ruft der Jäger seinen Treiber. „Alles in Ordnung, der Herr!" meint der Treiber. Seufzt der Jäger vor sich hin: „Gott sei Dank, dann habe ich eben wirklich die Wildsau getroffen!"

„Wie lange lebt denn dieser Vogel?" fragt ein Kunde in der Zoohandlung. „Wenn er gut gepflegt wird, kann er bis zu 150 Jahre alt werden", sagt der Verkäufer. „Na, da bin ich aber mal gespannt!"

Eine Frau kommt mit ihrem Hund zum Uhrmacher. „Vielleicht können Sie ihn reparieren", meint sie.
„Ihren Hund? Was fehlt ihm denn?"
„Er bleibt alle fünf Minuten stehen!"

„Seit meine Frau Klavier spielt, beneide ich Beethoven."
„Weshalb?"
„**Er war taub!**"

Noch ganz überwältigt berichtet der Lateinprofessor seinen Kollegen: „Heute nacht hatte ich einen wundervollen Traum – der berühmte CÄSAR war mein Schüler und erhielt in Latein von mir eine dicke Sechs!"

Wenn Deine Uhr vorgeht, mußt Du einen Zahn zulegen, sonst überholt sie Dich!

„Haben Sie schon einmal eine Laus unter dem Mikroskop betrachtet?" fragt der junge Zoologe eine Dame. „Nein, Herr Professor, wir haben zu Hause kein Mikroskop...!"

„So nehmen Sie doch Vernunft an!"
„Tut mit mir leid – ich bin Beamter und darf nichts annehmen!"

„Wie kommst du eigentlich mit deinem Taschengeld zurecht?" – „Bestens! Aber immer viel zu schnell!"

„Ihr kommt ja wieder zu spät!" wird der Maurertrupp ermahnt.
„Aber Chef, wir hatten eine Kolonne!"
„Und die konntet ihr nicht überholen?"
„Wie denn? Wir waren doch ganz vorne!"

Die Eltern von Klaus sind verreist, und damit er nicht hungern muß, ißt er bei seiner Tante. Meint er hinterher zu seiner Kusine Elke: „Ich will ja nicht behaupten, daß deine Mutter schlecht kocht, aber jetzt verstehe ich, weshalb ihr vor und nach dem Essen betet!"

Schülerwitz DER WOCHE:

Fragt der Lehrer die Klasse: „Wer von euch kann gut lesen?" Drei melden sich.
„Fein", meint darauf der Lehrer, „dann geht mal runter auf den Schulhof, und lest das Papier auf, das da rumfliegt!"

Schimanowsky hat seinen Militärdienst beendet. Bevor er wieder ins Berufsleben einsteigt, läßt er sich vom Hausarzt untersuchen. Der schüttelt den Kopf: „Noch nie habe ich einen Mann mit einem derart tiefliegenden Nabel gesehen. Bei welcher Einheit waren Sie?"
Antwortet Schimanowsky: „Fahnenträger beim III. Musikkorps!"

Hans bringt seinen Freund zum Nervenarzt. „Seit neuestem bildet er sich ein, er sei eine Parkuhr!"
Arzt: „Warum sagt er mir das nicht selbst?"
„Er hat den Mund voller Groschen!"

Eine Bank in Ostfriesland. Das Telefon klingelt, und der Kassierer hebt ab. Eine Stimme brüllt ins Telefon: Überfall! Das ist ein Überfall! Überweisen Sie sofort eine Million auf mein Konto, oder es knallt!"

„Wie soll der Täufling heißen?" fragt der Pfarrer.
„Erwin Willibald Gregor Hermann Josef Maier!"
Pfarrer zum Küster: „Wir brauchen mehr Weihwasser!"

Kurz vor Silvester sagte eine Mutter zu ihren drei Söhnen: „Im neuen Jahr wünsche ich mir drei artige Kinder!"
„Fein", meinte da der Jüngste, „dann sind wir sechs!"

„Na, Kleiner, wieviel Milch gibt denn eure Kuh täglich?"
„Sechs Liter."
„Und wieviel davon verkauft ihr?"
„Acht Liter."

Im Märzen der Bauer die Rößlein einspannt – der Traktor ist ihm davongerannt...

Auf dem Hühnerhof. Die Hennenschar meutert, weil ihr verschiedenes nicht paßt. Da greift der Hahn zum Äußersten und kräht: „Wenn euch hier etwas nicht paßt, sage ich nur ein Wort: ‚Tiefkühltruhe'!"

Es war ein Lama mal im Land,
wohlgeachtet und bekannt,
doch während ein paar Wochen
ward's abgemagert auf die Knochen,
das war wirklich allerhand!

Schlechte Note...

Ein Vater schrieb unter das Zeugnis: „Gesehen und verhauen, Müller, 18. 2."

Prost Mahlzeit!

Die alte Tante kommt zu Besuch. Kaum ist sie zur Tür herein, stürzen sich ihre beiden kleinen Neffen auf sie. „Tante", meint der Ältere, „wenn du meinem kleinen Bruder fünf Mark gibst, macht er perfekt ein Huhn nach."
„Was du nicht sagst!" meint die Tante. „Kann er denn so gut gackern?"
„Von wegen gackern... für fünf Mark frißt der glatt einen Regenwurm!"

Was ist das?

Es steht im Wald und wiehert und bellt?

(Ein Hirsch mit zwei Fremdsprachen)

Ratlos will der leidgeprüfte Vater wissen, ob es denn gar keine Möglichkeit mehr gibt, seinen Sohn doch noch zu versetzen.
Der Lehrer bedauert und meint: „Mit dem Wissen, das Ihr Sohn nicht hat, könnten noch fünf weitere Schüler sitzenbleiben!"

Einwohnermeldeamt.
Ein Indianer geht zu dem Beamten und will seinen Namen ändern lassen. „Ist mir zu lang!" begründet er seinen Wunsch.
„Und wie heißen Sie?"
„Schneller Habicht, der vom Himmel fiel!"
„Aha! Und wie möchten Sie heißen?"
„Plumps!"

Typisch Lehrer

Der Professor zeigt einem Medizinstudenten einen Menschenschädel. „Nun, Müller, welchen Beruf hat dieser Mensch wohl ausgeübt?"
„Hmmm", erwidert der Student nach kurzem Überlegen, „die Sache ist eindeutig: Der war Lehrer!"
„Ganz hervorragend, ausgezeichnet! Woran haben Sie das erkannt?"
„So schwer war das wirklich nicht, bei dem ausgeleierten Unterkiefer!"

In der Artistenagentur:
„Und was ist Ihr größter Trick?"
„Ich zersäge Mädchen!"
„Das ist doch heutzutage keine Besonderheit mehr!"
„So? Der Länge nach auch…?"

● ● ● ● ● ● ●
Lehrer zu Dieter: „Und du sagst mir nun, wo der Friedensvertrag von 1918 unterzeichnet wurde!"
Dieter: „Unten rechts!"

Man muß es mal ganz trocken sagen:
Nie darf man feuchte Socken tragen!

Wundert sich der Neue: „Das sind doch bloß Männer! Sie haben aber von einem gemischten Chor geredet!"
„Stimmt", entgegnet der Chorleiter, „aber die Hälfte kann nicht singen – deshalb gemischter Chor!"

Herr Klawuschke will ein Pferd kaufen, seine beiden Kinder haben es sich gewünscht.
„Rappen oder Schimmel?"
„Die Farbe ist uns egal. Nur lang muß es ein, wir sind vier Personen!"

„Für Benutzung zwanzig Pfennig, bitte!" fordert die Toilettenfrau.
„Wieso? Da steht doch ‚frei' dran?"

Geh mir schleunigst aus der Sonne!

„Herr Doktor", meldet sich der Ehemann der stadtbekannten Tratschtante beim Arzt, „meine Frau hat sich den Kiefer verrenkt. Können Sie im Lauf der nächsten Monate mal vorbeikommen?"

„Was ist denn mit Ihnen los?" wird Knotterbeck von seinem Kollegen Schmatke gefragt. „Ist was passiert?"
Stöhnt Knotterbeck: „Ich bin ganz schön fertig. Gestern hat mein Sohn den Wagen rückwärts in die Garage gefahren!"
„Und wieso sind Sie deshalb so mit den Nerven fertig?"
„Weil ich heute morgen den Wagen auch rückwärts aus der Garage gefahren habe!"

Fritzchen ist ein ganz Schlauer. Eines Tages berichtet er seinem Vater stolz: „Ich habe sechs tote Fliegen gesammelt – drei weibliche und drei männliche.
„Woher weißt du denn, welche weiblich und welche männlich sind?" fragt der Vater neugierig.
„Das war leicht: Drei klebten am Bierglas und drei am Spiegel!"

Morgenspaziergang im Zoo:

„Warum machen die Geier solch böse Gesichter?"
„Weil noch keen Aas da is!"

Immer bei der Wahrheit bleiben!

„Wie heißen Sie?" fragt der Polizist den von ihm überraschten Einbrecher.
„Karl Schulze."
Der Wachtmeister lächelt: „Das kennen wir schön. Schulze oder Müller. Damit kommen Sie bei mir nicht durch. Also - wie heißen Sie nun wirklich?"
„Johann Wolfgang von Goethe!"
„Na also, geht doch gleich so? Mit der Wahrheit kommt man immer noch am weitesten!"

Seufzt die Fahrschülerin nach der ersten Fahrstunde: „Eines schwör' ich Ihnen, Herr Fahrlehrer: Wenn ich die Führerscheinprüfung hinter mir habe, kriegt mich nie wieder jemand hinters Steuer!"

Lehrer:

„Was wäre, wenn Edison nicht die Glühbirne erfunden hätte?"
Maxi: „Dann säßen wir alle bei Kerzenlicht vorm Fernseher..."

Welcher Meister kann keine Lehrlinge ausbilden?

(Der Waldmeister!)

„Du siehst heute aber wieder verkatert aus!" meint die Katzenmutter zu ihrem Jüngsten.

Gute Frage

Herr Meier in der Kunsthandlung: „Sie haben im Schaufenster ein Bild von Rembrandt für zehn Mark hängen. Ist das ein Original oder eine Kopie?"

„Der Kaffee kommt aus Nicaragua, mein Herr!"
„Dafür ist er aber noch verhältnismäßig warm!"

Im Laden

Kunde: „Eine Mausefalle, aber bitte schnell!"
„Moment, ich muß im Lager nachsehen!"
„Ja, aber bitte fix! Ich muß den Bus erwischen!"
„Ja – aber – so große Mausefallen haben wir nicht!"

Mit mächtigem Hunger kommt Werner nach Hause. „Mutter, was gibt es heute mittag?"
„Falschen Hasen, mein Sohn."
Peter zieht eine Schnute: „Uuch, schon wieder falschen Hasen! Gibt es denn keine Schonzeit für die armen Tiere?"

„Nichts zu danken!" sagte der Blutspender. „Es kommt von Herzen!"

Vor der Telefonzelle wartet ein Mann. Bald wird es ihm zu viel. Er öffnet die Telefonzellentür und sagt zu dem Telefonierenden: „Seit einer geschlagenen halben Stunde halten Sie nun schon den Hörer in der Hand, ohne ein einziges Wort zu sagen. Wenn sich der Teilnehmer nicht meldet, dann lassen Sie mich doch erst einmal telefonieren." — „Geht nicht. Der Teilnehmer hat sich bereits vor einer halben Stunde gemeldet. Es ist meine Frau!"

Der Anzug schlabbert, die Ärmel und die Hosenbeine sind viel zu lang, als Frau Hübemuffel die Amtsräume von Advokat Winkel betritt, der sie fragt, was die Aufmachung soll. Sie entgegnet: „Aber Herr Anwalt, Sie schrieben doch selbst: ‚Kommen Sie in Sachen Ihres Mannes!'"

Schülerwitz — DER WOCHE:

Lehrer: „Könnt ihr nicht eine Minute still sein? Man versteht ja sein eigenes Wort nicht mehr!"
Schüler: „Machen Sie sich nichts draus! Was Sie gesagt haben, war eh nicht wichtig."

„Verzeihen Sie, sind Sie nicht der Schwager von Herrn Plötzlich?"
„Nein, nein, ich bin Herr Plötzlich persönlich!"
„Ach, deswegen sehen Sie sich so ähnlich!"

Bauer Heumann zu Bauer Harms: „Rauchen deine Kühe?" — „Nö!" — „Dann brennt dein Stall!"

Irrtum

„Herr Ober, der Teller ist innen ja ganz feucht!"

„Irrtum, mein Herr – das ist die Suppe!"

„Lokführer Schneider hat mit sechzig Jahren noch geheiratet, und gestern hat ihm seine Frau Drillinge geschenkt."

„Da sehen Sie mal – ein tüchtiger Lokführer holt jede Verspätung auf!"

„Die Sonntagsvorstellung findet diesmal bereits am Freitag um 20 Uhr und nicht, wie üblich, am Samstag um 19.30 Uhr statt."

Kübelpflaum ist Vater eines Sohnes geworden. Bald nach der Geburt klingelt der Briefträger. „Ein Brief für Herrn Kübelpflaum!" Erkundigt sich der glückliche Vater: „Senior oder Junior?"

Zwei Küken treffen sich, eines raucht. „Das sage ich deiner Mami!" droht das Nichtrauchende. Das andere lacht nur: „Ha, ha! Ich bin aus dem Brutkasten...!"

Gerupft

„Was ist der Unterschied zwischen Hühnern und Touristen?"

„Weiß ich nicht!"

„Hühner werden erst gerupft, wenn sie tot sind!"

Richter: „Herr Zeuge, woran wollen Sie erkannt haben, daß der Angeklagte betrunken war?"
„Nun, er warf eine Münze in den Briefkasten, schaute nach der Bahnhofsuhr und murmelte: ‚Verflixt – schon wieder zwei Kilo zugenommen!'"

Lachhaft

„Weshalb lachst du denn?"
„Der Zahnarzt hat mir einen Zahn gezogen."
„Deswegen lacht man doch nicht."
„Doch. Es war der falsche!"

Der Lehrer ist auf Ruh' bedacht, die Schüler nur auf Fez nach acht. So kommt's, wie's eben kommen muß: Der Schultag ist heut' kein Genuß.

Anton und Elfriede halten sehr viel von der antiautoritären Erziehung. Als ihr erstes Kind geboren wird, fragt der Standesbeamte:
„Ist es ein Junge oder ein Mädchen?"
Erwidert Anton: „Darüber kann unser Kind später einmal selbst entscheiden!"

„Mir ist so schwindelig", meint die Sekretärin. „Ich glaub', das kommt von den vielen Rundschreiben...!"

Wahrheit

Eine Schlagzeile kann den Betroffenen schwerer verletzen als eine Axt.

„Warum haben Fische keine Haare?" — „Weil sie Schuppen haben." — „Und warum haben sie Schuppen?" — „Weil sie nichts dagegen tun!"

Schülerwitz DER WOCHE:

„Im Unterricht wird nicht gegessen! Was kaust du da?" fragt der Lehrer den Otto.
„Kaugummi!"
„Sofort in den Papierkorb damit!"
„Geht nicht! Den hat mir der Erich geliehen!"

Herr Plotz kam aufs Polizeirevier: „Ich möchte eine Vermißtenanzeige aufgeben. Meine Frau ist verschwunden!" — „Wann war das?" — „Vor zehn Jahren!" — „Und da kommen Sie erst heute?" — „Ja! Wir feiern nächste Woche silberne Hochzeit, und da hätte ich sie gern dabeigehabt!"

Mutter hält Fritzchen eine Standpauke: „Streng dich doch mal ein bißchen an!" Da platzt Fritzchen los: „Ich will mich nicht anstrengen. Ich will nicht klug werden. Ich will nicht schön werden. Ich will so werden wie Vati...!"

Ein Franzose tritt aus Versehen einem Deutschen auf den Fuß und sagt: „Pardon!" Antwortet der Deutsche empört: „Nichts Karton! Echtes Leder!"

● ●

Der junge Mann ist zum erstenmal bei einem Psychiater. „Meine Familie hat mich zu Ihnen geschickt, weil ich nur Baumwollsocken mag."

„Aber das ist doch kein Grund, mich zu konsultieren!" wundert sich der Arzt. „Ich mag auch am liebsten Baumwollsocken."

„Ist das wahr?" sagt der Patient glücklich. „Aber mit Essig und Öl und einem Spritzer Zitrone?"

● ●

Aufdringlich

Petra entrüstet zu ihrer Freundin: „Da hielt plötzlich ein widerlicher, aufdringlicher Autofahrer neben mir und wollte mich zu einer Spazierfahrt einladen. Du, der hatte eine elegante Wohnung!"

Ein junges Mädchen wird Politesse und darf die Parkuhren leeren. Sie ist schon sechs Wochen im Dienst, hat jedoch noch nie abgerechnet. Ruft der Vorgesetzte an: „Kommen Sie gefälligst heute abend vorbei! Sie haben ja noch nicht einmal Ihr Gehalt abgeholt!"

Staunt die Politesse: „Was? Gehalt kriegt man da auch noch dazu?"

● ●

Entweder – oder!

Der Sohn aus reichem Haus wird zum Militär eingezogen. Als er sein erstes Essen sieht, fragt er seinen Vorgesetzten: „Kann ich mein Menü denn nicht wählen?"

„Aber sicher!" antwortet dieser prompt. „Entweder Sie essen, oder Sie lassen es stehn!"

● ●

Leben zu zweit

Murrt die junge Ehefrau: „Nun habe ich schon zum drittenmal Mittagessen gekocht, und du sagst überhaupt nichts."

Erwidert er: „Ich kann doch nicht dauernd meckern!"

Hinter schwedischen Gardinen

Bei der Besichtigung eines Gefängnisses.
„Weshalb sind Sie hier?"
„Wegen eines mißglückten Selbstmordversuchs!"
„Wie das?"
„Ich wollte mich im Wald erschießen und habe einen Rehbock getroffen!"

Gefängniswärter zum Kollegen: „Der Meier ist heute nacht ausgebrochen!"
„Gott sei Dank! Das Quietschen seiner Feile hat mich schon ganz nervös gemacht!"

„Heute muß die Zelle glänzen!" herrscht der Gefängniswärter den Häftling an. „Nachher kommt der Direktor zu Ihnen!"
„Oh, was hat er denn ausgefressen?"

Eine Kundin im Laden: „Haben sie runde Suppenwürfel? Mein Mann bekommt die eckigen Dinger immer so schlecht runter!"

Verkehrsregel

Autofahrer, die statt bei Grünlicht bei Rotlicht über die Ampel rauschen, müssen besonders auf Blaulicht achten!

„Herr Müller, ich bitte um die Hand ihrer Tochter." – „Tut mir leid, aber bei mir heißt es: Alles oder nichts!"

„Schatz", fragt die junge Hausfrau, „kennst du den Unterschied zwischen unseren Betten und unserem Bankkonto?"
„Nein. Was ist er denn?"
„Es gibt keinen! Beide sind sauber überzogen!"

Eine Katze und eine Maus huschen in eine Konditorei. „Ich möchte Erdbeertorte mit Sahne", piepst die Maus. „Und was möchten Sie?" fragt man die Katze.
„Etwas Sahne auf die Maus!"

Beschwerde

Der Gast schimpft mit dem Kellner: „Der Hund dort schaut mir dauernd auf mein Essen!"
Meint der Ober: „Ihr Essen interessiert ihn bestimmt nicht. Sie haben nur seinen Teller!"

Alles paletti

Lehrer: „Nennt mir einen großen Preußen."
Schüler: „Wim Tholker"
„Wie kommst du darauf?"
„Steht doch in jeder Programmzeitschrift 'Wim Thoelke, Der große Preiß'."

Was muß man tun, wenn man in der Wüste eine Schlange sieht?
Hinten anstellen!

Was macht der Storch, wenn er auf einem Bein steht?
Er überlegt sich den nächsten Schritt!

Warum trompeten Elefanten?
Weil sie mit einer Gitarre immer Schwierigkeiten haben!

Das Letzte

„Aber Hans, warum schlägst du denn deinen kleinen Bruder?" fragt die Mutter.
„Muß ich doch! Er hat die Tinte ausgetrunken und will jetzt das Löschpapier nicht essen!"

„Na, Elke, wie sieht denn euer neuer Lehrer aus?"
„Wie ein antiker Wohnzimmertisch:
Leicht gekrümmte Beine und eine große Platte!"

Bullentransport

Ede wird von einem Streifenwagen gestoppt. „Sie haben soeben im Überholverbot überholt!"
„Na und...? Landwirtschaftliche Fahrzeuge darf ich doch überholen..."
„Aber Sie haben ja uns überholt!"
„Wie würden sie denn ein Fahrzeug nennen, das zwei ‚Bullen' transportiert?"

„Warum hast du wieder deine Vokabeln nicht gelernt?"
„Ich war gestern mit Vati in der Sauna..."
„Na und?"
„Alles verschwitzt!"

• • • „Gestern abend habe ich mit Freunden Bach gespielt!" „Oh, dann hoffe ich, du hast Glück gehabt und gewonnen!"

Hilfe, Hilfe! Schnell ein Glas Wasser – die Witze sind zu trocken!

Birnen brachten Berta Blubber beinahe böse Beulen bei, bis Bruder Bruno beherzt beisprang, behufs baldiger Besserung Bertas Blessuren.

Wußtest du schon...
...daß Schiffe beim Einlaufen in einen Hafen nicht kleiner werden?

„Sind diese Blumen künstlich?"
„Natürlich."
„Natürlich?" – „Nein, künstlich."
„Ja, was denn nun: künstlich oder natürlich?"
„Natürlich künstlich!"

Peter sieht zum erstenmal die Ebbe. „Allerhand!" sagt er. „Kaum sind wir hier, haut das Meer ab..."

Fragt der Vater seinen Sohn: „Na, wie ist denn dein Zeugnis ausgefallen?" Antwortet der Steppke: „Nicht schlecht, Vati! Alle müssen die Klasse verlassen, nur mein Vertrag wird verlängert!"

„Na, Ihre Erkältung weg?"
„Leider nein."
„Haben Sie denn meinen Rat nicht befolgt, nach einem heißen Bad eine Kanne Kamillentee zu trinken?"
„Nein – als ich die Badewanne ausgetrunken hatte, bekam ich den Tee einfach nicht mehr runter."

Lieber Knoblauchzehen als Wurstfinger!

Nach dem Einkauf bekommt Heini sein Wechselgeld zurück. Nachdem er es zum viertenmal gezählt hat, fragt die Kassiererin: „Stimmt es etwa nicht?"
„Doch, aber gerade so eben!"

Schüttelreim

Der Micha schafft mit kühner Hacke, platsch – liegt er in der Hühner…!

Auf dem Feld die Vogelscheuche ist gut gegen das Rumgefleuche!

„Aber Herr Zahnarzt, Sie brauchen nicht zu bohren! Ich habe schon ein Loch im Zahn!"

Um den Fastnachtsumzug zu sehn, muß man nicht am Bahnsteig stehn!

In aller Kürze!

Sommer heiß!
Mit Fahrrad ins Schwimmbad!
Ball im Wasser!
Mädchen weint!
Ballrückgabe!
Glück und Freundschaft!

Zwei Maurer unterhalten sich. „Du, Kollege", sagt der eine, „siehst du da oben auf dem Gerüst eine Mücke sitzen?"
„Nein, ich kann nichts erkennen."
„Okay, dann hören wir mit der Arbeit auf. Die Sicht ist zu schlecht."

Ich bin klein,
mein Herz ist rein,
mein Hals ist schmutzig,
ist das nicht putzig?

Der Unteroffizier beim Stubendurchgang: „Donnerwetter, was stinkt denn hier so grausig?" Meldet der Stubenälteste: „Ein Obergefreiter und zehn Kanoniere, Herr Unteroffizier!"

Lehrer: „Nennt mir eine Flüssigkeit, die nicht gefriert!"
Mäxchen: „Heißes Wasser...!"

Ein Ölscheich zum anderen im Autohaus: „Laß mich den Mercedes bezahlen, du hast vorhin schon die Pommes frites spendiert."

Na, aber so was!

Lehrer: „Was könnt ihr euch unter einer Hängebrücke vorstellen?"
Uwe: „Wasser, Herr Lehrer, 'ne Menge Wasser!"

Seerosen nur dann gießen, wenn es schon lange nicht mehr geregnet hat!

Die Frage nicht

Lehrer: „Meine Frage macht dir wohl Schwierigkeiten, wie?"
Schüler: „Überhaupt nicht – nur die Antwort!"

Herr Neureich ist auf Seereise. Da kommt plötzlich seine Frau aufgeregt in die Kabine gestürzt und ruft: „Das Schiff geht unter!" „Reg dich doch nicht so auf", schüttelt Neureich den Kopf, „es ist doch nicht unser Schiff!"

„**Möchten Sie** lieber einen roten oder einen weißen Wein?"
„Egal, Herr Ober, ich bin farbenblind."

Püdelmüdel hat eine neue Methode herausgefunden, um Strom zu sparen: Er benutzt nur noch eine einzige Steckdose!

Fremdsprachen

Ein Engländer und ein Bayer streiten sich wegen der Aussprache. Der Engländer: „Wir schreiben ‚house' und sagen ‚haus'!" Darauf der Bayer: „Das ist noch gar nichts. Wir schreiben ‚wie bitte' und sagen ‚ha'!"

Auweia!

Der Friseur fragt seinen Kunden: „Hatten Sie nicht eine rote Krawatte an?"
Meint der Kunde: „Nein, bestimmt nicht!"
Da wird der Friseur ganz kleinlaut. „Ähem – k-könnten Sie mal nachsehen, ob Ihre Zunge noch...?"

„Nun, mein Herr, wie fanden Sie das Schnitzel?"
„Das war ganz leicht. Ich habe eine Bratkartoffel beiseite geschoben, darunter lag es."

„Welche Südfrüchte kennt ihr?" fragt der Lehrer.
„Apfelsinen."
„Zitronen."
„Richtig!" lobt der Lehrer. Da meldet sich Kniggendigge junior und ruft: „Ohrfeigen, Herr Lehrer...!"

Ein Betrunkener tastet nachts auf der Straße alle Autodächer ab. Er lallt: „Wo issen mein Auto? Wo isses denn?"
Fragt ihn ein Passant: „Sie suchen Ihr Auto? Na, so werden Sie es wohl nie finden!"
Meint der Betrunkene: „Denkste, Mann! Ich hab' nämlich oben ein Blaulicht dran, hicks!"

Nach sechs Jahren läßt ein besonders langsamer Berner die Ausleihfrist für ein Buch verlängern. Titel des Buches: „Wie lerne ich schneller lesen?"

Ein Mann kommt zu einem Fotografen und fragt: „Können Sie jedes Bild bis zur natürlichen Größe vergrößern?" – „Ja, freilich!" – „Gut, ich hätte da eine Aufnahme von der Insel Helgoland...!"

Sichtbar in Gedanken versunken steht ein Junge auf einer Wiese und starrt in die immer stärker werdende Glut jenseits des Berges. Ein Mann, der vorbeikommt, beobachtet den Jungen und spricht ihn schließlich an: „Nicht wahr, ein herrliches Bild...!"
„Aber ja!" sagt der Junge ganz hingerissen, ohne den Blick von dem feuerroten Himmel losreißen zu können.
„Ich glaube, mein Junge", meint der Mann, „in dir steckt ein Dichter. Du liebst wohl die Natur? Sicher stehst du oft hier und betrachtest diesen herrlichen Sonnenuntergang...!"
„Sonnenuntergang?" wundert sich der Kleine. „Aber hören Sie mal! Das ist kein Sonnenuntergang, das ist unsere Schule, die abbrennt!"

Der kleine Fritz besucht zum erstenmal einen Bauernhof. Als er durch den Stall geführt wird, fragt er: „Was ist denn das dort für ein Tier?"
„Eine Kuh."
„Und was hat sie auf dem Kopf?"
„Zwei Hörner."
In diesem Augenblick brüllt die Kuh, und Fritz fragt: „Durch welches Horn hat sie eben getutet?"

Schüttelreime

Vor Angst ließ er in Sachsenhausen den Koffer und die Haxen sausen.

Es gibt doch oft der Kindermund gar Lustiges durch Münder kund!

Fritz: „Wie geht's dir, alter Junge?"
Uli: „Rostfrei!"
Fritz: „Wieso rostfrei?"
Uli: „Immer glänzend!"

Zu spät...

Professor beim Examen: „Welche Dosis dieses Präparates geben Sie dem Patienten?"
Kandidat: „Einen Eßlöffel voll!"
Peinliches Schweigen.
Kandidat: „Ich möchte meine Antwort korrigieren!"
Professor: „Tut mir leid, Ihr Patient ist seit vierzig Sekunden tot!"

Froschschenkel

„Herr Ober!" ruft die Dame. „Haben Sie Froschschenkel?"
„Gewiß, meine Dame!"
„Na, dann hüpfen Sie mal schnell zur Theke, und bringen Sie mir Salz und Pfeffer!"

Fax will in einem kleinen Hotel übernachten. „Was kostet es eigentlich, wenn ich eine Woche bleibe?" will er wissen. „Keine Ahnung", antwortet der Empfangschef, „so lange hat's noch keiner bei uns ausgehalten!"

Deutsche Sprache – schwere Sprache!

Leute, die alles fad finden, nennt man „Fadfinder"!

Festessen bei Neureichs. Letzte Anweisung der Hausherrin an das Dienstmädchen: „Das Spanferkel servieren Sie bitte mit einer Scheibe Zitrone im Maul und zwei Petersiliensträußchen in den Nasenlöchern!" „Sehe ich so nicht ziemlich lächerlich aus?" fragt das Dienstmädchen unsicher zurück.

Ein kleiner Junge steht am Straßenrand und heult. Da kommt eine Frau vorbei und fragt ihn, was denn passiert sei. Da meint der Junge: „Ich stehe schon eine Viertelstunde hier, und es ist noch kein Auto gekommen!" Die Frau schüttelt den Kopf und antwortet ihm: „Aber deswegen brauchst du doch nicht zu weinen!" — „Ich will aber auf die andere Seite, und meine Mama hat gesagt, daß ich erst über die Straße gehen darf, wenn das Auto vorbeigefahren ist!"

Wußten Sie schon...

...daß man nicht aus der Haut fahren soll, wenn man kein Rückgrat hat?

...daß manche Ehefrau sogar aus einem Lumpen noch einen Waschlappen machen kann?

...daß für Liebende die beste Bankverbindung eine Bank im Park ist?

...daß es zwei Arten von Egoisten gibt: die, die es offen zugeben, und der Rest von uns.

Stolzer Onkel

Fragt Peppino seinen italienischen Onkel: „Stimmt es, daß du ein Superschwimmer bist?"

„Und ob! Schließlich habe ich zehn Jahre in Venedig als Laufbursche gearbeitet!"

Auf den ersten Januar folgt meist noch der Rest vom Jahr!

Übrigens...

Seltene Menschen werden immer rarer!

„Herr Ober! In meinem Wein schwimmt ein weißes Haar!"
„Da sehen Sie mal, daß es wirklich ein alter Jahrgang ist...!"

In einer Münchener Volksschule wird die Geschichte vom verlorenen Sohn besprochen. Gefragt, was der Vater seinen Knechten befohlen habe, als der Sohn heimkehrte, antwortete ein siebenjähriges Bürschchen: „Zapft a mal glei frisch o!"

Und dann war da noch der Zoowärter, der sich mit dem Kakadu nicht anfreunden konnte. Immer noch war er mit ihm Kakasie...

Sommerfrische

Die Familie ist in der Sommerfrische. Paulchen ist unartig und soll in den Hühnerstall eingesperrt werden. Weinend ruft er: „Von mir aus könnt ihr mich einsperren, aber eines sage ich euch gleich: Eier legen tue ich nicht!"

Klasse Ausrede!

„Mäxchen, du kommst ja wieder zu spät!" – „Ja, Herr Lehrer. Aber Sie sagen ja immer: Zum Lernen ist es nie zu spät!"

Vater: „Kurtchen, ich muß schon sagen, du benimmst dich wie ein Ferkel." Kurtchen schweigt.
Vater: „Du weißt doch, was ein Ferkel ist?"
„Ja, Papa, das Kind von einem Schwein!"

Winklers schauen sich die Neubauwohnung an. „Oh, sieh mal, die schönen Einbauschränke", sagt Frau Winkler zu ihrem Mann. „Das sind keine Einbauschränke, das sind die Kinderzimmer", antwortet der Makler.

„Warum sind denn deine Hosenbeine an den Knien so zerknittert?" fragt die Mutter ihren Sohn. „Das kommt vom Sitzen, Mama." „Aber du sitzt doch nicht auf den Knien." „Nein, ich nicht, aber meine Freundin."

Der Doktor sagt zu Muckelmann: „Behalten Sie die Rückenverletzung im Auge, und schauen Sie in einer Woche wieder vorbei!" Muckelmann bedankt sich und geht. Schon zwei Tage später ist er wieder in der Arztpraxis. „Herr Doktor, ich halte das einfach nicht aus! Immer den Kopf nach hinten und auf den Rücken schauen, das ist einfach zuviel verlangt!"

Peterchen war mit der Oma im Zoo. Hinterher fragt die Mutti: „Was hast du denn für interessante Tiere gesehen?" „Einen Leoparden, einen Affen, ein Krokodil, ein Zebra..." „Und keinen Elefanten?" „Doch, Elefanten auch. Aber das sind ganz dumme Tiere." „Warum denn?" „Ich habe ihnen Brötchen hingehalten. Sie nahmen es mit dem Schwanz und steckten es in den Popo."

Fällt der Regen auf das Gras, dann wird es dabei meistens naß!

„Ich bin gegen einen Baum gefahren!" gesteht Püsemzügel dem Mechaniker. Dieser geht einige Male um das Auto herum und fragt dann: „Wie oft denn?"

Ist ein Bauer beim Ausmisten, tut er das für die Touristen!

Der kleine Martin soll seine Hafergrütze essen, und die Mutter sagt zur Begründung: „Damit du groß und stark wirst!"
„Gut, Mutti, dann esse ich sie. Aber morgen, wenn ich groß und stark bin, möchte ich niemandem empfehlen, mir diesen ekelhaften Brei vorzusetzen."

Der Bankier sagt zu seinem Sohn: „Für jede Zwei in einer Klassenarbeit bekommst du zehn Mark."
Sagt der Sohn am nächsten Tag zu seiner Lehrerin:
„Wollen Sie sich ab und zu mal fünf Mark verdienen, so nebenbei...?"

Klein Erika ist sehr neugierig und fragt ihre Mutter: „Warum hat Tante Rosel so rot angemalte Zehen?"
Antwortet die Mutter: „Damit Onkel Norbert nicht drauftritt!"

„Hans-Rüdiger", fragt der Lehrer den Erstkläßler, „wieviel ist zwölf und sechs?" — „Achtzehn, Herr Lehrer!" — „Recht gut, Hans-Rüdiger!" — „Was heißt hier ,recht gut'? Das war schlechthin perfekt, Herr Lehrer!"

„Stimmt es, daß Indianer auf dem Kriegspfad einem nichts tun, wenn man eine Fackel in der Hand trägt?"
„Ja, schon! Kommt nur drauf an, wie schnell man die Fackel trägt...!"

Warum haben Ostfriesen beim Fernsehen immer Spaten und Schaufel in der Hand?

Damit sie immer, wenn ein Kanal ausfällt, sofort einen anderen graben können.

„Was ist Hygiene, Michel?"
„Wenn man sich öfter als nötig wäscht...!"

Sagt eine Spatzenfrau zur Nachbarin: „Ich laß mich scheiden, mein Mann hat eine Meise!"

Merke: Kein Schneemann erlebt einen zweiten Frühling!

Die Überstunden eines Schülers sind das Nachsitzen!

Fragen, Fragen, nichts als Fragen!

Wozu hat der Mensch den Magen?
(Damit ihm die Hosen nicht rutschen!)

Warum ist der Mond nicht bewohnt?
(Weil es bei Halbmond ein unverstellbares Gedränge gäbe!)

Was macht ein Schotte, wenn ihm der Hemdkragen zu eng wird?
(Er läßt sich die Mandeln herausnehmen!)

Welcher Vogel bleibt sein Leben lang Junggeselle?
(Der Wasserhahn, denn es gibt noch keine Wasserhennen!)

Zwei Patienten unterhalten sich über die Ärzte. „Finden Sie nicht auch", meint der eine, „daß die Ärzte ihre Rezepte deutlich schreiben sollten?" „Das finde ich nicht", meint der andere. „Mit dem Rezept, das mir der Arzt vor zwei Jahren gab, bin ich ein Jahr kostenlos ins Museum gegangen, ein Jahr mit der Eisenbahn gefahren, und jetzt bekomme ich auch noch Rente!"

Bröselhuber kauft sich eine Flasche Limo, trinkt sie aus, zerkaut schließlich noch das Flaschenglas und wirft den Verschluß weg. Meint ein Passant, der das gesehen hat: „Sie sind ja verrückt! Der Deckel ist doch das beste…!"

„Warum heißt diese Straße ‚Waldweg'? Hier ist doch gar kein Wald!"
„Eben deshalb heißt sie so, weil der Wald weg ist…!"

Das dunkelste Kino ist besser als das hellste Klassenzimmer!

Was ist das? Es kommt einmal in der Minute, im Moment zweimal, keinmal im Augenblick!

Bei Grün geht's los

Die Oma nahm den kleinen Peter mit in die Kirche zum stillen Gebet. Mit der Zeit langweilte sich Peter. Er zeigte auf die Ewig-Licht-Lampe und meinte: „Aber gell, Oma, wenn „Grün" kommt, gehen wir!"

Onkel Knauser kommt in ein Hotel und fragt den Portier nach einem Zimmer. Der antwortet: „Wir haben nur noch Zimmer mit Meerblick, aber die kosten zwanzig Mark Zuschlag!" „Und wenn ich verspreche, die Rolläden fest geschlossen zu halten...!?"

Auf dem Bahnsteig. Ein Reisender murrt: „So ein Saftladen! Jetzt hat der Zug nach Buxtehude schon zwei Stunden Verspätung...!" Der Schaffner beruhigt ihn: „Keine Angst! Ihre Fahrkarte ist vier Tage gültig!"

Lehrerwitz

„Was starrst du mich so an, Kläuschen?" fragt die ältliche Lehrerin. „Ich überlege, ob Sie wirklich zum schönen Geschlecht gehören."

Ein Kleinwagen hält, und der Fahrer ruft den Tankwart: "Ich möchte einen Liter Benzin und einen Zehntelliter Öl, bitte!" – "Aber mit Vergnügen, mein Herr, soll ich ihnen vielleicht noch kurz in den Reifen husten?"

Egon bewirbt sich bei der Polizei. Der Personalchef fragt ihn: "Wie haben Sie sich denn Ihre Laufbahn bei uns vorgestellt?"
"Ich habe gedacht, daß ich als Polizeipräsident anfange..."
"Ja, sind Sie denn total verrückt?"
"Ne! Ist das Bedingung?"

Tina soll den Salzstreuer nachfüllen. Sie kommt und kommt nicht wieder ins Eßzimmer zurück. Schließlich geht die Mutter kopfschüttelnd in die Küche und fragt: "Tina, was machst du denn so lange?"
Tina ist entrüstet. "Was meinst du, wie schwer es ist, das Salz durch die kleinen Löcher zu kriegen!"

"Jetzt geht's rund!" sagte die Fliege, als sie in den Ventilator flog!

Gegenfrage

Ein Bettler steht an der Tür. "Sie sind doch ein rüstiger junger Mann!" sagt die Hausfrau. "Warum arbeiten Sie nicht?"
Sagt der Bettler: "Sie sind ja auch jung und sehen gut aus. Warum sind Sie nicht Fernsehansagerin?"

Sagt ein Mofa zum anderen: "Mensch, siehst du gut aus!" Verkündet das andere hochnäsig: "Ist ja auch kein Wunder! Ich bin gestern frisiert worden...!"

Fritzchen hat ein dickes Buch geschenkt bekommen. Ungläubig schaut er das Geschenk an und fragt dann leise seine Mutter: „Was ist denn das?"
„Das ist ein berühmter Roman. Daraus werden Filme fürs Fernsehen gemacht."

Kleines Mißverständnis

„Man soll Tiere nicht küssen, es könnten Krankheiten entstehen. Wer von euch weiß ein Beispiel?" fragt die Lehrerin.
Peter meldet sich: „Ich weiß eines. Meine Tante hatte einen Hund, den hat sie immer geküßt."
„Ja, und was war die Folge?"
„Der Hund ist gestorben."

Ein Mann kommt zur Polizei und meldet den Diebstahl seines Wagens. „Ich habe den Dieb sogar noch wegfahren sehen!" berichtet er aufgeregt.
„Haben Sie ihn denn erkannt?" fragt der Polizist.
„Das nicht," meint der Mann, „aber ich hatte gerade noch Zeit, mir die Autonummer zu notieren!"

Eine elegante Dame kommt zu Besuch – alles ganz vornehm. Da sieht die Gnädigste entsetzt den dreckigen Jüngsten.
„Sag mal, wascht ihr euch denn nicht?"
Sagt der Kleine: „Nee, wieso denn? Wir erkennen uns an der Stimme."

Was ist acht Zentimeter lang, schwarzbraun und über 200 km/h schnell?
Ein Maulwurf GTI...

Herr Miesmuffel hat sich vom Arzt untersuchen lassen. Der meint abschließend: „Ich rate Ihnen, jeden Tag eine halbe Stunde spazierenzugehen...!"
„Vor oder nach der Arbeit?"
„Was sind Sie denn von Beruf?"
„Briefträger!"

„Klaus, jetzt bist du schon zum fünftenmal in dieser Woche zu spät zur Schule gekommen. Was sagst du dazu?"
„Was soll ich schon dazu sagen, Herr Lehrer? Wenn Sie sich nicht verrechnet haben, müßte demnach heute Freitag sein."

Der kleine Dieter sagt zu seinem Vater:
„Du, Papa, kannst du auch mit geschlossenen Augen deinen Namen schreiben?"
„Freilich, mein Sohn! Warum willst du das wissen?"
„Bitte, Papa, mache einmal deine Augen zu, und unterschreibe mein Schulzeugnis!"

Wa-wie-wo?

„Schau mal, Vati, da steht 'ne Woge!"
„Das heißt nicht Woge, sondern Waage."
„Darf ich mich mal wagen?"
„Das heißt nicht wagen, sondern wiegen."
„So, Vati, jetzt hab' ich mich gewiegt!"
„Das heißt nicht gewiegt, sondern gewogen."
„Siehste, Vati – doch 'ne Woge!"

Ein Witz kommt selten allein

„Dieser Schuh paßt! Warum haben Sie ihn nicht gleich gebracht?" sagt die kurzsichtige Kundin.
Die Verkäuferin: „Meine liebe Dame, darf ich Sie darauf aufmerksam machen, daß Sie gerade den Karton anprobieren!"

Beschwert sich ein Gast beim Ober: „Warum halten Sie Ihren fettigen Finger auf mein Schnitzel?"
Darauf der Ober:
„Ich will nur nicht, daß es mir noch mal in den Dreck fällt!"

Den Lehrer hat es viel Mühe gekostet, Heinerle im Laufe der Jahre das Nötigste im Lesen, Schreiben und Rechnen beizubringen. Als der Junge die Dorfschule verläßt, sagt der Lehrer zu ihm: „Ja, ja, Heiner, wenn ich nicht wäre, wärst du das größte Rindvieh auf Gottes weiter Erde!"

**Bäume erkennt man an ihren Früchten.
Familien an ihren Früchtchen.**

„Tiere, die schlecht sehen, hören dafür um so besser, wie beispielsweise der Maulwurf. Auf diese Weise sorgt", erklärt der Lehrer, „die Natur immer für einen Ausgleich.
Wer von euch kann mir noch ein Beispiel nennen?"
„Ich! – Meine Tante hat ein kurzes Bein – dafür ist das andere um so länger!"

Anwalt: „Haben Sie denn nun den Bankraub begangen?" –
„Nein." – „Hm. Sagen Sie mal, wovon wollen Sie mich denn bezahlen?"

Wetterregel Hast du Löcher in den Socken, bleibt's am Wochenende trocken.

Der Gefängniswärter läßt die Sträflinge im Hof antreten und meint: „Ich habe für euch eine gute und eine schlechte Nachricht. Zuerst die schlechte: Ihr müßt 500 Säcke mit Sand füllen. Und nun die gute: Es ist genügend Sand da!"

„Herr Ober, ist die Rinderzunge auch frisch?"
„Aber sicher, mein Herr, mit der können Sie sich sogar noch unterhalten…"

„Herr Ober, bitte ein Bier und einen Wischlappen", sagte das Skelett und sortierte seine Knochen auf dem Barhocker.

Die Polizeistreife stoppt den Autofahrer: „Was ist denn mit Ihrem Rücklicht los?" Der Fahrer steigt aus, geht um sein Auto herum, wird kreidebleich und sinkt fassungslos auf die Knie. „Kein Grund zur Panik. Ich will doch nur wissen, was mit Ihrem Rücklicht los ist", beruhigt der Polizist den immer noch fassungslosen Fahrer. „Was scheren mich die Rücklichter!" ruft der Mann verzweifelt. „Wo um alles in der Welt ist mein Wohnwagen?"

* * *

„Na, Hops, wie bist du denn mit deinem neuen Kleinwagen zufrieden?" fragt Onkel Fax.
„Ach, gut", meint Hops. „Nur hätte ich eine andere Farbe als Knallgelb nehmen sollen. Wenn ich das Fenster einen Spalt offenlasse, dann werfen die Leute immer ihre Briefe hinein!"

* * *

Im Zug. Der Schaffner: „Gleich kommt ein Tunnel. Schließen Sie bitte die Fenster!" Lupo: „Auf welcher Seite?"

„Morgen wird die Klasse geimpft", erklärt der Lehrer. „Daß mir jeder mit anständig gewaschenem Arm kommt!" Frage aus der hintersten Reihe: „Links oder rechts?"

Ein Bauer erwischt zwei Jungen im Kirschbaum. „He, ihr da!" schreit er. „Ihr klaut wohl meine Kirschen?" „Nein", sagt einer der Buben, „wir hängen sie auf...!"

Es stand an der Tafel:

Weg mit der Schultafelkreide!

Schützt die letzten Kreidefelsen!

„Karlchen, welche drei Worte hört man am häufigsten in der Schule?" — „Ich weiß nicht." — „Richtig!"

Hübeldüdel erzählt seinem Freund Rüdelmüdel: „Heute kann ich mit einem ganzen Tierpark aufwarten!" „Wieso denn?" „Gestern habe ich Schafkopf gespielt, dabei Schwein gehabt, Bock getrunken, einen Spitz erwischt, einen Affen nach Hause gebracht, und nun habe ich einen Mordskater...!"

Müller ohne „h"

Der Klassenlehrer fragt den neuen Schüler: „Wie heißt du?" „Müller – aber ohne h!" „Aber Müller schreibt man doch immer ohne h", wundert sich der Lehrer. „Na eben, sag' ich doch...", grinst Müller.

Paradox ist,

wenn man den Geburtstag des eigenen Zwillingsbruders vergißt!

„Nein, nein, *ihr* fehlt nichts...

...aber meinem Kroki geht's nicht so gut...!"

„Angeklagter, warum müssen Sie denn immer wieder rückfällig werden?"
„Das ist krankhaft, Herr Richter. Jedesmal, wenn ich einen Tresor sehe, bekomme ich einen Brechreiz."

Sagt der Richter zum Angeklagten: „Hatten Sie bei Ihrem Einbruch einen Genossen?"
„Nein, ich war stocknüchtern!"

Der Tourist fragt in Paris nach dem Eiffelturm.
„Gehen Sie diese Straße entlang, dann zweimal rechts, und schon sind Sie da! Sie können ihn gar nicht verfehlen, direkt daneben ist eine Würstchenbude!"

Sauberkeit ist alles...

Eine Großfamilie. Die Mutter hat ihre acht Kinder versammelt. „So kommt mir keiner von euch an den Frühstückstisch! Erst wird sich gewaschen und dann die Wäsche gewechselt. Hein wechselt mit Gustav, Dieter mit Helmut, Elke mit Simone und Klara mit Susi. Ist das klar?"

„**Angeklagter,** warum haben Sie den wertvollen Füllfederhalter gestohlen?"
„Ich wollte einen Strich unter meine Vergangenheit ziehen, Herr Richter!"

Der Ringrichter zählt: „Eins... zwei... drei..."
„Paß auf!" flüstert der Betreuer seinem am Boden liegenden Kämpfer zu. „Vor acht stehst du nicht auf..."
„Geht in Ordnung! Und wie spät ist es jetzt!"

Klein Fritz: „Einer meiner Klassenkameraden hat behauptet, ich sähe dir ähnlich, Papa!"
„Und was hast du dazu gesagt?"
„Gar nichts, Papa. Der Bursche ist bedeutend größer und stärker als ich!"

Herr Maier trifft unterwegs seinen Doktor. „Na, Herr Maier, Sie sehen ja wieder richtig gesund aus!" — „Tja", sagt Herr Maier, „ich habe mich ja auch genau an die Anweisung auf der Medizinflasche gehalten!" — „Sehen Sie", sagt der Doktor, „was stand denn drauf?" — „Flasche fest verschlossen halten!"

Es war einmal ein Hund,
und der gab kund,
daß er ziehe aus
aus dem Haus,
das jahrelang war sein Heim.
(Mensch, war das 'n Reim!)

Kundin: „Den Papagei da hinten...", sie zeigt auf einen Graupapagei, „...den würde ich gerne kaufen. Wieviel kostet er denn?"
Verkäufer: „Da misch' ich mich nicht ein. Das müssen Sie mit ihm abmachen..."

Noch 'n Gedicht

In Frankfurt auf der Messe
ein Herr zum and'ren spricht:
„Sie haben so was Himmlisches
in Ihrem Angesicht..."
Der and're sagte freundlich,
„Das kann schon möglich sein,
in Mannheim schrie der Schaffner:
,Herrgott – nun steig'n Se ein!"

„Brauchst du eine Taschenlampe?"
„Nein, danke! Ich finde mich in meiner Tasche auch so zurecht!"

Ein Lehrer in der Schule,
der sprach von dies und das:
„Zum Laufen sind die Füße,
zum Riechen ist die Nas'."
Da sprach das kleine Kläuschen:
„Herr Lehrer, das ist mies,
meinem Bruder läuft die Nase,
und riechen tun die Füß'!"

Kommt ein Cowboy zum Verleger und will ein Buch veröffentlichen. Titel: „Der lange Ritt nach Cimarron". Der Verleger liest die erste Seite: „Vor ihm endlose Steppe. Er ritt und ritt... tagadapp, tagadapp, tagadapp..."Zweite Seite: „Tagadapp, tagadapp, tagadapp..." Dritte Seite: „Tagadapp, tagadapp, tagadapp..." Hundertste und letzte Seite: „Tagadapp, tagadapp, tagadapp... hü, Cimarron!"

„August!" albert Augusta!

Aber am achten August achtet Augusta angstvoll August! Am Abend adelt Adelheid August, Augusta, aber auch alle anderen.

Anfangs arbeitete Alfons astrein, aber acht Arbeitstage anschließend: alles aus!

Jeden Morgen kommen einige Schüler zu spät zum Unterricht. Der Lehrer möchte zuerst versuchen, diese Unart abzustellen, ohne gleich zu strafen. Er fragt die Schüler deshalb: „Was können wir tun, um zu erreichen, daß alle Schüler pünktlich beim Klingelzeichen an ihren Plätzen sitzen?" Antwort aus der letzten Reihe: „Den klingeln lassen, der zuletzt kommt...!"

Wer im Juni nie sieht Käfer, ist gewiß ein alter Schläfer!

Rettet die Purzelbäume!

Ein Schwerverbrecher ist aus dem Gefängnis entflohen. Die Polizei hat Fotos von ihm angefertigt, die den Gangster von allen vier Seiten zeigen, und diese Fotos an alle Polizeistationen Deutschlands verschickt. Wenige Tage später kommt ein Anruf aus Ostfriesland: „Alle vier Flüchtigen wurden gestellt und auf der Flucht erschossen, weil sie sich der Festnahme widersetzten..."

Hugo Dösendattel erkundigt sich bei seinem Versicherungsvertreter über eine Diebstahlsversicherung für sein neues Auto. Der Agent antwortet: „Natürlich können Sie Ihr Auto gegen Diebstahl versichern, aber nur in Verbindung mit einer Versicherung gegen Feuer!" — „Komisch", meint Hugo da, „wie sollte jemand auf die Idee kommen, ein brennendes Auto zu stehlen!?"

Streiche spielt der freche Fritz und meint, der Lehrer merkt davon nix, die Quittung kommt mit schlechten Noten und vom Vater eins auf den Hosenboden!

Ein Gast bestellt gemischten Salat. Zu seinem Entsetzen entdeckt er darin zwei tote Fliegen. „Wie erklären Sie sich das?" herrscht er den Kellner an. „Tja", grübelt der, „es wird ein Liebespaar gewesen sein, das zusammen den Freitod gewählt hat!"

Schotte in der Bäckerei: „Bitte zwei Hörnchen von gestern zum halben Preis! Und wenn möglich, bitte in die Zeitung von heute einpacken!"

"Mama, darf ich mir die Sonnenfinsternis ansehen?"
"Ja, aber gehe nicht so dicht heran!"

Vier Mäuse leben in einer Wohngemeinschaft. Kommt die eine aufgeregt ins Wohnzimmer gerannt. "Wer hat meine Kartoffeln gegessen?"
Die zweite kommt herein und schreit: "Wer hat meinen Whisky getrunken?"
Die dritte kommt und ruft: "Wer hat meinen Plattenspieler benutzt?"
Nach kurzer Zeit wankt die vierte Maus ins Zimmer: "Schmatz, rülps, tscha, tscha, tscha!"

Vater Knolle sah sich zusammen mit seiner Tochter Tierfotos an. Es war auch eins von einem Truthahn dabei. Er fragte die kleine Tochter, ob sie wisse, wie die Frau des Truthahns heiße. "Klar", meinte das Mädchen, "die heißt Trudchen."

Professor in der Prüfung: "Können Sie mir für irgendein Jahr den Stahlexport der USA angeben?"
"Student: Klar! Er war gleich Null im Jahr 1316!"

Bedenkzeit

Schwatzke übernachtet im Hotel. "Wann wollen Sie denn geweckt werden?" fragt der Portier.
"Weiß ich noch nicht. Ich sag's Ihnen morgen früh."

Tatsache bleibt Tatsache

Lehrer sind Menschen, die von der Unwissenheit ihrer jüngeren Mitmenschen leben!

Zu spät...

Peter zum Lehrer: „Herr Lehrer, ich muß mal!"
Der Lehrer: „Jetzt nicht! Reiß dich zusammen!"
Kurze Zeit später: „Herr Lehrer, ich muß wirklich dringend mal!"
Lehrer: „Die fünf Minuten wirst du noch warten können!"
Wenig später sieht der Lehrer, wie sich unter dem Tisch ein kleines Bächlein bildet. „Sofort raus! Aber sofort raus mit dir!"
Meint Peter: „Danke, danke! Die drei Minuten bis zur Pause steh' ich auch noch durch!"

Ein Schwein hat sich auf dem Hof verlaufen und kommt in die Räucherkammer. Es wirft einen Blick hinein und murmelt kopfschüttelnd: „Es ist wirklich eine Schande, wie sie Großvater zugerichtet haben!"

✳

„Achtung Mücken
Die Gelegenheit
Kostenlose Besichtigung einer Kröte von innen!"

„Vati, Franz muß die Klasse wiederholen. Er ist sitzengeblieben." „Das wundert mich gar nicht! Das hat er von seinem Vater. Der ist der größte Esel, den ich kenne." „Vati – ich bin auch sitzengeblieben...!"

✳

Wenn in einer Zeitung eine Falschmeldung steht, nennt man das eine „Ente". Und wie nennt man dann eine Falschmeldung in einer chinesischen Zeitung? Ist doch ganz einfach: „Peking-Ente".

Unterhaltung zwischen zwei Eheleuten:
„Karl, ich möchte einkaufen gehen. Kannst du mir einen Fünfziger in fünf Zwanziger wechseln?"

„Haben Sie schon gehört, mein Junge hat gestern im Wettrennen den ersten Preis gewonnen!" erzählt die Mutter stolz der Nachbarin. „Das kann doch gar nicht sein! Mein Junge erzählte doch, daß Ihr Sohn Dritter gewesen sei!" — „Stimmt aber trotzdem, er hat vorher noch nie einen Preis gewonnen!"

Knox geht mit seinem neuen Hund spazieren. Er trifft einen Kollegen, ebenfalls stolzer Hundebesitzer.
„Na, wie geht's denn vorwärts mit der Dressur?" fragt dieser.
„Wunderbar!" erwidert Knox. „Mein Fiffi kann schon die Zeitung lesen!"
„Weiß ich, hat mir mein Struppi gestern erzählt!"

Der Pfarrer macht mit den Kindergartenkindern eine Kirchenführung. Sie kommen zur Orgel, und der Pfarrer fragt: „Wer von euch weiß, was die weißen und die schwarzen Tasten am Orgeltisch bedeuten?" Sabine erklärt: „Die weißen Tasten sind für Hochzeiten und die schwarzen für Beerdigungen!"

Knox braucht einen Diener. Ein Stotterer bewirbt sich um die Stelle. „Wie heißen Sie?" fragt ihn Knox. „Pe-Pe-Pe-Peter!" „Das ist mir zu lang, ich nenne Sie einfach Peter!"

„Sind die Nachbarn hier nett?" — „Nett schon, aber wenn einer mal pünktlich die Miete zahlt, kommt sofort die Polizei und fragt, woher er das Geld hat!"

Ein Bauer stellt als Ferienhilfe einen Studenten zum Kühemelken ein. Eines Morgens sieht er, wie der Student die Kuh zwingt, die eigene Milch zu saufen.
„Was in Gottes Namen machen Sie denn da?" schreit der Bauer.
„Ich dachte, die Milch sieht ein bißchen dünn aus und wollte sie gerade noch einmal durchlaufen lassen."

Frau Knolle vermißt ihren Ehemann. Auf dem Polizeirevier wird sie gefragt: „Hat Ihr Mann besondere Kennzeichen?" „Nein, die hat er nicht! Aber die bekommt er, wenn er wieder nach Hause kommt!"

„Was gibt's denn da?" erkundigt sich ein Besucher bei dem weit über die Löwengrube gebeugten Zoowärter. Der antwortet: „Beugen Sie sich ganz weit über das Gehege, dann sehen Sie's auch! Ja, so... weiter, noch weiter!" Dann meint der Wärter zum Löwen: „So, das muß aber für heute reichen!"

„Hast du schon gehört, Hans, die Polizei sucht einen großen, breitschultrigen, schwarzhaarigen Mann von etwa fünfunddreißig Jahren, der jede Woche ein Schmuckgeschäft heimsucht...!"
„Meinst du, ich soll mich mal bewerben?"

Manche Menschen sind schön, manche dumm und manche schön dumm.

Ganz schön teuflisch!

Kommt ein Mann in die Hölle. Fragt der Teufel: „Willst du in Hölle eins, zwei oder drei?"
Sagt der Mann: „Das will ich mir vorher erst einmal anschauen."
„Gut", sagt der Teufel. „Das ist Hölle eins."
Der Mann sieht, wie die Gefangenen in einer übelriechenden Flüssigkeit stehen. Die Brühe geht bis zum Nabel hoch. „Jetzt möchte ich auch noch die beiden anderen Höllen sehen!"
Der Teufel zeigt ihm Hölle zwei. Dort geht die übelriechende Flüssigkeit bis zum Hals. Dann kommen sie zu Hölle drei. Dort geht die Flüssigkeit nur bis zu den Oberschenkeln. Darauf sagt der Mann: „Ich will in Hölle drei!"
Der Teufel: „Ehrenwort?"
Mann: „Ja!"
Nach einer Weile steht der Mann in Hölle drei. Plötzlich ertönt ein Lautsprecher: „Die Stehpause ist beendet. Bitte wieder hinlegen!"

Wir beugen den Siebenschläfer:

Ich sieb 'n Schläfer.
Du siebst 'n Schläfer.
Er siebt 'n Schläfer.
Sie siebt 'n Schläfer.
Es siebt 'n Schläfer.
Wir sieben 'n Schläfer.
Ihr siebt 'n Schläfer.
Sie sieben 'n Schläfer.

●●●●●●●●●●●●●●●

Der Lehrer bei der Zeugnisausgabe:
„Peter, ich fürchte, dein Vater kriegt graue Haare, wenn er dein Zeugnis sieht."
„Da wird er sich aber freuen, wo er doch schon so lange eine Glatze hat!"

Brösel beschwert sich beim Elektriker:
„Seit vier Wochen bitte ich Sie nun schon darum, einmal vorbeizukommen, um die Klingel zu reparieren, aber Sie kommen nicht...!"
„Das ist ja gar nicht wahr! Gestern war ich bei Ihnen und habe geklingelt und geklingelt, doch keiner hat aufgemacht...!"

Gut gemeint

„Der D-Zug kommt in fünf Minuten", sagt der Bahnhofsvorsteher, „der Personenzug erst in zwei Stunden. Trotzdem würde ich Ihnen den Personenzug empfehlen. Der hält hier!"

Wir fordern: Schultüten statt Schultafeln!

Eine Frau zu ihrem Mann, der das Fußballspiel im Fernsehen verfolgt: „Liebling, ich steige jetzt auf die Leiter, um die Zimmerdecke zu streichen. Falls ich herunterfallen sollte, dann bestelle bitte in der Halbzeitpause den Krankenwagen...!"

Hat der Lehrer einmal frei, fährt er nicht gleich nach Hawaii, viel lieber fährt er nach Athen, um lauter Ruinen anzusehn!

Fragt der Herr Lehrer: „Wenn die Wanduhr dreizehn schlägt, Peter, was haben wir dann?"
„Dann haben wir eine kaputte Uhr!"

Der Schuldirektor betritt überraschend das Klassenzimmer und sieht den Klassenlehrer schlafend am Tisch. „Na, Herr Itzenplitz, wie lange sind Sie nun schon bei uns?" „Schon drei Tage, Herr Direktor", antwortet Lehrer Itzenplitz stolz. Meint der Direx: „Alle Achtung! Sie haben sich wirklich schnell eingearbeitet!"

Der Kommissar verhört einen Mann, der im Restaurant einen Regenschirm entwendet haben soll. „Sie haben einen besonders feinen Mantel an. Warum aber tragen Sie so schäbige Hosen?"

„Ihr wart doch gestern im Kino! Habt ihr euch gut unterhalten?"
„Zuerst schon, doch dann haben sich die Nachbarn beschwert…!"

„Können Sie mir sagen", antwortet der Beschuldigte, „wie ich im Restaurant zu 'ner neuen Hose kommen soll?"

Topfit

„Mein Opa ist schon neunzig Jahre alt, aber jeden Morgen steht er schon um sechs Uhr auf und joggt seine drei Kilometer!"
„Sagenhafte Leistung! Und womit verbringt er seinen Nachmittag?"
„Da ist er gerade beim Endspurt!"

Ich schau' Fenster!
Du schaust Fenster!
Er schaut Fenster!
Wir schauen Fenster!
Ihr schaut Fenster!
Sie schauen Fenster!

Ritter Franz lebte im Süden,
doch war er damit nicht zufrieden.
So tauschte er mit Ritter Krol
und lebt fortan im Eis am Pol!

Merke:

Nicht nur Glas ist durchsichtig, auch so manches Schlüsselloch!

Fax schimpft mit Fix und Foxi: „Das sollen gewaschene Hände sein...?" Fix fällt ihm ins Wort: „Warte doch, bis ich sie abgetrocknet habe!"

Nicht anmeldepflichtige Geräte...

In der Irrenanstalt sitzen zwei vor der Waschmaschine. Sagt der eine: „Also wirklich, manche Sendung könnten die sich sparen!"

Vater zum Sohn: „Komm, iß deine Suppe, damit du genauso groß und stark wirst wie Mutter!"

„Plötzlich, mitten in der Wüste", erzählt Rübendüdel, „werde ich von lauter Marokkanern eingekreist. Vor mir Marokkaner, hinter mir Marokkaner, neben mir Marokkaner..."
„Und was haben Sie gemacht?"
„Ich habe ihnen schließlich einen Teppich abgekauft...!"

Beim Arzt

„Herr Doktor, warum ist ein Blinddarm eigentlich so anfällig?"
„Weil er nicht sehen kann, was auf ihn zukommt..."

„Bitte, bitte, schenk mir einen Nerz!" fleht Frau Rüsselbier ihren mit Geld und Geiz gesegneten Ehemann an.
„Mach ich!" beschließt der Herr Gemahl. „Aber den Käfig für das Vieh mußt du selber saubermachen!"

„In Zukunft werde ich Miete, Rundfunkgebühren und ähnliche Kosten durch die Bank überweisen lassen!"
„Da hast du aber wirklich recht, wo die doch sowieso mehr Geld haben als wir!"

Lehrer: „Gestern bist du zu spät gekommen, weil du den Bus verpaßt hast, und vorgestern, weil dein Rad einen Platten hatte. Was für eine Ausrede hast du denn heute?"
Schüler: „Ich bin zu Fuß gegangen und hatte starken Gegenwind...!"

„Entschuldigen Sie, kennen Sie hier im Haus einen gewissen Krywszyk?"
„Nee, mir unbekannt!"
„Kennen Sie dann einen Przekowski?"
„Nee, da kenn' ich eher schon den Krywszyk...!"

Der Patient fragt den berühmten Arzt: „Herr Doktor, können Sie vielleicht meine Schlaflosigkeit kurieren?" — „Aber selbstverständlich, guter Mann. Aber zuerst müssen wir die Ursache des Übels beseitigen." Da nickt der Patient nachdenklich: „Leicht wird das allerdings nicht sein, Herr Doktor. Meine Nachbarn hängen sehr an ihrem Baby!"

„Darf ich lesen, bis ich einschlafe?"
„Ja, mein Sohn, aber keine Minute länger!"

Eine Frau kommt zum Psychiater: „Herr Doktor, Sie müssen mir dringend helfen! Mein Mann bildet sich seit zwei Jahren ein, er sei ein Pferd." — „Wieso kommen Sie denn jetzt erst?" fragt der Arzt. „Weil er seit zwei Monaten kein einziges Rennen mehr gewonnen hat!"

Frau Knotterbeck kommt zum Buchhändler: „Ich möchte gerne ein Buch, in dem kein Mord, kein Detektiv, kein Arzt, kein reicher Mann, keine alte Frau, kein Hund und kein Pfarrer vorkommen. Was können Sie mir da empfehlen?"
Antwortet der Buchhändler: „Den Fahrplan der Bundesbahn!"

„Geben Sie doch das Autofahren auf! Sie haben jetzt schon zum siebtenmal jemand angefahren!"
„Tja, das tut mir leid! Wieviel darf man denn eigentlich?"

Püsemüdel wird schwerverletzt ins Krankenhaus eingeliefert.
Die Aufnahmeschwester fragt ihn routinemäßig:
„Sind Sie verheiratet?"
„Nein, es war ein Autounfall!"

Karlchen und Fritzchen unterhalten sich:
„Meine Mutter meint, wir stammen alle von Adam und Eva ab!"
„Glaube ich nicht", meint Fritzchen. „Mein Vati meint, wir stammen alle von den Affen ab…!"
„Na ja", überlegt Karlchen, „vielleicht ist das in jeder Familie anders…!"

Zwei Männer wollen in eine Apotheke einsteigen, um zu klauen.
„Ich greife mir die Kasse", sagt der Lange. „Und du, Kleiner, nimmst was gegen Mundgeruch!"

Die Klasse bekommt ein Aufsatzthema: ‚Unser Hund'.
Joachim schreibt: ‚Unser Hund! — Wir haben keinen'.

Schwarzer Humor

Zwei englische Grafen unterhalten sich. Der eine möchte seine Frau auf nicht auffällige Weise loswerden. Da rät ihm der andere: „Laß sie doch einfach den Führerschein machen! Und wenn sie ihn hat, dann gib ihr deinen Rolls-Royce. Bei dem Straßenverkehr heutzutage kommt sie bestimmt nicht mehr zurück!"

Ein paar Wochen später treffen sich die Grafen wieder. Da meint der erste: „Jetzt fährt meine Frau schon drei Wochen mit dem Rolls-Royce und kommt immer wieder zurück!"

„Nun", überlegt der andere. „Der Rolls-Royce ist vielleicht nicht das Richtige. Versuche es doch mal mit einem Jaguar, der ist noch schneller!"

Beim nächsten Treffen meint der erste frohgelaunt: „Du, das mit dem Jaguar war eine prima Idee! Kaum hatte sie das Garagentor aufgemacht, da hat er sie auch schon gefressen...!"

Der elfjährige Peter sitzt vor dem Globus und schwärmt: „Wenn ich genug Geld hätte, würde ich irgendwo hingehen, wo ich schon lange nicht mehr war." Sein Vater hört das und sagt: „Hier hast du zehn Mark – geh mal wieder zum Frisör!"

Ein Farmer prahlt im Saloon: „Meine Ranch ist so groß, daß ich vier Tage reiten muß, um an die Grenzen meines Landes zu kommen!"
„Ja, ja", grinst sein Nachbar an der Theke, „so einen lahmen Gaul hatte ich auch mal!"

Fragt die Frau ihren Mann: „Du, sag einmal, unterstützt du einen Araber?" — „Wieso?" — „Du überweist doch einem gewissen Ali Mente monatlich 130 Mark!"

BILDUNGS-LÜCKE

„Weshalb hast du nachsitzen müssen?"

„Ich wußte nicht, wo die Balearen liegen."

„Das nächste Mal paß gefälligst auf, wo du deine Sachen hinlegst!"

„Ich hörte, ihr habt euch einen Papagei gekauft?" — „Ja." — „Kann denn der auch sprechen?" — „Das wissen wir noch nicht, meine Frau gab ihm noch keine Gelegenheit dazu!"

Der Boxer gibt an der Pforte des Krankenhauses einen riesigen Blumenstrauß ab: „Für Kuno Krawuttke!" Der Pförtner verneint: „Hier liegt kein Kuno Krawuttke!" „Abwarten! Der kommt noch! In einer Stunde trete ich gegen ihn an...!"

„Und nun dürfen Sie noch jemand grüßen", ermuntert der Moderator Frau Brösel, den Gast im Studio. Frau Brösel zögert nicht lange. „Ich grüße meinen Mann in Pforzheim, meine Kinder in Köln und Kleinkirchheim, meine Schwester in Nürnberg und meinen Führerschein in Flensburg!"

„Heute wollen wir lernen, wie man mit Computern rechnet!" sagt die Lehrerin. „Bei Frank fangen wir an. Wieviel ergeben acht Computer weniger sechs Computer?"

Hausfrau zur Angestellten: „Minna, heute ist ein berühmter Rennfahrer bei uns zu Gast. Zeigen Sie dann mal, was Sie alles können!" Minna überlegt und erwidert: „Gut, dann werde ich das Essen eben heute auf Hansis Roller servieren!"

„Gustl, bist du eigentlich mit deinem neuen amerikanischen Straßenkreuzer zufrieden?" – „Nein, aber mein Tankwart!"

Vor dem Schloß steht ein riesiger Löwe aus Marmor. Eines Tages fragt ein Tourist seinen Fremdenführer: „Wie oft wird der denn gefüttert?" „Sooft er brüllt!"

Klein Uwe

sieht, daß bei einem feinen Herrn ein Sockenhalter aus dem Hosenbein baumelt, und ruft warnend:
„He, Onkel, dein Bandwurm macht 'nen Fluchtversuch!"

„Sag mal, Archibald, warum hat dein Sohn ständig Ärger mit der Polizei?"
„Ach, das hängt mit seinem Geburtsfehler zusammen. Er hat zu lange Finger...?"

Der Briefträger schaut durch den Briefschlitz und sagt: „Hören Sie mit dem Gebell auf, Herr Diestelhuber! Heute habe ich keine Rechnung für Sie dabei!"

Und dann war im Zoogeschäft ein besonders kluger Papagei, der die Verhandlungen über seinen Kaufpreis selber führte...!

Lehrer: „Gibt es einen Vogel, der nur ein Bein hat?"
Antwort von Fietje Püsennübel: „Ja, das halbe Hähnchen...!"

Der Lehrer zu Frank: „Du bist mir aber ein Dummchen! Als ich so alt war wie du, konnte ich das große Einmaleins auswendig – und zwar vor- und rückwärts!"
Antwortet Frank: „Schön für Sie, aber Sie hatten sicher einen guten Lehrer!"

*Die Reisegesellschaft blickt in den glühenden Schlund eines Vulkans.
„Sieht ja aus wie in der Hölle", meint ein Amerikaner.
Eine Frau staunend:
„Die Amerikaner waren wirklich schon überall...!"*

⬇ Traurig, traurig

Treffen sich zwei Regenwurmfrauen. Fragt die eine: „So allein? Wo ist denn Ihr Mann?" Schluchzt die andere: „Er – er ist beim Angeln!"

Alles neu macht der Mai
Meine Mailänder Maid meidet meistens Mainauer Mais!

Heiner hat den ersten Schultag hinter sich gebracht und wird von der Mutter gefragt: „Na, sag mal, wie gefällt dir die Lehrerin?"
„Ooch, ganz prima! Wenn nur der verflixte Altersunterschied nicht wäre...!"

Der Sprößling, der das Gymnasium besucht, kommt am Ende des Schuljahres nach Hause und sagt: „Vati, du hast heute ein Fahrrad verdient, ich gratuliere dir!" —
„Wieso denn das?" erkundigt sich der Vater erstaunt.
Entgegnet der Junior:
„Na, du hast mir doch ein Fahrrad versprochen, wenn ich versetzt werde. Und nun brauchst du es mir nicht zu kaufen!"

Ein Berliner will in München einen Polizisten auf den Arm nehmen.
„Sagen Sie, ist hier nicht zufällig ein Wagen voller Affen vorbeigefahren?"
„Warum? San S' rausg'fallen?"

Ein Busfahrer und ein Pfarrer stehen vor dem Himmelstor. Petrus läßt den Busfahrer sofort herein, der Pfarrer muß erst einen himmlischen Eignungstest über sich ergehen lassen. Nachdem er bestanden hat, fragt der Geistliche: „Warum denn diese Regelung?" Da schmunzelt Petrus: „Immer, wenn der Busfahrer gefahren ist, haben alle Leute gebetet. Doch immer, wenn du gepredigt hast, haben alle geschlafen!"

Bestürzt rennt die Mutter ins Kinderzimmer, aus dem der kleine Moritz ganz schrecklich brüllt. Auf ihre Frage, was denn los sei, antwortet Moritz: „Bärbel hat mich an den Haaren gezogen!" Die Mutter besänftigt den Sohn: „Bärbel ist doch noch so klein und weiß nicht, daß das weh tut..." Nach einer Weile gibt es wieder Geschrei. Nun brüllt Bärbel. Moritz kommt triumphierend aus dem Zimmer. „Nun weiß sie, daß es weh tut!"

Beruhigend

Zwei Polizisten sollen einen gefährlichen Mörder verhaften. „Geh du nur ruhig voraus!" ermuntert der eine seinen Kollegen. „Wenn was schiefgeht, werde ich dich auch bestimmt rächen."

Der Psychiater zum Patienten: „Erzählen Sie mir alles der Reihe nach: Wie war das am Anfang mit Ihnen?" — „Nun, am Anfang schuf ich Himmel und Erde."

Was sagt der große Schornstein zum kleinen Schornstein? „Du bist noch zu jung zum Rauchen!"

„Papi, haben Brombeeren Beine?" — „Nein, Mäxchen, warum?" — „Dann habe ich gerade einen Mistkäfer gegessen."

„Wie geht's denn deinem Vater, Maxl?"
„Ach, gestern hatte er einen Schlaganfall!"
„Das ist aber schlimm!"
„Ja, du müßtest mal mein Hinterteil sehen...!"

„Du, Vati, hier steht in der Zeitung, daß eine Frau aus dem Garten des Nachbarn Obst gestohlen und daraus Saft gemacht hat. Kommt sie jetzt wegen Diebstahls oder Erpressung dran?"

Silvester Knipsel sitzt in der Badewanne und schimpft wie ein Rohrspatz: „Eine hirnverbrannte Medizin ist das. Zweimal täglich drei Tropfen in warmem Wasser zu nehmen — wer hält denn das aus?"

Schülerwitz DER WOCHE:

In der Klasse ist es unruhig. Es hat schon geläutet, aber der Deutschlehrer ist noch nicht da! Schließlich kommt der Mathelehrer und entschuldigt den Kollegen: „Er kommt heute nicht, weil er sich einen bösen Holzsplitter in den Daumen gerannt hat!"
Bemerkung aus der Klasse:
„Das kommt davon, wenn man sich am Kopf kratzt!"

Warum

ißt man in Ostfriesland keine Spaghetti?

Weil die Teller nicht lang genug sind.

Hein Piependick schiebt sein Auto durch die Stadt. Ein Polizist bemerkt das und fragt ihn: „Haben Sie eine Panne?" Hein antwortet: „Nein, wo denken Sie hin? Mir ist nur vorhin eingefallen, daß ich meinen Führerschein zu Hause liegen gelassen habe!"

Bollmann geht zum Arzt und klagt über schlimme Bauchschmerzen. Der Arzt macht eine Röntgenaufnahme.

„Erstaunlich!" ruft er. „In Ihrem Magen liegt eine Armbanduhr!"

„Weiß ich, weiß ich", sagt Bollmann. „Die habe ich verschluckt, als ich zwölf war."

„Und Sie hatten nie Beschwerden?"

„Doch – manchmal beim Aufziehen."

TIERISCH

Fragt der Gast: „Herr Wirt, wieso haben Sie Ihre Gaststätte ‚Zur Eule' genannt?"

Antwortet der Wirt: „Haben Sie meine Frau noch nicht gesehen?"

Falscher Papa

„Na, wie findest du deinen neuen Papi?" fragt die frischverheiratete Mutter ihren vierjährigen Sohn.

„Es geht", ist die kurze Antwort.

Erstaunt darauf die Mutter: „Aber er spielt doch immer so schön Pferd und Reiter mit dir?"

„Das schon", erwidert der Junior, „aber du hättest ihn mal sehen sollen, wie er sich angestellt hat, als ich ihm Hufeisen annageln wollte!"

„Gestern ist mir etwas Komisches passiert! Ich war auf der Pferderennbahn und bückte mich gerade, um mir den Schuh zu binden, da kam einer von hinten und legte mir einen Sattel auf den Rücken…!"

„Na und?"

„Dritter bin ich geworden!"

FALSCH VERSTANDEN

Lehrer: „Wer weiß, wer Casanova war?"
Rainer: „Ein italienischer Floh!"
Lehrer: „Welch ein Unsinn! Wie kommst du denn darauf?"
Rainer: „Ich habe extra im Lexikon nachgeschlagen, und da steht wörtlich: ‚Giacomo Casanova. Floh aus den Bleikammern von Venedig.'"

Steffel fragt seinen Vater: „Wissen Väter eigentlich immer mehr als ihre Söhne?"

„Ja, Steffel!"

„Gut, wer hat die Dampfmaschine erfunden?"

„Das ist doch einfach! James Watt!"

„So? Und warum nicht James Watts Vater?"

Geduld

Geduld ist, wenn man einem Wasserhahn so lange zuredet, bis er kräht!

Schülerwitz DER WOCHE:

"Denk nur, Theo", sorgt sich Frau Knösel, "heute riet mir der Schuldirektor, unseren Helmfried auf die Sonderschule zu schicken!" Darauf Vater Knösel stolz: "Ist doch wunderbar, wenn er das Zeug dazu hat!"

Der Diener meldet: "Herr Graf, der Arzt ist da! Wollen Sie ihn empfangen?" — "Nein, heute nicht! Sagen Sie ihm, ich sei krank!"

Vater und Sohn im Zoo. Sie stehen vor einem Käfig. Der Vater meint: "Das ist ein Jaguar!" Darauf der Sohn: "Ja, aber ohne Räder!"

Der Bauer freut sich auf den Winter, da hat er Zeit für seine Kinder!

Feuersbrunst auf dem Bauernhof. Rechtzeitig trifft die Feuerwehr ein und löscht, was das Zeug hält. Mindestens aus vierzehn Rohren wird gespritzt. Als der Brand gelöscht ist, meldet ein Helfer dem Brandmeister: "Keine Kuh verbrannt, alle ersoffen!"

Sparbüchsen

Ich spare Büchsen!
Du sparst Büchsen!
Er spart Büchsen!
Sie spart Büchsen!
Es spart Büchsen!
Wir sparen Büchsen!
Ihr spart Büchsen!
Sie sparen Büchsen!

„Du da, neben der Tür", sagt der Lehrer, „wann haben sich die Beatles getrennt?" — „Weiß ich nicht." — „Wann ist Elvis gestorben?" — „Keine Ahnung." — „Was hast du eigentlich gestern gemacht?" — „Skat gespielt." — „Was willst du dann hier in der Schule?" — „Glühbirnen auswechseln. Ich bin der Elektriker."

„Ich wünschte, ich hätte so viel Geld, daß ich mir einen Elefanten kaufen könnte!" seufzt Hops.
„Brauchst du denn einen Elefanten?" wundert sich Stops.
„Überhaupt nicht, nur das Geld!"

Zum Weitererzählen!

„Lutz", sagt der Lehrer streng, „was weißt du von Schiller?"
„Nur das Allerbeste, Herr Lehrer!"
Der Lehrer rauft sich verzweifelt das Haar und wendet sich hoffnungsvoll einem anderen Schüler zu: „Und du, Norbert?"
Norbert überlegt ein Weilchen und sagt dann freundlich: „Mir ist eigentlich auch nichts Nachteiliges bekannt!"

Das geht wirklich zu weit!

Frau Muckermann und Frau Knödelspecht treffen sich im Dorf. Frau Knödelspecht ist wütend. „Ich habe ja nichts dagegen, wenn Ihr Sohn von meinem Alfred abschreibt!" tobt sie. „Aber es ist eine Schweinerei, daß er ihn verkloppt, wenn er mal einen Fehler gemacht hat!"

Franz sieht, wie seine kleine Schwester aus einer Pfütze Wasser trinkt. Er sagt zu ihr: „Das darfst du nicht tun, da sind doch Bazillen drin!" Da antwortet die Kleine: „Die sind alle tot. Ich bin vorher dreimal mit dem Roller durchgefahren!"

Der Lehrer erklärt seinen Schülern, wie viele Menschen es auf der Erde gibt. „Jedesmal, wenn ihr ein- oder ausatmet, stirbt ein Mensch!" Gekicher in der hintersten Bank. „Was gibt es da zu lachen, Frank?" Grinst der und sagt: „Ich habe eben einen sterben lassen!"

Bio-Unterricht

„Wozu gehört der Wal?"
„Zu den Säugetieren."
„Und der Hering?"
„Zu den Pellkartoffeln!"

Killer-Joe und Knacker-Ede brechen nachts aus dem Gefängnis aus. Aber zuerst müssen sie über hundert Mauern klettern. Als sie über fünfzig Mauern geklettert sind, fragt Joe seinen Freund: „Kannst du noch?"
„Ja."
Als sie vor der hundertsten Mauer stehen, fragt Joe: „Kannst du noch?"
„Nein. Komm, wir kehren wieder um!"

Die fünfjährige Claudia gratuliert ihrem Onkel zum Geburtstag und sagt auch ein Gedicht auf. Um zu sehen, ob seine kleine Nichte schon Geld unterscheiden kann, nimmt er ein Fünfmarkstück und einen Zehnmarkschein aus der Tasche und fragt: „Claudia, was möchtest du lieber haben, das Geldstück oder das Bildchen?" Claudia überlegt einen Augenblick, dann sagt sie: „Ach, Onkel, wickel mir doch bitte das Geldstück ins Bildchen ein!"

„Sagen Sie! Kenne ich Sie nicht irgendwoher?" „Kann nicht sein, damals war ich woanders!"

„Hallo? Ist dort der Tierschutzverein? Kommen Sie sofort her! Hier sitzt so ein unverschämter Briefträger auf dem Baum und beschimpft meine Dogge...!"

„Hast du mich gestern im Radio gehört?" fragt Hübenküddel seinen Freund.
„Was? Du warst im Radio? In welcher Sendung denn?"
„In der Sportsendung! Bei der Fußballübertragung habe ich ganz laut ‚Tor!' gerufen!"

Der Vater deutet in den Sternenhimmel und meint: „Das dort ist der Große Wagen!" Meint der Sohn neugierig: „Und wieviel Zylinder und PS hat der?"

„Was geht's mir heut' so mies!" stöhnte das Huhn und verfiel in dumpfes Brüten!

Apotheker zum Kunden: „Bitte schön, hier sind Ihre Schlaftabletten. Die reichen bestimmt einen Monat!"
„Oje! So lange wollte ich nun doch nicht schlafen...!"

Treffen sich zwei Schwerhörige.
„Gehst du heute auch zum Fußballspiel?"
„Nein", sagt der andere. „Ich geh' lieber zum Fußball!"
„Auch gut", meint der erste. „Das macht sowieso mehr Spaß als Fußball!"

Ein Gast läßt sich im Restaurant Gulasch servieren. Plötzlich findet er im Essen ein Stück Holz. Da ruft er den Kellner und faucht ihn an: „Hören Sie! Pferd lasse ich mir noch gefallen, aber Pferd mit Wagen, das geht zu weit!"

„Herr Ober, haben Sie hier keine frischen Tischdecken?" — „Weiß ich nicht, ich bin erst seit zwei Monaten hier!"

In der Schule redet man über Barmherzigkeit. Der Lehrer bringt ein Beispiel zur Verdeutlichung: „Wenn ein Bauer unbarmherzig auf sein Schwein eindrischt, und ich helfe dem Tier — was ist das dann?" Meint der Paul: „Bruderliebe!"

Pflaumbichler wacht in der Nacht auf, weil er ein verdächtiges Geräusch gehört hat. Aus dem Dunkel meldet sich eine Stimme: „Keine falsche Bewegung, sonst bist du ein toter Mann! Ich suche dein Geld!" „Das ist gut!" meint Pflaumbichler. „Komm, wir machen Licht und suchen zusammen!"

Den Schülern sind die Begriffe Gegenwart, Vergangenheit und Zukunft am Beispiel: Ich bin krank; ich war krank; ich werde krank sein; erklärt worden. Nun fragt der Lehrer Damian: „Wenn ich sage: ‚Ich bin krank', was für eine Zeit ist das?" Ohne zu überlegen antwortet Damian: „Herr Lehrer, das ist eine schöne Zeit für uns!"

„Herr Ober, kann ich bei Ihnen einen Tisch bestellen?" „Nein, wir verkaufen keine Möbel!"

„Die Katze hat vier Füße. Wie nennt man diese Tiergattung?" — „Vierfüßler, Herr Lehrer!" — „Sehr gut. Und du hast zwei Füße. Wie nennt man dich?" — „Erna Müller!"

Die Klasse soll eine Wiese zeichnen, auf der eine Kuh weidet. Der rasche Robert liefert ein leeres Blatt ab. Der Zeichenlehrer runzelt die Stirn und fragt: „Wo ist denn das Gras?" — „Das hat die Kuh gefressen." — „Und wo ist die Kuh?" — „Die bleibt doch nicht da, wenn kein Gras mehr da ist!"

Im Kaufhaus kommt ein kleiner Junge zum Informationsschalter und sagt: "In ein paar Minuten kommt eine Frau zu Ihnen, die hysterisch schreit, weil sie ihr Kind verloren hat. Sagen Sie ihr dann, ich bin im dritten Stock in der Spielwarenabteilung...!"

Zwei kleine Schulbuben unterhalten sich auf dem Nachhauseweg am letzten Schultag. "Eigentlich schade, daß Weihnachten und die Geburt des Herrn am selben Tage sind, sonst hätten wir zweimal schulfrei." "Noch schlimmer ist, daß sie gerade dann sind, wenn wir sowieso schon Ferien haben."

"Ich möchte Ihre Tochter heiraten!" "Können Sie sie denn unterhalten?" "Kein Problem, bei meinen zweihundert Langspielplatten!"

Die Henne kommt ganz aufgeregt in das Hühnerhaus gerast und fährt den Hahn an: "Draußen steht so ein fürchterlich aufgedonnertes buntes Federvieh, das dich sprechen will! Was soll das bedeuten?" Der Hahn schaut kurz raus und antwortet: "Das ist nur der Papagei vom Nachbarhaus. Er geht auf die Sprachenschule und möchte Nachhilfeunterricht im Krähen!"

Der Polizist pfeift hinter der Kreuzung einen Autofahrer an den Straßenrand. "Sie haben bei Rot die Ampel überfahren!" Da dreht sich der Autofahrer um und meint: "Das kann überhaupt nicht sein, sie steht ja noch!"

Es gibt Leute, die haben so eine kleine Wohnung, daß sie, wenn die Sonne hineinscheint, hinausgehen müssen!

"Das mit den übernatürlichen Kräften bilden Sie sich doch alles nur ein!" meint der Psychiater, woraufhin der Patient sich verabschiedet und auf und davon fliegt.

Mit welcher Waage kann man kein Gewicht bestimmen?

(Mit der Wasserwaage!)

Mit welcher Wolle kann man weder stricken noch häkeln?

(Mit der Holzwolle!)

Ein Mann klingelt bei Hubers an der Haustür. Er will ihnen einen Staubsauger verkaufen.
„Da sind Sie bei mir an der falschen Stelle", meint Frau Huber. „Aber versuchen Sie es doch einmal nebenan bei Familie Maier. Von denen borge ich mir nämlich immer ihren Staubsauger, und in der letzten Zeit, muß ich sagen, bin ich mit dem Ding gar nicht mehr zufrieden!"

„Haben Sie nach Ihrem letzten Zwischenfall mit dem Nachbarn die Streitaxt endlich begraben?"
„Nein, den Nachbarn."

Ein Kunde kommt in eine Drogerie und fragt erregt: „Wer hat vor einer Stunde meiner Frau statt Zahnpasta einen Alleskleber verkauft?"
Alles schweigt — niemand will's gewesen sein. Schließlich gesteht der kleine Lehrling Max: „Ich war's!"
Der Kunde geht auf ihn zu, drückt ihm fünf Mark in die Hand und sagt: „Ich danke dir!"

Patient: „Und wenn die Operation mißlingt, Herr Doktor?" — „Machen Sie sich keine Sorgen, das merken Sie gar nicht!"

Frau Müller liegt im Sterben. „Karl-Otto", flüstert sie, „ich muß dir vor meinem Tode ein Geständnis machen. Es war nicht die Putzfrau, die deinen goldenen Manschettenknopf gestohlen hat. Ich habe es getan. Und ich war es auch, die dir deine Brieftasche gestohlen hat."
„Reg dich nicht auf, meine Liebe", tröstet sie der Gatte. „Ich muß dir auch ein Geständnis machen: Ich war es, der dich vergiftet hat!"

Eine junge Autofahrerin hat an der Ampel den Motor abgewürgt, als sie bei Grün anfahren wollte. Der Fahrer hinter ihr hupt wie verrückt, nachdem sie schon fünf Minuten erfolglos versucht, den Motor wieder zu starten. Da steigt sie aus, geht zu dem Auto hinter ihr und sagt zu dem Fahrer: „Vielleicht können Sie meinen Motor wieder zum Laufen bringen, ich hupe auch so lange für Sie!"

Ein Vater will Interesse für die Schularbeiten seines Sohnes aufbringen. Deshalb fragt er: „Habt ihr guten Sexualunterricht in der Schule?"
„Na ja, ganz gut. Willst du eine besondere Frage beantwortet haben?"

Fällt der Bauer von der Leiter, stimmt ihn das nicht sehr heiter!

„Ist es wirklich wahr, daß deine große Schwester die hundertjährige Eiche mit einem Fußtritt umgelegt hat?" fragt Heinz seinen Freund.
„Ja, das stimmt! Sie trat statt auf die Bremse aufs Gaspedal!"

Pit: „Wie schreibt man doch gleich Tomatensaft?"
Jo-Jo: „Mit T wie Dummkopf, du Tussel!"

Zum Weitererzählen

Als der Lehrer die Klasse betritt, schallt es ihm im Sprechchor entgegen: „Wir brauchen keinen Pauker mehr..." Natürlich will der Lehrer mit einem Donnerwetter dazwischenfahren. Da jedoch ertönt es besänftigend: „Weil wir schon einen haben!"

Fragt die junge Lehrerin:
„Warum fliegen eigentlich die Störche im Herbst in den Süden?"
Meldet sich Inge und ruft ins Klassenzimmer:
„Weil die Neger auch mal Kinder haben wollen!"

Ein Reporterteam besucht einen ostfriesischen Bauern. Er soll ein Rechengenie sein, was ja nicht gerade üblich ist. Inzwischen hat er alle Aufgaben gelöst. Die Reporter stellen ihm eine letzte Aufgabe. „Sie sehen hier diesen Ameisenhaufen. Wie viele Ameisen sind das?"
Der Bauer wirft einen flüchtigen Blick darauf und antwortet bedächtig: „22 587 Stück!"
Alle sind verblüfft. „Wie haben Sie das so schnell herausbekommen?"
Meint der Bauer: „Ganz einfach: Beine gezählt und durch sechs geteilt."

Sagt der Kapitän des Flugzeugs über dem Atlantik: „Wir müssen in wenigen Minuten notlanden. Wir wünschen allen Schwimmern eine gute Weiterreise und verabschieden uns hiermit von den Nichtschwimmern...!"

Wußten Sie schon...

...daß jemand, der sein Brot selber backt, noch lange kein Eigenbrötler ist?

...daß Diebstahl eine „um sich greifende" Tätigkeit ist?

...daß ein „dicker Brummer" nicht unbedingt ein korpulenter Knastbruder sein muß?

...daß Sie bei einem Fotografen immer freundlich aufgenommen werden?

...daß die einzige Fähigkeit, die man wirklich schätzt, die Zahlungsfähigkeit ist?

> Ein Eisenbahner, der keinen Zug vertragen kann, hat seinen Beruf verfehlt.

Oliver fragt seinen Freund Peter: „Ist das wahr, daß du seit drei Tagen die Schule schwänzt? Hast du denn keine Angst vor deinem Vater?"
Meint Peter: „Nee, das ist ja das Gute, der hat zur Zeit beide Arme in Gips!"

„Warum schickst du Susi eine leere Ansichtskarte aus deinem Winterurlaub?"
„Ach, weißt du, bevor ich abreiste haben wir uns gezankt. Und seitdem sprechen wir nicht mehr miteinander...!"

„Herr Ober, ich bin Stammgast in Ihrem Lokal. Normalerweise bekomme ich immer zwei Scheiben Fleisch!"
„Entschuldigung, mein Herr! Der Koch hat sicher vergessen, das Fleisch durchzuschneiden."

In einem chemischen Labor war jeden Morgen die Flasche mit Alkohol leer. Der Professor ärgert sich darüber und klebt ein Schildchen auf die Flasche: „Vorsicht, Erblindungsgefahr!"
Am nächsten Morgen ist die Flasche nur noch halb voll, und auf dem Schildchen steht ergänzend: „Ein Auge riskiere ich!"

Durch den Leipziger Zoo schlendert ein Ehepaar. Einige Pelikane watscheln vorüber. „Nu gugge mal", sagt die Ehefrau, „die scheenen Schtörche!"
„Das sind doch geine Schtörtsche!" sagt der Ehemann tadelnd. „Das sind die weldberihmten Beligahne, aus denen die Dinde gemacht wird...!"

„Ihrem Dialekt nach müssen Sie Franke sein", sagt ein Berliner Wirt zu seinem Gast. Meint der Gast:
„Und Ihren Frikadellen nach müssen Sie Schuster sein!"

Wie unterscheiden sich Bundesligatrainer und Elefanten?
Elefanten können nicht fliegen!

Schon davon gehört? Brandstiftung ist alles andere als eine kostenlose Lieferung von Heizmaterial.

Na, so was!

Da sagt doch der Mathe-Lehrer: „Mich interessiert nur, was hinten herauskommt!"

Ein Landstreicher ruht sich in einer Kirche aus. Die silberne Uhr des Pfarrers, der im Beichtstuhl sitzt, hat es ihm angetan. Er geht zur Beichte und stiehlt dem Geistlichen heimlich den Zeitmesser. Nachdem er sein Sündenregister aufgezählt hat, bekennt er: „...und dann muß ich noch etwas gestehen: Ich habe gestohlen!"
„Dann müssen Sie den Gegenstand unbedingt dem Eigentümer wieder zurückgeben...!"
„Ach, nehmen Sie ihn doch, Herr Pfarrer...!"
„Nein, das geht nicht! Geben Sie den Gegenstand doch demjenigen, dem er gehört!"
„Er will ihn aber nicht!"
„Gut, dann dürfen Sie ihn für sich behalten...!"

Einbrecher, seinen Sohn verhauend: „Weißt du wenigstens, warum du die Keile kriegst?"
„Weil ich – huhu – weil ich – Marmelade genascht habe!"
„Quatsch – weil du Fingerabdrücke am Glas zurückgelassen hast!"

In der Straßenbahn. Ein Mann bückt sich, hebt etwas auf und fragt die anderen Fahrgäste: „Hat einer von Ihnen ein Bündel Fünfzigmarkscheine verloren, die mit einem Gummiband zusammengehalten waren?" Sofort melden sich einige. „Gut!" meint der Mann. „Ich habe nämlich das Gummiband gefunden!"

Schulratsbesuch in der Klasse. „Kannst du mir an der Karte mal zeigen, wo Amerika liegt?" fragt der Schulrat den Toni. Toni geht nach vorne und zeigt es.
„Und wer hat Amerika entdeckt?" forscht der Schulrat weiter.
Darauf die ganze Klasse: „Der Toni!"

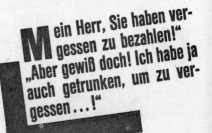

„Mein Herr, Sie haben vergessen zu bezahlen!"
„Aber gewiß doch! Ich habe ja auch getrunken, um zu vergessen...!"

Ein Bauer fragt seinen Sohn, der mit einem Hahn unter dem Arm weggehen will:
„Wohin gehst du?"
Darauf der Sohn: „Ich muß zum Uhrmacher."
Da fragt der Bauer wiederum: „Warum?"
„Weil der Hahn mich heute morgen falsch geweckt hat."

„Gusti, kannst du mir die Mehrzahl von Baum sagen?" —
„Klar, Herr Lehrer! Wald!"

„Angeklagter, geben Sie zu, den Zeugen beworfen zu haben?"
„Ja, aber nur mit Tomaten!"
„Und woher hat er dann die Beulen am Kopf?"

„Die Tomaten waren in Dosen!"

„Nun reicht es mir aber!" schimpft die Mutter, nachdem der Sprößling den Kakao über die frisch aufgelegte Tischdecke gegossen hat.
„Ach, Mama, kannst du nicht auch mal so freundlich das Putzmittel holen wie die Mütter im Fernsehen?" erwidert der Kleine.

„Mama, das Barometer ist gefallen!"
„Tief?"
„Bis auf den Boden!"

„Tolle Sache ist uns da gelungen!" berichtet ein Forscher. „Wir haben einen Specht mit einer Brieftaube gekreuzt!"
„Und was ist dabei herausgekommen?"
„Eine Taube, die vorher anklopft, bevor sie Briefe bringt!"

„Schleppst du dich immer noch mit deinem Ranzen ab?"

„Helga", sagt die Lehrerin, „nehmen wir an, deine Mutti kauft dir einen Mantel für achtzig Mark, deinem Bruder Schuhe für zweiunddreißig Mark und für sich selbst eine Bluse für fünfundvierzig Mark achtundneunzig. Was ergibt das zusammen?"
„Krach mit Vati!"

Kalldeweis' betreten das feudalste Restaurant eines mondänen Wintersportortes, setzen sich an einen Tisch, packen ihre Brote aus und essen. Kommt der Oberkellner aufgeregt herein und meint: „So geht das aber nicht, meine Herrschaften. Bei uns müssen Sie was bestellen!"
„In Ordnung!" brummt Kalldeweis zwischen zwei Bissen. „Bestellen Sie dem Wirt einen schönen Gruß!"

„Was ist ein Sattelschlepper?" — „Das ist ein Cowboy, der sein Pferd verloren hat!"

Der Turnlehrer: „Tiefes Einatmen ist gesund und tötet die Bazillen!"
Franz: „Und wie bekommt man die Bazillen dazu, daß sie tief einatmen?"

In Österreich. Der Toni ruft aufgeregt: „Herr Bürgermeister, Herr Bürgermeister! Fremde kommen! Es scheinen Berliner zu sein!"
Sagt der Bürgermeister: „Schnell, Toni! Treib die Ziegen auf den Berg, die Leut wollen Gemsen sehen!"

Der Prüfer beim TÜV wundert sich! „Wo haben Sie denn Ihre Scheibenwischer?"
„Die habe ich abmontiert, weil die Polizei mir ständig Bettelbriefe daruntergeklemmt hat!"

Mütterlicher Entschuldigungsbrief einer Bauersfrau:

„Mein Sohn kann in den nächsten Tagen nicht zur Schule kommen. Der Ochse hat die Maul- und Klauenseuche!"

Wir beugen den Steigbügel

Ich steig Bügel.
Du steigst Bügel.
Er steigt Bügel.
Sie steigt Bügel.
Es steigt Bügel.
Wir steigen Bügel.
Ihr steigt Bügel.
Sie steigen Bügel.

Am Samstagabend sagt der Vater zu seinem sechzehnjährigen Sohn Frank: „Hol mir doch schnell zwei Flaschen Bier vom Kiosk!"
Meldet sich der achtjährige Filius aus dem Sessel: „Und mir zwei Schachteln Kippen!"

Zwei wild aussehende Gestalten stürzen in eine Bar. „Wasser, Wasser!"
Sagt der Wirt: „Raus! Hier gibt's nur Bier und Schnaps!"
Darauf einer der beiden: „Komm, gehen wir wieder! Soll ihm jemand anderes sagen, daß sein Dachstuhl brennt!"

Gefallen

„Als ich noch nicht verheiratet war, hat es mir weder zu Hause noch in der Kneipe gefallen."
„Und jetzt?"
„Jetzt gefällt es mir wenigstens in der Kneipe."

Über eine Stunde stehen Dieter und Klaus und schauen dem Dachdecker bei der Arbeit zu. Schließlich sagt Dieter verärgert: „Komm, Klaus, gehen wir – der fällt ja doch nicht runter."

„Herr Richter", beteuert der Angeklagte, „ich bin unschuldig!" — „Ja, das sagen alle", winkt der Richter ab. „Aber wenn alle sagen, daß ich unschuldig bin, dann wird es doch auch stimmen!"

Erich schaute immer zu, wenn sein kleiner Bruder frisch gewickelt und gepudert wurde. Einmal vergaß seine Mutter das Pudern. „Halt!" rief Erich. „Du hast ja ganz vergessen, ihn zu salzen!"

„Kann ich Ihrem neuen Ruderclub beitreten?"
„Ja, aber nur, wenn Sie schwimmen können."
„Warum das?"
„Wir haben noch keine Boote."

„Wie unterscheidet sich Ihr Rumpsteak von Ihrem ‚Rumpsteak Extra'?" erkundigt sich der Gast bei dem Kellner. Darauf der: „Im Grunde ist beides gleich. Nur beim ‚Extra' bekommen Sie ein extrascharfes Messer dazu!"

Lupo rennt zum Kapitän und entschuldigt sich, daß er „Mann über Bord!" gerufen habe.
„Was sollen diese Scherze? Dann können wir ja weiterfahren!" schimpft der Kapitän.
„Ja nicht, Herr Kapitän! Es war doch eine Frau!"

Drei Schildkröten spielen Skat. Im Laufe des Abends gehen die Zigaretten aus. Sagt eine Schildkröte zur anderen: „Geh doch mal neue holen!" Eine Stunde vergeht, zwei, drei Stunden. Dann geht die Tür auf, die Schildkröte kommt herein und fragt: „Mit oder ohne Filter?"

„Gegen Ihr Übergewicht hilft nur Gymnastik", erklärt der Arzt. „Sie meinen also Kniebeugen und so, Herr Doktor?" — „Nein, nur Kopfschütteln. Und zwar immer, wenn Ihnen etwas zu essen angeboten wird!"

„Neulich habe ich einen Gebrauchtwagen gekauft, der hat 180 km gemacht!"
„Oh, in der Stunde! Das ist schnell!"
„Nicht in der Stunde, insgesamt!"

Der Hausherr ertappt einen Einbrecher auf frischer Tat und sagt zu ihm:
„Gott sei Dank, daß Sie endlich gekommen sind! Seit fünfzehn Jahren schon weckt mich meine Frau jede Nacht, weil sie meint, Sie wären gekommen...!"

Patient zum Zahnarzt: „Ich habe ganz schlimme Schmerzen – können Sie mich gleich behandeln? Ich bin aber leider nicht privat versichert."
„Gut", meint der Doktor ruhig, „dann nehmen wir eben den Handbohrer!"

Schorschi war beim kranken Lehrer zu Hause. Als er wieder draußen ist, wird er von Klassenkameraden gefragt, wie es denn um den Pauker bestellt ist.
„Ach", seufzt Schorschi, „es gibt keine Hoffnung mehr. Morgen kommt er wieder in die Schule...!"

Warum bestreichen Leute mit alten Fernsehern den Bildschirm manchmal mit Löwensenf?

Damit das Bild schärfer wird!

Stolz und erhaben schreitet die Königin in das Wirtshaus. Der Wirt läuft ihr unentwegt dienernd entgegen und erkundigt sich nach dem Begehr der Herrscherin. Darauf die: „Ich hätte gerne einen in der Krone!"

„Meine Kusine hat nach Irland geheiratet!"
„Oh, wirklich?"
„Nein, nicht O'Wirklich! Sie heißt jetzt O'Cassidy!"

Bitte lesen!
Ein Lamamaler hatte einmal Malheur mit dem Likör!
Ein Giraffenfänger fand vor Gier nur Affen!
Mutter Spatz bringt dem Nachwuchs die Spatzatzung!
Wenn man's nicht beherrscht, soll man den Umgang mit Koalalassos sein lassen!
Eine Reisemeise von der Neiße findet Speise leise tief im Eise!
Im Spatzenszenarium übernahm Rolf Rollfeld die Pirolrolle.
Schuppenfische schnuppern schunkelnd an Tauschtischen.

„Hat da nicht eben jemand geklingelt?" — „Doch, ein Mann, der für ein Trinkerheim sammelt." — „Wieviel hast du ihm gegeben?" — „Gar nichts, die sollen zu Hause saufen!"

Zwei Riesenschlangen ringen miteinander: „Verdammt", sagt die eine plötzlich, „wo hast du denn den Seemannsknoten gelernt?"

„Na, Peter, wie hat dir denn der Zoobesuch gefallen?" — „Prima, Tantchen, da laufen ja alle Schimpfworte lebendig herum!"

Sagt Lehrer Kreideweiß am ersten Schultag: „Also merkt euch, liebe Kinder: Die Schule beginnt jeden Tag um Punkt acht Uhr!" Meint die kleine Susi: „Und wenn ich noch nicht da bin, Herr Lehrer, fangen Sie ruhig ohne mich an!"

Lupinchen hat neuerdings Kochunterricht in der Schule. „Dürft ihr denn auch essen, was ihr zubereitet?" erkundigt sich Lupo neugierig. — „Dürft? — Wir müssen!"

Nach der Trauung schreitet das Paar würdevoll aus der Kirche. Zwei Knirpse sehen interessiert zu. „Jetzt werde ich die beiden mal richtig erschrecken", sagt der eine, rennt auf den Bräutigam zu und ruft: „Papa!"

Eine Dame möchte mit ihrem Hund das Postamt betreten, doch der Beamte verweigert ihr den Zutritt. „Sie dürfen mit Ihrem Hund hier nicht herein, meine Dame!" — „Aber mein Herr, mein Hund soll mir doch nur die Briefmarken anlecken, weil mir bei Ihren Postgebühren einfach die Spucke wegbleibt!"

Zwei Hühner machen einen Einkaufsbummel. Vor einem Schaufenster bleiben sie stehen und betrachten die Eierbecher. Meint die eine: „Schicke Kinderwagen haben die hier!"

„Ihre Zwillinge, Herr Professor, sind sich aber sehr ähnlich. Ich könnte sie nicht auseinanderhalten!" — „Doch, Herr Kollege! Den Willibald kenne ich immer ganz genau, nur beim anderen, dem Alexander, habe ich mit dem Erkennen Probleme!"

Kallis Patentante ist zu Besuch. Kalli ist schon seit Tagen ermahnt worden, sich wenigstens an diesem Tag gut zu benehmen. Eine Weile hält er auch durch; aber als man bei Kaffee und Kuchen sitzt, platzt der Knoten: „Nun lang mir endlich einen Teelöffel rüber, Tante", flegelt er los, „sonst kann ich meine Bananenmilch nicht umrühren!" — „Kannst du denn nicht ‚bitte' sagen?" entsetzt sich die Angesprochene. Darauf Kalli: „Meinetwegen: Dürfte ich dich freundlich ersuchen, mir einen Teelöffel zu reichen? Jetzt aber plötzlich, ja? Oder soll ich die Mist-Bananenmilch ohne Zucker trinken?"

„Spielst du Skat?" „Schon lange nicht mehr. Ich weiß nicht, wo die Würfel hingekommen sind!"

Ein Schotte geht spazieren. Da spricht ihn ein Mann an: „Verzeihen Sie, können Sie mir sagen, wie spät es ist?" Antwortet der Schotte böse: „Glauben Sie vielleicht, ich hätte meine Uhr extra für Sie gekauft?"

Düdelhuber in der Badewanne: „Nein, wie die Zeit vergeht... Schon wieder ein halbes Jahr um!"

Schülerwitz DER WOCHE:

„Was machst du gerade?" erkundigt sich der Lehrer bei Willi. „Es wird doch wohl nichts Nützliches sein?" „Nein, Herr Lehrer" antwortet Willi. „Ich höre Ihnen bloß zu!"

Der Lehrer im Deutschunterricht: „So, jetzt sagt jeder einen Satz, und dann setzen wir ihn in Befehlsform."
Martin: „Das Pferd zieht den Wagen."
Lehrer: „Gut. Und nun die Befehlsform."
Martin: „Hü!"

Bei der Wohnungsvermieterin: „Sind Sie verheiratet?" fragt sie den Bewerber. „Nein!" — „Sind Sie verlobt?" — „Nein." — „Haben Sie eine feste Freundin?" — „Nein! Aber wenn ich morgens meine Butterbrote einpacke, knistert das Papier ein bißchen. Macht das etwas aus?"

✶

„Mensch, Hein", ruft Oskar einem Vorübergehenden zu, „wie hast du dich verändert! Früher warst du viel schlanker, hattest Haare, und außerdem..."
„Moment mal, ich heiße gar nicht Hein!"
„Was, Hein heißt du jetzt auch nicht mehr?"

☆

Der kleine Jochen steht mit seinem Vater an einer Hundedressurbahn, auf der Polizeihunde ausgebildet werden. Jochen sieht nachdenklich drein. Plötzlich sagt er: „Du, Papi, kann ein Hund, der schon einmal eine Wurst gestohlen hat, noch Polizeihund werden?"

✶

Wußtet ihr schon...
daß man eine Talsperre nicht mit einem Schlüssel öffnen kann?... daß eine Windhose kein Beinkleid ist?... daß bei Sodbrennen keine Feuerwehr kommt?... daß man aus Kraftstoff keine Anzüge nähen kann?

☆

Brrrr machte die Emse, und dann krachte es.

✶

Eine Frau besucht ihren Mann im Knast. Er fragt: „Wie kommst du finanziell zurecht?" — „Vorläufig ganz gut. Die nächsten drei Jahre kann ich noch von der Belohnung leben, die auf dich angesetzt war."

Mehrere Kinder spielen am Strand miteinander und stellen sich mit ihren Vornamen vor. Es waren eine Penny und ein Mark dabei. Darauf meinte ein Junge zu einem Spielkameraden: „Wie Geld möchte ich aber auch nicht heißen."

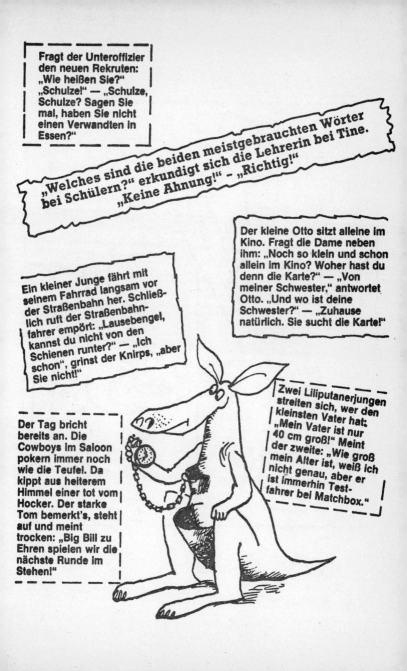

Fragt der Unteroffizier den neuen Rekruten: „Wie heißen Sie?" „Schulze!" — „Schulze, Schulze? Sagen Sie mal, haben Sie nicht einen Verwandten in Essen?"

„Welches sind die beiden meistgebrauchten Wörter bei Schülern?" erkundigt sich die Lehrerin bei Tine. „Keine Ahnung!" — „Richtig!"

Der kleine Otto sitzt alleine im Kino. Fragt die Dame neben ihm: „Noch so klein und schon allein im Kino? Woher hast du denn die Karte?" — „Von meiner Schwester," antwortet Otto. „Und wo ist deine Schwester?" — „Zuhause natürlich. Sie sucht die Karte!"

Ein kleiner Junge fährt mit seinem Fahrrad langsam vor der Straßenbahn her. Schließlich ruft der Straßenbahnfahrer empört: „Lausebengel, kannst du nicht von den Schienen runter?" — „Ich schon", grinst der Knirps, „aber Sie nicht!"

Zwei Liliputanerjungen streiten sich, wer den kleinsten Vater hat: „Mein Vater ist nur 40 cm groß!" Meint der zweite: „Wie groß mein Alter ist, weiß ich nicht genau, aber er ist immerhin Testfahrer bei Matchbox."

Der Tag bricht bereits an. Die Cowboys im Saloon pokern immer noch wie die Teufel. Da kippt aus heiterem Himmel einer tot vom Hocker. Der starke Tom bemerkt's, steht auf und meint trocken: „Big Bill zu Ehren spielen wir die nächste Runde im Stehen!"

Frau Meler zur Nachbarin: „Mein Mann hat sich beim Milchtrinken blaue Flecken geholt!" — „Wie denn das?" — „Die Kuh hat ihn getreten!"

Willi und Dieter nützen Mutters Abwesenheit, um ausgiebig zu naschen. Plötzlich zieht ein Gewitter auf. Es donnert und blitzt gewaltig. „O Schreck, laß nach!" jammert Willi. „Jetzt hat uns der Himmel für die Sünderkartei fotografiert!"

„Mutti, warum heißt dieses Tier dort Wolfshund?" — „Weil der Vater ein Hund und die Mutter eine Wölfin waren." — „War das beim Ameisenbären genauso?"

„Warum grüßt ihr mich nicht mehr?" fragt der Lehrer die Kinder.
„Ach, seien Sie doch froh, daß Sie durch uns noch Ihren Job haben!"

„Wenn du dir etwas wünschen dürftest – was würdest du dir dann wünschen? Schnecke seinen Sohn. „Ich würde mir wünschen, einmal in eine Radarfalle zu geraten und wegen überhöhter Geschwindigkeit verurteilt zu werden!"

Der Lehrer: „Nun, Pauli, weißt du noch, womit der Prinz Dornröschen geweckt hat?"
Pauli kann sich beim besten Willen nicht daran erinnern.
„Denk einmal nach! Es ist dasselbe, was dir deine Mutter morgens gibt!"
„Einen Löffel Lebertran!" strahlt Pauli.

Kündigungsschreiben einer modernen Firma:
„Sie sind eine große Stütze unserer Firma. Wir wissen nicht, wie wir ohne Sie auskommen sollen. Aber ab nächsten Ersten wollen wir es doch einmal versuchen!"

Ein Junge fährt sein Schwesterchen spazieren. Unterwegs begegnet ihm eine alte Oma und fragt ihn:
„Wie alt ist denn dein Schwesterchen?"
Der Junge, der der Sohn eines berühmten Technikers ist, gibt zur Antwort:
„Modell 1984!"

Was ergibt eine Mischung von Pferd und Esel?
Ein Maultier.
Und was ergibt eine Mischung aus Rind und Schwein?
Gemischtes Hackfleisch.

Lehrer: „Wir wollen jetzt einmal einige Wörter suchen, die von anderen Wörtern abgeleitet sind. Wer weiß ein Beispiel?"
Inge meldet sich: „Das Regenwasser."
„Wieso, wovon ist das abgeleitet?"
„Von der Dachrinne!"

„Wenn Tina eine Geige bekommt, müßt ihr mir ein Fahrrad kaufen!" beschwert sich Tom bei den Eltern. Die verstehen nicht, da erklärt Tom: „Das Rad brauche ich, damit ich wegfahren kann, wenn Tina übt!"

Peter und Klaus sitzen im Eisbüdchen.
„Mensch, du schleckst schon die dritte Portion, während ich noch an der ersten bin."
„Das ist notwendig. Ich habe einen Bandwurm, den will ich jetzt erfrieren lassen."

Der Rote-Blitz-Fahrer überfährt zwei rote Ampeln und tritt plötzlich vor einer Kreuzung auf die Bremse. Die Ampel zeigt Grün. „He!" staunt der Fahrgast. „Bei Rot fahren Sie durch – und bei Grün halten Sie... Wieso das?"
„Könnte ja ein Kollege von rechts kommen!" antwortet der.

Heiner hat einen Würstchenstand am Markt. Tag für Tag steht er da und ruft: „Heiße Würstchen, heiße Würstchen!" Eines Tages kommt ein Passant vorbei, und während Heiner wieder „heiße Würstchen" ruft, meint er nur: „Angenehm, Schmidt ist mein Name!"

Knox trifft Lupinchen beim Hausaufgabenmachen. „Ah, du schreibst einen Aufsatz über Hitze und Kälte? Dann sag mir doch mal ein Beispiel dazu, daß Hitze ausdehnt und Kälte zusammenzieht!"
„Ist doch klar! Die Sommerferien dauern sieben Wochen, die Weihnachtsferien nur vierzehn Tage!"

„Alfred, wo warst du so lange?" fragt die Mutter.
„Klaus und ich haben Briefträger gespielt, Mami. Wir haben die ganze Siedlung mit Post versorgt."
„So. Aber woher hattest du die Briefe?"
„Aus deinem Nachttisch, Mami. Da lagen zwei dicke Pakete drin mit rosa Schleifchen drumherum."

Der Lehrer geht durch die Bankreihen seiner Klasse und sieht Stops mit beiden Händen in den Hosentaschen dasitzen. „Na, Stops, frierst du?"
„Nein, Herr Lehrer!"
„Also, dann nimm mal die Hände aus den Taschen!"
„Aber dann friere ich doch!"

Herr Makunze bestellt im Gasthaus eine gebratene Taube. Das Tier ist zäh wie Leder. Plötzlich stößt er mit der Gabel auf ein Bleiröhrchen. Er öffnet es neugierig und liest: „Greifen im Morgengrauen an. Unterschrift: Friedrich der Große."

Ein Ostfriese in einer Buchhandlung: „Ich hätte gerne einen Globus von Ostfriesland...!"

Der Konditorlehrling konnte den Auftrag des Meisters, auf eine Geburtstagstorte den Satz „Herzlichen Glückwunsch" zu schreiben, nicht ausführen. Er bekam die Torte einfach nicht in die Schreibmaschine.

Übrigens... wer barfuß geht, dem kann man nichts in die Schuhe schieben.

Gerda macht einen Schulausflug und entdeckt einen Igel, den sie von allen Seiten bestaunt. Später findet sie unter einem dicken Kastanienbaum die stacheligen Hüllen der Kastanien. Sie läuft zu ihrem Lehrer und ruft voller Stolz: „Herr Lehrer, lauter Igeleier!"

„Mutti, ist unser neues Baby vom Himmel gekommen?"
„Natürlich!"
„Das ist wieder mal typisch! Da oben wollten sie den Krakeeler auch nicht!"

Ohne Worte

Pauli und Mausi gehen in der Stadt spazieren. Da sieht Mausi drei Stare auf einer Fernsehantenne sitzen und fragt: „Du, Pauli, was sind denn das für Vögel?"
„Das sind Fernsehstars."

Ein Pfälzer kommt in ein Schuhgeschäft und sagt zur Verkäuferin: „Ich hätte gern ein Paar Schuhe, aber mit ganz dicken Sohlen!"
„Was? Jetzt im Sommer mit extra dicken Sohlen?" meint die Verkäuferin.
„Ja, wissen Sie, ich fahre nach Paris. Und meine Frau hat gemeint, das wäre ein heißes Pflaster!"

● ● ● ● ● ● ● ● ● ● ● ● ● ● ● ● ● ●

Der Herr Oberförster stellt vor: „Das ist Karl, unser dienstältester Treiber. Über dreißigmal angeschossen und noch immer in der ersten Linie."

Fragt ein Jagdgast: „Stört denn das viele Blei im Körper nicht?"

„Keine Spur – nur schwimmen kann er damit natürlich nicht mehr!"

● ● ● ● ● ● ● ● ● ● ● ● ● ● ● ● ● ●

Was ist das? Sitzt da und drückt pausenlos Kekse im Aschenbecher aus? Jemand, der sich eben das Rauchen abgewöhnt hat.

Lehrer:

„Jetzt habe ich euch lang und breit erklärt, wofür ein Spiegel gut ist. Maxl, jetzt sag mir mal, wohin du schaust, wenn du wissen möchtest, ob dein Hals sauber ist!"

„Auf das Handtuch, Herr Lehrer!"

Richter

„Zum letzten Mal! Ich bitte mir Ruhe im Gerichtssaal aus! Der nächste, der stört, fliegt aus dem Saal!" Da fängt der Angeklagte an zu brüllen: „Hurra...!"

Emil kauft und verkauft leere Flaschen. Es klingelt bei Frau Müller: „Haben Sie leere Weinflaschen?" Frau Müller, verbiestert über die morgendliche Störung, stellt wütend die Gegenfrage: „Sehe ich etwa so aus, als ob ich Wein tränke?" Antwortet Emil mit ausgesuchter Höflichkeit: „Keineswegs, gnädige Frau, aber dann haben Sie bestimmt leere Essigflaschen!"

Fragt ein Hase den anderen: „Sag mal, glaubst du an ein Leben nach Ostern?"

„Na, Sohnemann, wie war's im Geigenunterricht?" „Fein! Ich mache große Fortschritte! Die Lehrerin hatte schon richtige Tränen in den Augen..."

Lehrer: „Was denkst du dir eigentlich dabei, den ganzen Morgen ein fröhliches Gesicht zu machen, Fritzchen?" Fritzchen: „Ich dachte mir, daß Sie sich freuen, wenn ich trotz meiner schlechten Noten gut aufgelegt bin, Herr Lehrer!"

Herr Oberhuber geht zwar oft auf die Jagd, meist kommt er aber mit leeren Händen heim. Doch diesmal legt er seiner Frau stolz einen enthäuteten Hasen auf den Tisch. Meint seine Frau: „Wieso ist der schon abgezogen?" „Ganz einfach: Den habe ich beim Baden erwischt!"

Andy hat gerade den Führerschein gemacht. Sein Vater leiht ihm seinen Sportwagen. Er steigt ein, gibt Vollgas und rast nach wenigen Metern gegen einen Baum. Als er im Krankenhaus zu sich kommt, sieht er im Bett nebenan einen Schwarzen liegen. Er schwärmt: „Tolles Auto! Einmal kräftig Gas gegeben und schon in Afrika!"

Ausruf:

„Der Fahrer des Wagens HH – A 999 wird gebeten, sein Fahrzeug vom Schachtdeckel wegzufahren. Der städtische Kanalarbeiter möchte sein freies Wochenende antreten!"

Ein Schwabe hat dreißig Jahre bei Daimler-Benz gearbeitet, jetzt will er weg von dort. Fragt ihn sein Kumpel, weshalb er das tut. Meint er: „Ja, weischt, do konsch halt nix mache, des isch mei Zigeunerblut, gell!"

Lehrer Tümpelmann: „Ihr habt doch sicher schon einmal etwas von Bauernregeln gehört. Kennt jemand von euch eine solche?"
Steht Freddy auf: „Ja, ich. Sind die Hühner flach wie Teller, war der Traktor wieder schneller!"

Schülerwitz DER WOCHE:

Eine Schulklasse macht einen Tagesausflug in den Münchener Tierpark Hellabrunn. So steht man schließlich bei den Schwänen, und der Lehrer fragt den kleinen Dieter: „Na, hättest du nicht auch gerne so einen langen Hals?" Meint Dieter: „Beim Waschen nicht, beim Diktat schon eher!"

Hier ist Bayern 3 mit einer Durchsage...

Auf der Autobahn München hört Herr Muckelmann folgende Durchsage: „Achtung! Auf der Autobahn zwischen Augsburg und München kommt Ihnen ein Fahrzeug auf der falschen Fahrbahn entgegen."
Ruft Frau Muckelmann vom Beifahrersitz aus: „Was heißt da einer! Hunderte sind das, Hunderte!"

Klaus zu seinem Kumpel Dieter: „Unlängst träumte ich, man hätte mich auf einen Hühnerhof verfrachtet, und ich mußte Dutzende von Gänsen rupfen. Rupfen, nichts als rupfen!" – „Und – war es sehr schlimm?" „Für mich nicht, aber für meine Frau. Als ich morgens aufwachte, hatte sie keine Haare mehr auf dem Kopf!"

Sagt der Polizist zum Angler: „Können Sie nicht lesen? Hier ist Angeln verboten!"
„Aber ich angle doch gar nicht", antwortet der. „Ich bade doch nur meinen Wurm!"
„Das kostet Sie trotzdem fünfzig Mark Strafe!"
„Warum das denn?"
„Ihr Wurm trägt keine Badehose!"

Schöne Erziehung!

Gangsterboß zu seinem Söhnchen: „Wenn du es im nächsten Zeugnis schaffst, in Betragen eine glatte Sechs zu kriegen, klaue ich dir ein Mofa!"

„Unwahrscheinlich, wie lang doch dieser Tunnel ist."
„Schon, aber du mußt bedenken – wir sitzen auch im letzten Waggon."

Stammgast:
„Herr Wirt, beißt Ihr Hund?"
„Aber keine Spur!"
„Schade, sonst könnte er einmal versuchen, das Fleisch zu beißen, das mir der Kellner gebracht hat!"

Püselmüdel kommt total besoffen nach Hause. Er ist so voll, daß er den Lichtschalter nicht findet. Ruft er: „Ella, fang schon an zu schimpfen, sonst finde ich das Bett nicht!"

Ackermann und Veitenhansl treffen sich an der Adria. Schweigend betrachten sie die Weite des Meeres. Schließlich sagt Ackermann: „Wieviel Wasser es doch auf der Welt gibt!"
„Ja", sinniert Veitenhansl, „dabei sieht man nur das, was oben schwimmt."

Baumbusch spendiert seinem Freund Rattelbeck ein Essen. Anschließend fragt er: „Weißt du, was du gegessen hast?"
„Natürlich. Rostbraten!"
„Irrtum!" lacht Baumbusch. „Roßbraten war das. Alles vom Pferd!"
„Du lieber Himmel!" stöhnt Rattelbeck. „Das Apfelmus auch?"

Sandhammer ist furchtbar schüchtern. Als er in einem Hotel einen Lift besteigt, fragt ihn der Liftboy: „Welches Stockwerk?"
Flüstert Sandhammer: „Vierter Stock, falls es für Sie kein Umweg ist."

Der Schiedsrichter ist sauer. Er meint zum Linienrichter: „So ein Mist! Ich habe die Karten vergessen!" Dieser ist gelassen. „Macht doch nichts! Bei Rot zeigst du die Zunge und bei Gelb deine Zähne…"

Der Wirt ermahnt seinen Stammgast: „Jetzt ist Schluß! Ich schreibe dir nichts mehr an!"
Meint der Stammgast: „Von mir aus gern, aber wie willst du dir alles merken, was ich hier so trinke?"

Unterrichtsstunde:

Die Lehrerin erklärt: „Also, Kinder – wenn die Vorsilbe ‚un' am Anfang eines Wortes steht, bedeutet dies meistens nichts Gutes. Und nun sagt mir ein paar Beispiele!" Meldet sich Micha: „Unterricht, Frau Lehrerin!"

Sandmeier kommt vom Urlaub zurück. Fragt ihn der Zollbeamte:
„Kaffee? Tee? Zigaretten? Schnaps?"
„Danke", sagt Sandmeier, „kein Bedarf mehr. Alles schon reichlich im Gepäck."

„Wie waren die Preise bei Ihnen im Urlaub?"
„Oh, noch höher als die Berge. Und bei Ihnen an der See?"
„Noch gesalzener als das Wasser."

Fragt der Lehrer:

„Helmut, wenn ich sage: ‚Mathe macht mir Freude!' Was für ein Fall ist das?"
Helmut überlegt kurz und antwortet: **„Ein sehr seltener Fall!"**

Boris und Ossi besuchen den Zoo und stehen interessiert vor dem Gitter des Fuchsgeheges.
„Siehst du, Ossi, das ist der, der die Gans gestohlen hat."
„Was, nur eine Gans — und dafür lebenslänglich?!"

Schorschi geht ins Fußballstadion. An der Kasse möchte er eine halbe Eintrittskarte kaufen. Der Mann am Schalter wundert sich und fragt: „Warum denn bloß eine halbe Karte?"
„Na, ist doch klar! Ich interessiere mich nur für die eine Mannschaft...!"

Ein Penner

wird ins Krankenhaus eingeliefert. Er muß dringend operiert werden. Man steckt ihn zuerst einmal ins Bad, er wird kräftig geschrubbt und gewienert. Zufrieden liegt er danach im Bett und sagt zur Schwester: „So eine Operation hatte ich mir immer viel schlimmer vorgestellt...!"

Der Pfarrer liest im Religionsunterricht aus der Bibel vor: „...und der Vater des verlorenen Sohnes fiel auf sein Angesicht und weinte bitterlich!"
Er wendet sich an die Klasse: „Wer kann mir erklären, warum?"
Meldet sich Fritzchen: „Na ja, Herr Pfarrer, knallen Sie mal mit der Schnauze auf den Boden, da kommen Ihnen auch die Tränen!"

Herr Bröselmeier hat einen Lügendetektor. Jürgen kommt nach Hause, und Herr Bröselmeier stellt ihn vor den Lügendetektor.
„Welche Note hast du geschrieben?"
Jürgen: „Note Eins!"
Das Gerät wackelt.
„Was hast du geschrieben?"
„Note Zwei!"
Das Gerät wackelt erneut.
Der Vater wird wütend und schreit:
„Lüg mich nicht dauernd an! Als ich in deinem Alter war, habe ich nur Einsen geschrieben!"
Kaum hat er das gesagt, ist der Lügendetektor explodiert.

Scherzfrage
Weshalb sollen die Schiedsrichter beim Fußball immer in Bewegung sein?

Weil bewegliche Ziele schwerer zu treffen sind.

Frau Tuckerzahn ist mit einem Polizisten verheiratet. Sie hat sich gerade einen kleinen Hund angeschafft und wird von ihrer Freundin gefragt:
„Warum hast du ihn eigentlich Gauner getauft?"
„Ach, du müßtest mal sehen, wie viele Leute sich umdrehen, wenn ich meinen Hund rufe!"

Durchblick

„Sag mal, Hermfried", wundert sich Frau Schluckauf, „warum machst du denn beim Trinken die Augen zu?"
„Weil der Arzt gesagt hat, ich solle nicht so tief ins Glas gucken!"

Heute möcht' ich mal der Lehrer sein, Herr Lehrer

„Schade, daß Hübelmoser nicht da ist! Wann kommt er wieder?"
„Das hängt vom Urteil des Gerichts ab...!"

Ist der nicht lustig?

Bei Püsemüdels ist wieder einmal Tante Frieda zu Besuch. Alle sitzen steif am Kaffeetisch, wobei die kleine Walburga die Tante nicht aus den Augen läßt. Plötzlich steht sie auf, geht zur Tante und leckt ihr mit der Zunge über das Kleid.
„Aber Walburga, was machst du da?" ruft Tante Frieda erschreckt. Das Mädchen rechtfertigt ihr Handeln: „Mami hat ganz recht: Dein Kleid ist wirklich geschmacklos!"

Familienausflug zum Zoo. Der kleine Dieter nörgelt: „Ich möchte so gerne mal auf einem Esel reiten, Mami!"
Sagt die Mutter: „Willi, nun nimm den Jungen endlich mal auf die Schultern!"

•

„Schmeiß doch den Kerl an Tisch fünf raus, der schläft ja nur!" sagt der Kellner zu seinem Kollegen.
„Ich werd' mich hüten!" meint der. „Jedesmal, wenn er aufwachte, hat er seine Rechnung bezahlt!"

„Du, Rudi ist deine Frau durch die Schlammpackungen eigentlich schöner geworden?"
„Anfangs ja, aber dann fing das Zeug an abzubröckeln."

Was bedeutet es, wenn ein Pfälzer einen Löffel an einer Kette um den Hals trägt?

Zehn Jahre unfallfreies Essen

Ackermann und Veitenhansl haben in einer Kneipe Krawall gemacht und fliegen raus. Da krempelt sich Veitenhansl die Ärmel hoch und sagt: „Ich geh' jetzt rein und räume ab. Du mußt nur zählen, wie viele rausfliegen."
Ackermann bleibt draußen. Prompt geht die Tür auf, einer fliegt raus, und Ackermann zählt: „Eins."
„Du Ochse!" stöhnt Veitenhansl. „Mich brauchst du doch nicht mitzuzählen!"

„Sie haben also Ihrem Untermieter das Cello gestohlen und es versteckt! Können Sie denn überhaupt Cello spielen, Angeklagter?" fragt der Richter streng.
„Nein", antwortet der Gefragte kleinlaut, „aber mein Untermieter auch nicht!"

Feuer breitet sich nicht aus, hast du Mini-Max im Haus!

Mini-Max ist großer Mist, wenn du nicht zu Hause bist!

Der Lehrer schrieb an die Tafel: „Es ist nicht alles Gold, was glänzt!" Während der Pause dichtet Klein Erna weiter: „Und längst nicht alles faul, was schwänzt!"

Der kleine Dieter steht an der Kinokasse. Ein Horrorfilm wird gezeigt, und die Dame will ihn nicht reinlassen. Er wird sauer und sagt: „Natürlich weiß ich, daß es ein Horrorfilm ist! Ich habe aber nicht gewußt, daß die Hauptdarsteller an der Kasse sitzen. Tschüs!"

Bei Watzlaffs hat's geklingelt. Der kleine Pit geht zur Tür. „Du, Papa, da ist ein Mann, der fürs Trinkerheim sammelt!"
Antwortet Watzlaff: „In Ordnung – gib ihm eine Flasche Kognak, aber nicht den besten!"

Cowboy Jim kommt in den Saloon und brüllt: „Wo ist mein Pferd geblieben? Wenn das Pferd nicht innerhalb von zehn Minuten wieder da ist, passiert das gleiche wie damals in Kansas City!"
Alle laufen erschreckt davon und suchen das Pferd. Fragt ihn der Barkeeper verängstigt: „Was ist denn damals in Kansas City passiert?"
Antwortet Jim: „Ich bin die letzten zwanzig Meilen zu Fuß gelaufen!"

Gute Nacht!

Herr Kratzfuß muß zur Behörde. Er klopft an eine Tür, bekommt aber keine Antwort. Er tritt ein und wünscht einen guten Tag. Keine Antwort. Der Beamte sieht ziemlich übellaunig aus. Plötzlich zeigt Herr Kratzfuß auf die Fensterbank und sagt:
„Das ist aber sehr ungesund!"
Der Beamte merkt auf und fragt: „Was?"
„Na, Blumen im Schlafzimmer!"

Der Deutsche wird schnell rot, der Chinese schnell orange...

„Herr Ober!"...

...ruft die Dame. „Bringen Sie mir bitte einen Zahnstocher!"
„Bedaure, gnädige Frau, aber die sind im Moment alle besetzt!"

Wieso brauchen die Ostfriesen so lange, um ihre Kellerfenster zu putzen?
Sie benötigen einige Stunden, um die Leiter einzugraben!

Zwei Amerikaner unterhalten sich. Bill zeigt auf eine Schramme in seinem Gesicht.
„Diese Schramme habe ich bekommen, als ich aus dem Fenster eines Hochhauses im 36. Stock fiel!"
Meint Bob: „Also, ihr Fensterputzer lebt ja wirklich gefährlich. Daß du diesen Sturz überhaupt lebend überstanden hast – alle Achtung!"
Bill: „War nicht so schwer, ich bin nach innen gefallen!"

Die hübsche Hetty macht jetzt den Führerschein. Meint der Fahrlehrer in der ersten Fahrstunde: „Mein Fräulein, jetzt hantieren Sie schon eine ganze Weile an dem Rückspiegel um. Ist irgend etwas damit?"
„Ja. Er ist falsch eingestellt. Ich kann immer nur die Autos hinter mir sehen...!"

Der kleine Fritz droht seinen Eltern: „Wenn ihr morgen nicht mit in den Zirkus geht, erzähle ich allen Nachbarn, wie wenig Papa verdient, und wie alt Mama in Wirklichkeit ist."

Hüttenbüttel humpelt zerschlagen in die Fabrik.
„Rheuma mit allen Folgen?" fragt ein Kollege besorgt.
„Nein, nein", winkt Hüttenbüttel ab. „Fußball mit allen Enkeln..."

"Spielen wir heute abend Schach?"
"Na gut! Aber du mußt die Würfel mitbringen!"

Was befördert die Post auch, wenn gerade alle streiken?

Die Postbeamten.

Emil saust mit seinem Fahrrad um die Kurve und knallt voll in einen Polizisten hinein.
Der schimpft: "Kannst du nicht klingeln?"
Emil: "Doch, aber ich wollte Sie nicht erschrecken!"

Ein Cowboy betritt den Saloon. In jeder Hand hält er zwei, drei Pferdeäpfel. Sagt er zum Barkeeper: "Schau dir nur diese Sauerei an! Um ein Haar wäre ich da reingetreten!"

Horst und Peter schauen einem verliebten Pärchen zu, das sich küßt.
Fragt Peter: „Hast du 'ne Ahnung, was die da machen?"
Antwortet Horst nach einer Weile tiefen Nachdenkens: „Sieht ganz so aus, als wollten sie sich gegenseitig den Kaugummi klaun!"

Ein Angler trifft seinen Freund eines Morgens am Fluß mit einer ganz geschwollenen Backe. Mitleidvoll fragt er ihn: „Hast du Zahnschmerzen…" – „I wo!" antwortet der. „Ich muß nur die tiefgefrorenen Würmer irgendwie auftauen…!"

Das ist wahr:
Reiche nehmen nur sehr selten Arme in die Arme.

Herr Muckermann läßt sich untersuchen. „Ihnen fehlt gar nichts! Sie sind vollkommen gesund und haben einen Puls wie ein Uhrwerk", sagt der Arzt zu ihm.
Meint Herr Muckermann: „So? Dann nehmen Sie mal Ihre Finger von meiner Armbanduhr weg!"

Chicago. Die ganze Schulklasse hat nichts gelernt, jeder sitzt dumm da. Der kleine Jack jedoch meldet sich eifrig: „Hör mal", knufft er seinen Nachbarn, „bei uns sind schon ganz andere umgelegt worden, weil sie zuviel wußten."

„Jutta, dein Mann geht mir auf die Nerven! Ständig verwechselt er mir und mich."
„Aber deiner erst, der verwechselt dauernd mich und dich!"

„Mein Hund ist einfach toll! Jeden Morgen bringt er die Zeitung – dabei habe ich gar keine bestellt...!"

Andy und Sabine vertragen sich nicht, ständig wird gefrotzelt. „Komisch, dein Vater ist Schuhmacher, und du gehst ständig barfuß!" sagt Sabine, die gerade ihren kleinen Bruder im Kinderwagen spazierenfährt. Schaut Andy in den Kinderwagen: „Und dein Vater ist Zahnarzt, und dein Bruder hat noch nicht einmal Zähne!"

Hafermehl hat ein Buch geschrieben und an einen Verlag geschickt. Vierzehn Tage später erhält er die Antwort: „Das Papier können wir leider nicht kaufen – da hat schon jemand draufgeschrieben...

Schülerwitz DER WOCHE:

„Wer möchte in den Himmel kommen?" fragt der Religionslehrer seine Schüler. Alle bis auf Karli melden sich. „Karli, willst du denn nicht in den Himmel?"
„Das schon, aber mein Vater hat gesagt, ich soll nach der Schule gleich nach Hause kommen...!"

Alte Schülerweisheit
Lieber einen Bauch vom Colatrinken als einen Buckel vom Büffeln!

Hüsepüttel möchte sein neues Auto anmelden. Er bittet: „Könnte ich vielleicht Nummer 1313 bekommen?"

„Das ist ja merkwürdig", meint die Dame am Schalter, „die meisten Leute sind so abergläubisch, daß sie diese Nummer ablehnen. Warum möchten Sie sie denn haben?"

„Nun, ich habe mir gedacht, daß ein Wagen mit dieser Nummer nie gestohlen wird...!"

Die Lehrerin fragt ihre Schüler, wie sie sich ihre Zukunft vorstellen. Meint Klein-Erna: „Wenn ich später hübsch werde, dann heirate ich einen reichen Mann. Wenn nicht, dann werde ich einfach Lehrerin!"

Mißverständnis

„Wie können Sie es wagen, in Frauenkleidern vor Gericht zu erscheinen?"

„Aber auf der Vorladung steht doch ausdrücklich, ich habe mich ‚in Sachen meiner verstorbenen Großmutter' einzufinden!"

„Im letzten Winter bin ich gestürzt und mußte vier Wochen liegen!"
„Was, hat man dich erst so spät gefunden?"

„Nein, haben wir nicht!" sagt der Liftboy zum Hotelgast. Von weitem schaltet sich der Direktor ein. „Natürlich haben wir das, mein Herr!" Verdutzt zieht der Gast ab. „Was wollte er denn?" will der Direktor wissen. „Er hat sich nur erkundigt, ob wir hier viel Regen haben!"

„Zu bestimmten Zeiten", sagte der Lehrer, „herrschen auch bei uns noch heidnische und barbarische Bräuche. Wer kann mir ein Beispiel nennen?" Meldung aus der letzten Reihe: „Zweimal pro Jahr, bei der Vergabe der Zeugnisse!"

Zwei Vögel sehen zu, wie der Gärtner sorgfältig den Blumensamen in die Erde legt. „Daß dem das nicht langweilig wird!" sagt der eine Vogel. „Jedes Jahr das gleiche Spielchen: Er versteckt die Körner, und wir müssen sie dann suchen!"

Der Abgeordnete liegt im Krankenhaus und erhält ein Telegramm: „Mit 315 zu 76 Stimmen wünschen wir Ihnen gute Besserung! Die Kollegen!"

Der Vater fragt den Grundschüler: „Na, was habt ihr heute gelernt?" „Bis zehn zu rechnen." „Und was kommt morgen dran?" „Da lernen wir, wie man den Computer wieder ausschaltet...!"

„Das ist doch wirklich allerhand!" klagt der Musiklehrer, als er im Geigenkasten seines Schülers eine Maschinenpistole entdeckt. „O weh!" ruft der Kleine. „Dann steht Vati jetzt mit der Geige in der Sparkasse!"

Piet und Willem stieren aufs Meer hinaus. „Sag mal, warum sind eigentlich die Ozeane so wertvoll?" „Nun, vielleicht weil soviel Öl darauf schwimmt!"

Kommt ein Vertreter auf den Bauernhof. „Wo kann ich Ihren Mann finden?" fragt er die Bäuerin. „Der ist im Schweinestall!" erwidert sie. „Und wie kann ich ihn erkennen?" „An der Mütze!"

Sagt der Kaffee zur Sahne: „Komm doch zu mir in die Tasse, das ist viel lustiger!" Meint die Sahne: „Okay, bevor ich mich schlagen lasse!"

Was muß man unbedingt tun, ehe man aufsteht? Sich hinlegen!

Der freche Josef-Dieter hat wieder mal was ausgefressen und wird zur Strafe in die Speisekammer gesperrt. Eine knappe Viertelstunde später hört seine Mutter an der Tür der Speisekammer ein zaghaftes Klopfen. „Nun, Josef-Dieterlein", forscht sie erfreut, „willst du nun wieder artig sein?" — „Nöö", tönt es zurück. „Was willst du denn?" — „Ich will 'nen Dosenöffner!"

„Wie mein Arzt mir geholfen hat, habe ich ihm geholfen!" „Wie soll ich das verstehen?" „Er hat mich gesund gemacht, und ich habe ihn reich gemacht...!"

Der Konditorlehrling konnte den Auftrag des Meisters, auf eine Geburtstagstorte den Satz „Herzlichen Glückwunsch" zu schreiben, nicht ausführen. Er bekam die Torte einfach nicht in die Schreibmaschine.

Fragt ein Tourist in München einen Polizisten: „Wissen Sie, wohin die Straßenbahnlinie 15 fährt?" — „Ihnen in die Haxen, wenn Sie nicht blitzschnell vom Gleis runtersteigen!" meint der Schutzmann trocken.

Auch das gibt's

Fragt der Mann beim TÜV die Dame: „Ist Ihr Wagen denn in der letzten Zeit überhaupt mal überholt worden?"
„Was denken Sie?" empört sich die Gefragte. „Andauernd! Vor allem von Radfahrern!"

Mißgeschick

Ein Hering blieb,
  welch Mißgeschick,
in seinem Wachstum stark
  zurück;
und voller Sorge frißt er
viel mehr als die Geschwister.
Doch alle Mühe war umsonst,
er blieb so mickrig und verhunzt
und kam, so schloß sein
  Lebenslauf,
als Kieler Sprotte zum Verkauf.
Dies konnte ungestraft geschehn,
obwohl er Kiel niemals gesehn!

Es gibt Autoren, die haben das Zeug zum Schreiben, aber auch Autoren, die haben bloß das Schreibzeug!

Schwere Entscheidung...

Klausi kommt von der Schule nach Hause und sagt zu seinem Vater: „Mein Lehrer hat mich heute vor die Wahl gestellt: Entweder ich lerne jetzt, oder ich fliege demnächst von der Schule!"
„Und", meint der Vater, „wie hast du dich entschieden?"
Klausi: „Also, ich glaube, ich werde den Lehrer nicht sonderlich vermissen!"

„Bitte, bitte, schenk mir einen Nerz!" fleht Frau Rüsselbier ihren mit Geld und Geiz gesegneten Ehemann an.
„Mach ich!" beschließt der Herr Gemahl. „Aber den Käfig für das Vieh mußt du selber saubermachen!"

Bedenkzeit

Schwatzke übernachtet im Hotel. „Wann wollen Sie denn geweckt werden?" fragt der Portier.
„Weiß ich noch nicht. Ich sag's Ihnen morgen früh."

Richter: „Herr Zeuge, woran wollen Sie erkannt haben, daß der Angeklagte betrunken war?"
„Nun, er warf eine Münze in den Briefkasten, schaute nach der Bahnhofsuhr und murmelte: ‚Verflixt – schon wieder zwei Kilo zugenommen!'"

Auf dem Markt

„Ist der Fisch auch wirklich frisch?" fragt Frau Semmelbrösel die Marktfrau.
„Aber gewiß doch! Wenn Sie zwei Minuten Mund-zu-Mund-Beatmung machen, schwimmt er wieder!"

Beim Psychiater fühlt sich einer als Napoleon.
„Wer hat Ihnen denn gesagt, daß Sie Napoleon sind?" will einer der Patienten wissen.
„Der liebe Gott", lautet die Antwort.
Steht ein Mann in der Ecke auf und fragt empört:
„Was soll ich gesagt haben?"

Ein Schüler, der seinem Lehrer kräftig einheizt, darf sich nicht wundern, wenn er dann Dampf abläßt!

„Der Hund, den Sie mir neulich verkauft haben, taugt überhaupt nichts!"
„Wieso denn?"
„Letzte Nacht hat er so laut gebellt, daß niemand den Einbrecher hat kommen hören!"

Ein kleiner Igel hat sich im Gewächshaus verlaufen. Er kann noch nicht richtig sehen und stößt immer wieder gegen einen Kaktus.
Fragt er: „Bist du es, Mami?"

In heller Aufregung kommt die Sekretärin zum Direktor der Bank.
„Der Hauptkassierer ist verschwunden!" schreit sie.
„Um Gottes willen! Kontrollieren Sie sofort den Geldschrank!"
Nach drei Minuten kommt die Sekretärin zurück. „Dort ist er auch nicht!"

Lehrer Ungeheuer fragt in die Schulklasse: „Jeder Mensch muß ein Ziel vor Augen haben, das er erreichen will! Welches Ziel hast zum Beispiel du, Helmut, vor Augen?"
Meint der: „Nichts Besonderes. Ich möchte lediglich Ihr Vorgesetzter werden, Herr Lehrer!"

Xaver ist das erste Mal am Meer. Als er an den Strand kommt, ist gerade Ebbe. Da meint er: „So ein Mist! Kaum sind wir hier, da haut das Meer ab!"

So was Dummes!

Fußballweltmeisterschaft der Tiere. Im Endspiel stehen sich die Elefanten und die Käfer gegenüber. Die Elefanten sind haushoch überlegen. Halbzeitstand 8 : 1 für die Elefanten. Nach der Pause wechseln die Käfer aus. Herein kommt ein Tausendfüßler, der sofort ein Tor nach dem anderen schießt. Die Elefanten können ihn nicht aufhalten. Endstand des Spiels 10 : 8 für die Käfer. Da fragt der Elefantenkapitän den Käferkapitän, warum sie den Tausendfüßler erst so spät ins Spiel genommen haben. Antwort: „Der braucht immer so lange, bis er seine Schuhe anhat."

Hein Willems bestellt in der Kneipe ein Bier. Nach einer Viertelstunde reklamiert er:
„Herr Ober, ich hab' mein Bier noch nicht bekommen!"
„Kommt sofort, der Herr!"
Eine halbe Stunde später. Hein hat immer noch kein Bier.
„Herr Ober, was macht mein Bier?"
„Zwei Mark fünfzig, der Herr!"

„Was glotzen Sie mich denn so an?"
„Verzeihung, aber Sie haben eine verblüffende Ähnlichkeit mit meiner Frau – bis auf den Bart!"
„Bart? Ich habe doch gar keinen Bart!"
„Sie nicht, aber meine Frau!"

Alle paar Tage kommt ein Mädchen zu einem Drogisten. Immer kauft sie Schlankheitsmittel. Eines Tages fragt sie der Verkäufer: „Für wen ist das Mittel denn?"
„Für Susi, mein Kaninchen, denn Papi will es schlachten, wenn es fett genug ist..."

Merkwürdig!
Die einen bekommen mit 1,3 einen Studienplatz, die anderen den Führerschein weggenommen!

Neues aus Ostfriesland

Die meisten Ostfriesen haben beim Fernsehen immer einen Spaten zur Hand. Sollte nämlich ein Kanal ausfallen, können sie sich gleich einen neuen graben...

Onkel Archibald ist zu Besuch und fragt: „... und kann Schorschi schon richtig mit Geld umgehen?"
Meint Sohnemann: „Klar! Und ganz schnell!"

„Angeklagter, warum müssen Sie denn immer wieder rückfällig werden?"
„Das ist krankhaft, Herr Richter. Jedesmal, wenn ich einen Tresor sehe, bekomme ich einen Brechreiz."

Sagt der Richter zum Angeklagten: „Hatten Sie bei Ihrem Einbruch einen Genossen?"
„Nein, ich war stocknüchtern!"

Schreibt eine Frau ihrem Mann in den Knast: „Lieber Gustav! Unsere Kinder kommen nun in ein Alter, wo sie beginnen, Fragen zu stellen. Sie wollen wissen, wo die Beute aus Deinem letzten Bankraub versteckt ist..."

Treffen sich zwei Regenwurmfrauen. Sagt die eine:
„Jetzt hab ich's dick mit meinem Mann! Kannst du mir einen Tip geben, wie ich ihn loswerde?"
„Schick ihn doch einfach mal zum Angeln!"

Im D-Zug: „Herr Schaffner, darf mein Dakkel einen Sitzplatz belegen?"
„Ja, vorausgesetzt, er läßt seine Füße auf der Erde!"

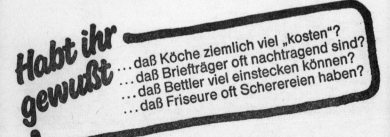

Habt ihr gewußt
... daß Köche ziemlich viel „kosten"?
... daß Briefträger oft nachtragend sind?
... daß Bettler viel einstecken können?
... daß Friseure oft Schererereien haben?

Fritzchen kommt mit einem halbvollen Senfglas zum Kaufmann. „Bitte auffüllen!" Nachdem das Glas bis zum Rand gefüllt ist, fragt der Kaufmann: „So, mein Junge, wo hast du nun das Geld?" Meint Fritzchen: „Das liegt im Glas!"

„Welche Südfrüchte kennt ihr?" fragt der Lehrer.
„Apfelsinen."
„Zitronen."
„Richtig!" lobt der Lehrer. Da meldet sich Kniggendigge junior und ruft: „Ohrfeigen, Herr Lehrer...!"

Der Ringrichter zählt: Eins zwei drei „Paß auf!" flüstert der Betreuer seinem am Boden liegenden Kämpfer zu „Vor acht stehst du nicht auf." Geht in Ordnung! Und wie spät ist es jetzt!"

Weise, weise...

Bei manchen Leuten fällt der Groschen nur pfennigweise.

„Herr Sauselmann geht zum Bauern. „Ich muß mich bei Ihnen entschuldigen, ich habe gerade Ihren Hahn überfahren. Sagen Sie mir, wie ich das wiedergutmachen kann!" Antwortet der Bauer: „Halb so schlimm! Kommen Sie halt täglich um vier Uhr früh zum Krähen!"

„Herr Müller, ich bitte um die Hand Ihrer Tochter!" – „Tut mir leid, aber bei mir heißt es: Alles oder nichts!"

Ein Mann hat sich einen Papagei gekauft und versucht ihm das Sprechen beizubringen. Immer wieder ruft er: „Hallo! Hallo!" Der Papagei bleibt stumm. So geht das stundenlang. Dann hat der Papagei genug und krächzt: „Kein Anschluß unter dieser Nummer!"

Der Kapitän motzt seinen Mann im Ausguck an: „Schnauze! Brüll nicht ständig ‚Land in Sicht!', solange wir noch im Hafen liegen!"

Frau Drosselbach kommt spätabends nach Hause und fragt das neue Kindermädchen: „Haben Sie die Kinder alle ins Bett gebracht?" Kindermädchen: „Alles in Ordnung! Nur der kleine Rothaarige hat Ärger gemacht!" „Der kleine Rothaarige? Das war mein Mann!"

Die gnädige Frau knöpft sich ihre „Perle" vor: „Anna, warum kommen Sie immer herein, ohne anzuklopfen? Es hätte ja sein können, daß ich im Unterrock dastehe..." Die Perle schüttelt den Kopf. „Sie brauchen keine Angst zu haben. Ich schaue immer erst durchs Schlüsselloch...!"

Beim Kaufmann

Kundin: „Bitte fünfzig Gramm Aufschnitt. Könnten Sie mir die Ware mit Ihrem Lieferwagen schicken?"
Verkäufer: „Bedaure, aber unser Lieferwagen ist gerade mit einem Brühwürfel unterwegs!"

Ein Frosch hüpft über die Wiese und fragt eine Kuh: „Was frißt du hier?" — „Ich fresse Gras!" Der Frosch hüpft weiter und trifft einen Storch: „Was frißt du denn?" — „Frösche!" Da spitzt der Frosch das Maul und flötet: „Gibt's denn hier welche?"

Die Maus stolz zum Elefanten: „Stell dir vor, ich habe in der letzten Woche drei Gramm abgenommen!" Blickt der Elefant nachsichtig auf sie herab und meint: „Stell dir vor, ich auch!"

Sagt der Elefant zur Maus: „Mann, bist du aber mickrig!" Antwortet die Maus ganz beleidigt: „Kein Wunder, ich war ja auch 14 Tage krank."

„Es heißt nicht ‚der Hahn tut krähen', sondern ‚der Hahn kräht'. Nenn mir ein anderes Beispiel, Oskar!"
„Mein Bauch weht, Herr Lehrer!"

Was ist das? Es steht im Wald und wiehert und bellt?

(Ein Hirsch mit zwei Fremdsprachen)

Herr Pingelig ruft den Ober an den Tisch: „Wissen Sie, wie das Steak schmeckt? Wie eine alte Schuhsohle, die man mit Zwiebel und Ketchup eingerieben hat!"
Staunt der Ober: „Was Sie schon alles probiert haben...!"

Die kleine Inge war bei ihrer Tante zu Besuch. Der Onkel kam am Abend von der Arbeit nach Hause und zog sich gleich um. Als er seine Hose auszog, kam Inge gerade ins Zimmer und fragte teilnahmsvoll: „Armer Onkel, hattu naß demacht?"

Zwei Cowboys betreten einen Saloon. An der Theke stehen zwölf Männer. „Siehst du den dort drüben?" fragt der eine Cowboy. „Wen meinst du?" fragt der zweite. Da zieht der erste Cowboy seinen Colt. Elf Schüsse peitschen, und elf Cowboys sinken zu Boden. Dann sagt der Schütze: „Den da meine ich." — „Und was ist mit dem?" — „Den kann ich nicht leiden."

Zwei schwere Jungs brechen aus dem Gefängnis aus. Sie knoten ein paar Bettücher aneinander, und als erster läßt sich Knalli-Tom daran herunter. Er kommt gleich wieder hoch und keucht: „Zu kurz!" Sie knoten noch ein Bettuch an. Diesmal klettert Eddi daran hinunter. Aber er kommt auch gleich wieder hoch: „Immer noch zu kurz!" Daraufhin knoten die beiden noch ein Bettuch an, und jetzt ist Knalli-Tom wieder an der Reihe. Ruck, zuck ist er wieder oben und keucht: „Jetzt is' es zu lang!"

Zwei Fallschirmjäger beim Manöver: „Mensch, Karl, mein Fallschirm geht nicht auf!" – „Macht gar nichts, ist ja nur Manöver."

Vor der Flimmerkiste

Der kleine Heinz schaut sich den neuen „Derrick" an, da kommt sein Vater ins Wohnzimmer. „Schau doch nicht immer diese brutalen Fernsehkrimis an, mein Junge! Komm, ich erzähle dir das Märchen, wie Hänsel und Gretel die Hexe im Backofen verbrennen!"

Es ist jetzt erwiesen...
...daß jede Schulminute 60 Schrecksekunden hat!

Dann war da noch...
...das Zebra, das versehentlich im Regen stehengelassen wurde, woraufhin die Farbe abging...

„Angeklagter, wegen der bewiesenen Vergehen werden Sie zu hundert Mark Geldstrafe verurteilt. Möchten Sie dem noch etwas hinzufügen?"
„O nein! Ich denke, hundert Mark sind wirklich genug!"

Ein Schwerverbrecher ist aus dem Gefängnis entflohen. Die Polizei hat Fotos von ihm angefertigt, die den Gangster von allen vier Seiten zeigen, und diese Fotos an alle Polizeistationen Deutschlands verschickt. Wenige Tage später kommt ein Anruf aus Ostfriesland: „Alle vier Flüchtigen wurden gestellt und auf der Flucht erschossen, weil sie sich der Festnahme widersetzten..."

Ein netter Kerl

„Na, mein Sohn", erkundigt sich die Mutter bei ihrem Sprößling. „Was gefällt eigentlich deiner neuen Freundin so besonders an dir?"
„Sie findet, daß ich gut aussehe, ein netter und patenter Kerl und so sportlich bin und gut tanzen kann."
„Und was gefällt dir an ihr?"
„Daß sie das findet!"

„Sie wagen es, mich eine lästige Fliege zu nennen? Dafür fordere ich Sie zum Duell! Wählen Sie die Waffen!"
„Fliegenspray!"

Anzeige:
Zoohandlung Wastelberger sucht erfahrenen **Bauchredner** zum Verkauf von Papageien

Frau Knotterbeck will sich einen Papagei kaufen und kommt also in die Tierhandlung. Sie geht auf einen im Käfig sitzenden Papagei zu und sagt: „Na, du süßer Vogel, kannst du auch sprechen?"
Antwortet der: „Na, Puppe, kannst du fliegen?"

Im Hotel

„Ich habe Ihnen doch schon mehrfach verboten", sagt der Hoteldirektor zum Hausdiener, „die Schuhe auf dem Gang zu putzen!"
„Aber ich wollte sie ja mitnehmen, doch es ging nicht. Die Schuhe gehören einem Schotten, und der hält sie drinnen an den Schnürsenkeln fest."

„Warum sind die Flüsse voller Wasser?"
„Damit es nicht so staubt, wenn die Schiffe bremsen!"

Fragt der Lehrer seine Schüler: „Welche Muskeln treten in Funktion, wenn ich boxen würde?" – „Meine Lachmuskeln, Herr Lehrer!" antwortet Karlchen.

Grauenhaft

Fragt der Lehrer den Heini: „Was verstehst du unter Morgengrauen?"
„Morgengrauen ist das Grauen, das man hat, wenn man morgens zur Schule muß", antwortet Heini ohne zu zögern.

Der Pfarrer bemerkt, daß in seinem Garten laufend Äpfel gestohlen werden. Also hängt er folgenden Zettel an den Baum: „Gott sieht alles!" Am nächsten Tag steht darunter: „Aber er petzt nicht!"

Der Schulrat kommt. „Na, Kinder", fragt er leutselig, „wißt ihr, wer ich bin?"
„Ein Mann", meldet sich ein Schüler.
„Richtig. Aber ich bin doch auch noch etwas anderes."
„Ein kleiner Mann", meint ein anderer Schüler. Die Leutseligkeit des Schulrats läßt merklich nach.
„Meinetwegen! Aber was noch?"
„Ein kleiner, häßlicher Mann."

„Entschuldigen Sie, kennen Sie hier im Haus einen gewissen Krywszyk?"
„Nee, mir unbekannt!"
„Kennen Sie dann einen Przekowski?"
„Nee, da kenn' ich eher schon den Krywszyk...!"

Der Vater, völlig außer sich, sagt zu seinem Sprößling: „Was glaubst du denn eigentlich, wen du vor dir hast? Glaubst du vielleicht, ich bin dein Lehrer?"

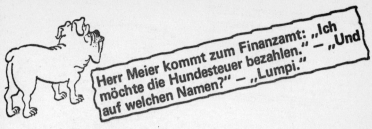
Herr Meier kommt zum Finanzamt: „Ich möchte die Hundesteuer bezahlen." – „Und auf welchen Namen?" – „Lumpi."

Die Lehrerin: „Rosi, nenne mir einen Fluß in Spanien!" Rosi denkt eine Weile nach. Dann sagt sie: „Kann ich nicht dafür lieber drei Flüsse in Deutschland nennen?"

☆

Herr Blankhaupt hat sich wieder mal ein neues Haarwuchsmittel gekauft. Beim Lesen der Gebrauchsanleitung erfährt er beglückt: „Dieses Mittel hilft selbst in aussichtslosen Fällen. Heute einige Tropfen auf Ihren Bleistift, und Sie können ihn bereits eine Stunde später als Zahnbürste verwenden.

☆

Der Hirsch trinkt aus einem klarem Bergsee. Als sich das Wasser wieder glättet, betrachtet er sein Spiegelbild. „Ich bin der König des Waldes", sagt er stolz. Brummt drohend neben ihm ein Bär: „Was hast du da eben gesagt?" – „Ach", antwortet der Hirsch, „man redet viel, wenn man getrunken hat."

Aushang in einer Stadt in Ostfriesland
Heute abend, 20 Uhr, Feuerwehrübung mit dem neuen Spritzenwagen! Sollte es zu diesem Zeitpunkt brennen, wird die Übung um eine Stunde vorverlegt!

„Ich möchte gerne eine Flasche Shampoo kaufen!"
Fragt die Verkäuferin: „Gegen fettiges oder gegen sprödes Haar?"
„Ach, am liebsten eins gegen schmutziges...!"

Opa und Enkel Bröserich sitzen auf der Wiese. Der Opa kaut an einem Grashalm. Als dies der Enkel sieht, springt er auf und vollführt einen wahren Freudentanz. Strahlend erklärt er dem Opa: „Jetzt kriegen wir endlich einen Farbfernseher! Mama hat gesagt: ‚Wenn der Großvater mal ins Gras beißt, kaufen wir einen!'"

Xaver steht in der Metzgerei und sagt: „Ein halbes Pfund Fleischwurst, aber keine frische!"
Der Metzgermeister ist erstaunt und fragt: „Warum willst du denn keine frische Wurst?"
Xaver: „Vater hat gesagt,: ‚Hol' ein halbes Pfund Fleischwurst. Und wenn du keine frische mitbringst, kannst du sie alleine essen!'"

Kennt ihr den Unterschied zwischen einem Nilkrokodil und Rübekastels Schwiegermutter? Nilkrokodile stehen unter Artenschutz!

Lerne schweigen ohne zu platzen!

Wie erkennt man die Tierliebe eines Biologielehrers?
Er veranstaltet einmal wöchentlich ein Affentheater, brüllt täglich wie ein Ochse, und wen er nicht zur Sau macht, den macht er zur Schnecke!

Ein schwarzer Pudel verfolgt zwei Hasen. Er läuft und läuft und kommt dabei völlig außer Atem. Schließlich bleibt er stehen, um Luft zu holen. Im selben Moment läuft ein weißer Pudel vorbei. Der schwarze hält ihn an und sagt: „Lauf du den Hasen nach, ich kann nicht mehr."
Sofort rast der weiße Pudel los. Da drehen sich die Hasen um, und der eine sagt zum anderen: „Jetzt müssen wir aber noch einen Zahn zulegen, der hat schon seinen Pullover ausgezogen."

Ein Spruch kommt selten allein!
Alle Kinder haben Haare.
Nur der Thorsten – der hat Borsten!

„Wieviel Trinkgeld gibt man eigentlich einem Standesbeamten?"
„Da gibt's keine festen Sätze. Ich gebe gewöhnlich zwanzig Mark."

Zwei Ostfriesen waren auf einer Beerdigung. Wie das so üblich ist, werfen alle Leute nacheinander Blumen ins Grab. Als Jan an der Reihe ist, wirft er drei Frikadellen ins Grab. Schimpft sein Kumpel: „Spinnst du? Die kann er doch nicht mehr essen!"
Antwortet Jan:
„Deine Blumen kann er auch nicht mehr in die Vase stellen!"

Egon bewirbt sich bei der Polizei. Der Personalchef fragt ihn: „Wie haben Sie sich denn Ihre Laufbahn bei uns vorgestellt?"
„Ich habe gedacht, daß ich als Polizeipräsident anfange…"
„Ja, sind Sie denn total verrückt?"
„Ne! Ist das Bedingung?"

Der Feldwebel fragt die Soldaten: „Wie macht man ein Kanonenrohr?"
Müller meldet sich. „Ganz einfach: Man nimmt ein Loch und baut Eisen drum!"
Der Feldwebel weiter: „Und woher bekommen Sie das Loch?"
Müller: „Auch ganz einfach, Herr Feldwebel! Man nimmt ein Ofenrohr und schneidet das Blech darum weg."

„Du, Vati, hast du ein gutes Gedächtnis für Gesichter?"
„Natürlich, mein Junge!"
„Dann ist es ja gut. Ich habe nämlich gerade deinen Rasierspiegel zerbrochen!"

Was ist der Unterschied zwischen Tanzen und Ringkampf?

Beim Ringkampf sind einige Griffe verboten.

G B

„Sag mal, Schorschi, weißt du, welche Fahrzeuge hintendrauf einen Aufkleber mit GB haben?"
„Ja, natürlich! Fahrzeuge der Griminalbolizei!"

Ein Schiff ist in Seenot. Es hat SOS schon längst gefunkt. Die Hilfe kommt aber nicht, und die Situation wird immer gefährlicher. Der Kapitän beschließt, eine Leuchtkugel abzuschießen. Kurz darauf kommt ein Herr auf die Kommandobrücke und sagt zum Kapitän: „Es ist nicht meine Aufgabe, einem erfahrenen Seemannn Vorhaltungen zu machen, aber angesichts der schrecklichen Lage, in der wir uns befinden, halte ich es für sehr verwerflich, in diesem Moment ein Feuerwerk abzubrennen!"

Kuno Knopfloch bekommt Wochen später einen Brief zurück, den er seinem Großonkel in Amerika geschickt hatte. Auf dem Brief hat die Post vermerkt: „Empfänger verstorben. Neue Anschrift unbekannt!"

Die beiden Knirpse prügeln sich wie die Kesselflicker. Bubi unterliegt. Schnulli bleibt Sieger und trollt sich. Plötzlich fängt Bubi aus vollem Hals an zu brüllen. „Mach dir nichts draus", tröstet Kumpel Felix. „Du findest schon wieder einen neuen Freund." — „Aber nicht so einen!" schreit Bubi verzweifelt. „Dem sein Vater ist doch Konditor!"

Wütend segelt die reiche Kundin in den Juwelierladen: „Eine Unverschämtheit ist das von Ihnen!" keift sie den Juwelier an. „Die Elfenbeinkette, die Sie mir vorgestern verkauft haben, ist ja überhaupt nicht echt!"
„Das ist durchaus möglich", antwortet der Juwelier da freundlich. „Dann wird der Elefant einen künstlichen Zahn gehabt haben."

Begeistert stürzt der kleine Rollo in die Küche und ruft: „Mutti, Mutti, ich habe in unserer ersten Schulaufgabe „mangelhaft"!" — „‚Mangelhaft' ist eine ganz schlechte Note", belehrt die Mutter den Schulneuling streng. Da meint der enttäuscht: „Ach so ... der Lehrer meinte nämlich, sag's deiner Mutter — die wird sich freuen!"

Familie Knappsig macht Picknick an einem See. Schon nach kurzer Zeit picknicken Tausende von Mücken auf Familie Knappsig; man kann sich der Viecher kaum erwehren. Aber die wackere Familie harrt aus bis zum Abend. Als es dunkel wird, tauchen plötzlich Glühwürmchen auf. Da hat Mutter Knappsig endlich genug. „Das halt ich nicht mehr aus", schreit sie, „jetzt kommen die Biester auch noch mit Laternen!"

Bubi marschiert mit seiner Tante Monalisa in den Zoo. Sie schauen sich die verschiedenen Tiere an. Schließlich schlägt Tante Monalisa ihrem Neffen vor: „Jetzt gehen wir noch zu den Affen. Aber vorher kaufen wir noch Erdnüsse zum Füttern, dann können wir beobachten, wie die Affen fressen!" — „Ach, Tante", flüstert Bubi da, „möchtest du dir nicht lieber anschauen, wie ein kleiner Junge Eis und Kuchen ißt?"

Peterchen fällt in den See. Er wird in ein Boot gerettet. Die Männer fragen ihn: „Warum bist du denn nicht geschwommen?" Darauf Peterchen: „Da steht ein Schild: Schwimmen verboten!"

„Stimmt es, daß Indianer auf dem Kriegspfad einem nichts tun, wenn man eine Fackel in der Hand trägt?"
„Ja, schon! Kommt nur drauf an, wie schnell man die Fackel trägt...!"

Berechtigte Frage

Bemüht, den Schülern das Wesen der Statistik zu erklären, führt der Lehrer ein Beispiel an: „Nehmen wir mal an, statistisch gesehen kommen auf den Kopf der Bevölkerung pro Jahr zweihundertfünfzehn Rollen Toilettenpapier..."

An dieser Stelle wird er von Uli unterbrochen, der erstaunt fragt: „Wieso eigentlich auf den Kopf der Bevölkerung?"

„Als ich Heinz-Wilhelm kennenlernte, war das Liebe auf den zweiten Blick."
„Wieso nicht auf den ersten?"
„Da wußte ich noch nicht, daß er Multimillionär ist..."

„Omi, stehst du bitte einmal auf?"
„Aber warum denn, Ingelein?"
„Ich möchte selbst einmal sehen, ob Papi recht hat. Er behauptet immer, du sitzt auf deinem Geld...!"

„Plötzlich, mitten in der Wüste", erzählt Rübendüdel, „werde ich von lauter Marokkanern eingekreist. Vor mir Marokkaner, hinter mir Marokkaner, neben mir Marokkaner..."
„Und was haben Sie gemacht?"
„Ich habe ihnen schließlich einen Teppich abgekauft...!"

Der kleine Udo sitzt mit seinem Vater in der Kneipe und fragt: „Du, Papi, wie kann man erkennen, daß man einen Rausch hat?"
Vater: „Also, siehst du dort die beiden Damen sitzen? Wenn du die für vier ansiehst, dann hast du einen Rausch!"
Udo: „Papi, da sitzt aber nur eine Dame!"

Ein Bauarbeiter ist vom Gerüst gestürzt. Er bleibt benommen liegen. Geistesgegenwärtig ordnet der Vorarbeiter an: „Schnell, nehmt ihm die Hände aus den Hosentaschen, damit es wie ein Arbeitsunfall aussieht!"

„Du siehst heute aber wieder verkatert aus!" meint die Katzenmutter zu ihrem Jüngsten.

Auf dem Jahrmarkt steht ein Mann, der jedem fünf Mark verspricht, der exakt sein Alter raten kann. Keiner schafft es. Da kommt Fritzchen. „Sie sind genau vierundfünfzig Jahre alt!"
Der Mann ist verblüfft und sagt: „Stimmt. Wie hast du das erraten?"
Antwortet Fritzchen: „Ganz einfach: Ich kenne einen Halbidioten, und der ist genau siebenundzwanzig Jahre alt!"

Jack ist ein erfolgreicher Bärentöter. Jim fragt ihn nach seinem Erfolgsrezept. „Nun, das ist ganz einfach. Ich stelle mich vor eine Höhle und pfeife. Wenn dann der Bär rauskommt, schieße ich ihn ab", erklärt Jack. Nach einiger Zeit treffen sich die beiden wieder. Jim ist völlig zerschlagen und zerschunden. Jack fragt ihn: „Was ist passiert?" — „Ich habe eine große Höhle gefunden, mich davorgestellt und gepfiffen." — „Und dann?" — „Ist ein Zug gekommen."

Ein Indianerhäuptling kommt nach New York und will ein Hotelzimmer mieten. Fragt der Mann am Empfang: „Soll das Zimmer zehn oder zwanzig Dollar kosten?" — „Wo liegt der Unterschied, weißer Mann?" — „In den teuren Zimmern werden Wildwestfilme gezeigt, in denen die Indianer gewinnen."

Fällt der Regen auf das Gras, dann wird es dabei meistens naß!

Marko kommt mit einer Fünf in Mathe nach Hause und legt seinem Vater die Arbeit vor. Meint der: „Dafür müßte es eigentlich eine Tracht Prügel geben!"
„Au ja!" sagt Marco. „Der Lehrer wohnt nur drei Häuser weiter!"

„Na, wie findest du denn dein neues Brüderchen?" fragt Oma Pfiffig die kleine Trine.
„Och", meint Trine wenig begeistert, „für'n neuen Fernseher hatten se kein Geld; aber für so'n Quatsch reicht's auf einmal!"

Das Aufsatzthema lautete „Die Katze". Auch Lupo war fleißig und liest seine Arbeit vor: „Die Katze hat vier Beine, vorne zwei zum Rennen, hinten zwei zum Bremsen. Sie ist ganz von Haaren umgeben, und wenn sie keinen Kopf und Schwanz hätte, wüßte man nicht, wo vorne und hinten ist. Die männliche Katze heißt Kater, aber der kommt bei weitem nicht so oft vor wie sein Namensvetter, der immer auf zuviel Alkohol erscheint..."

Oma Puselmüsel sitzt in der Straßenbahn, ihr gegenüber sitzt ein amerikanischer Soldat. Er kaut auf einem Kaugummi. Nach einer Weile meint sie zu ihm: „Es ist wirklich zwecklos, dauernd auf mich einzureden. Erstens verstehe ich kein Englisch, und zweitens bin ich schwerhörig, junger Mann!"

"Guck mal, ich habe mir die Haare ganz kurz geschnitten." – "Warum denn?" – "Dann brauche ich sie morgens in der Früh nicht so lange zu kämmen." – "Ganz schön blöd! Dafür mußt du dir jeden Tag den Hals waschen."

Ein Mann kommt zu einem Fotografen und fragt: "Können Sie jedes Bild bis zur natürlichen Größe vergrößern?" – "Ja, freilich!" – "Gut, ich hätte da eine Aufnahme von der Insel Helgoland...!"

Sturmflut in Ostfriesland. Auf einem Hausdach sitzen zwei Männer: "Guck mal, Hinnerk, da schwimmt 'ne Mütze." – "Nee, das ist keine Mütze, das ist Hein Harms; der mäht seinen Rasen bei jedem Wetter."

Was ist ein Doppelverteidiger?

Ein Rechtsanwalt, der am Samstag in der Abwehr auf dem Sportplatz zu finden ist!

Was braucht eine Roboterfrau, um sich einen Faltenrock zu schneidern, vor allem?

Jürgen ist immer zu spät zur Schule gekommen. Plötzlich, von einem Tag auf den anderen, ist er pünktlich. Fragt der Lehrer beim Elternabend seine Mutter:
„Wie haben Sie das eigentlich geschafft?"
Jürgens Mutter: „Ich habe ihm einen Hundekuchen unter das Kopfkissen gelegt."
Lehrer: „Einen Hundekuchen? Und das wirkt?"
„Und wie! Morgens um sechs Uhr habe ich dann den Bernhardiner in sein Zimmer reingeschickt!"

„So, so", meint der gestrenge Herr Doktor zu der beleibten Dame, „Sie wollen also wieder eine schlanke Figur haben? Da hilft besonders gut Gymnastik!" — „Sie meinen Rumpfbeugen, Kniebeugen, Armkreisen und dergleichen?" erkundigt sich die Patientin. „Nein!" erwidert der Arzt streng. „Ich meine vor allem Kopfschütteln ... und zwar jedesmal, wenn Ihnen etwas zum Essen angeboten wird."

Der neue Boxweltmeister bekommt einen Schallplattenvertrag. Nachdem er die erste Schallplatte besungen hat, fragt der Tontechniker seinen Kollegen: „Wer hat denn gesagt, daß der singen kann?" — „Keiner; aber niemand hat sich getraut, ihm zu sagen, daß er es nicht kann."

Ein Mann rennt über den Bahnsteig und fragt den Aufsichtsbeamten: „Erwische ich noch den Zug nach Hamburg?" — „Kommt drauf an, wie schnell Sie laufen. Er ist vor fünf Minuten abgefahren."

Ronald und Ingelinde ziehen sich an. Ronalds Wollsocken sind beim Waschen eingelaufen und folglich zu klein. „Was nun?" fragt Ronald. Ingelinde rät: „Wasch dir deine Füße auch."

Graf Gallenstein sucht einen neuen Diener. Es stellt sich ein sehr schüchterner, dünner Mann vor. Die stattliche Erscheinung des Grafen beeindruckt ihn dermaßen, daß er auf die Frage nach seinem Namen verlegen stottert: „Pe-Pe-Pe-Pe-Peter!" — „Ist mir zu lang!" entscheidet der Graf. „Ich nenne Sie einfach Peter!"

Horstchen und Kläuschen unterhalten sich über Tiere. „Kannst du dir was Schlimmeres vorstellen als eine Giraffe mit einem ganz steifen Hals?" will Horstchen wissen. „Schon", erwidert Kläuschen bedächtig. „Zum Beispiel einen Tausendfüßler mit lauter Hühneraugen, der aus dem Tritt gekommen ist."

Lehrerin: „Wer kann mir eine runde Zahl nennen?" Egon Pfiffig springt auf: „Null, Fräulein Lehrerin!"

Eine Ziege geht über die Wiese und wird von einer Kuh angelabert: „So klein und schon einen Bart?" Die Ziege schaut sich die Kuh an und sagt: „So groß und noch immer keinen BH?"

„In meinem Wein schwimmt eine Fliege, Herr Ober!" — „Nun stellen Sie sich mal bloß nicht so an! Auf den einen Tropfen, den die trinkt, wird es Ihnen doch nicht ankommen!"

„Habe ich Sie nicht schon einmal bedient?" erkundigt sich der Friseur eilfertig bei seinem ziemlich blankköpfigen Kunden. „Nein", meint der trocken. „Die Narben stammen von einem Autounfall!"

Holger kommt zu spät zur Schule.
„Wo kommst du jetzt her?" fragt der Lehrer.
„Ich hab' mir die Haare schneiden lassen", antwortet Holger.
„Die Haare? Während der Schulzeit?"
„Klar! Sie sind mir ja auch während der Schulzeit gewachsen."
Meint der Lehrer: „Aber doch nicht alle, oder?"
„Nö", antwortet Holger. „Aber alle habe ich ja auch nicht schneiden lassen!"

Verärgert erkundigt sich Direktor Böselmann bei seiner Sekretärin: „Wer brüllt denn da wieder so in seinem Büro herum?"
„Das ist Herr Grünspan", klärt ihn seine Sekretärin auf, „er spricht mit Amsterdam!"
„Dann sagen Sie ihm einen schönen Gruß von mir", donnert der Direktor zurück, „er soll dafür gefälligst das Telefon benutzen!"

„Wieso nennt ihr euren Lehrer ‚Blinddarm'?" Weil er ständig gereizt und außerdem höchst überflüssig ist!"

Der Lehrer zu Klein Klärchen: „Kannst du dich denn nicht entschuldigen? Schließlich kommst du eine halbe Stunde zu spät."
Darauf Klärchen mit Unschuldsmiene: „Wieso denn entschuldigen? Meine Mutter sagt immer: ‚Zum Lernen ist es nie zu spät!'"

"Herr Ober! Ich habe schon vor einer Stunde bei Ihnen eine Tasse Kaffee bestellt!" schimpft der Gast. "Da können Sie mal sehen, wie schnell die Zeit vergeht!" erwidert der Ober freundlich.

Mutter Fliege kurvt mit ihrem Bübchen auf der frischpolierten Glatze ein. Bübchen bewundert die nur noch ganz vereinzelt wippenden Haare auf dem Landeplatz. Seufzt seine Mutter plötzlich: "So vergeht die Zeit. Als ich das letzte Mal mit deinem Vater hier war, war die Piste noch total überwachsen."

Die Mutter schimpft mit Christian: "Du sollst doch keine Luftballons aufblasen, wenn Vati zu Hause ist!" Fragt Christian: "Warum denn nicht, Mami?" "Das erinnert Papa immer so sehr an seinen verlorenen Führerschein!"

Sabine und Conny stehen vor der Haustür. Kommt der Gasableser und fragt: "Ist deine Mutti zu Hause?"
Antwortet Sabine: "Ja!"
Der Gasmann geht ins Haus, kommt aber gleich wieder. "Es ist ja kein Mensch zu Hause! Warum hast du gesagt, daß deine Mutti da wäre?"
Meint Sabine: "Sie ist auch zu Hause – nur, ich wohne da drüben auf der anderen Straßenseite!"

„Ich möchte mich bei Ihnen um die Stelle als Tigerdompteur bewerben." – „Ist leider schon wieder besetzt!" antwortet der Zirkusdirektor, „aber kommen Sie morgen wieder. Vielleicht ist sie dann schon wieder frei!"

Paulchen sitzt zum erstenmal auf dem Zahnarztstuhl. „Du hast aber ganz besonders schöne und gesunde Zähne!" lobt ihn der Zahnarzt. „Da sollten Sie erst mal das Gebiß meines Onkels sehen!" strahlt Paulchen erleichtert zurück. „Das hat er von Oma geerbt und kann es rausnehmen!"

In der Schule wird Bernie gefragt, ob er etwas über die Geschwindigkeit des Lichts sagen könne. Bernie überlegt lange, dann meint er stolz: „Die Geschwindigkeit des Lichts ist so toll, daß es morgens zum Aufstehen immer zu früh kommt!"

Das Konzert hat gerade begonnen, der Saal ist rappelvoll. Da kommt noch eine ältere Dame mit einem Hörrohr herein und sucht nach ihrem Platz. Endlich hat sie ihn gefunden und will sich gerade setzen, als die Platzanweiserin zischt: „Einen Ton aus diesem Dings, und Sie fliegen raus!"

Schreckensbleich stürzt der Winzerlehrling ins Büro seines Chefs.
„Es ist etwas Schreckliches passiert! Der ganze Keller steht unter Wein. Aber ich kann nichts dafür."
„Wo warst du, als du das Malheur bemerktest?"
„Ich habe gerade die neuen Preisschilder an die Fässer genagelt!"

„Wirklich, Herr Makler", nickt der Kunde nach der Besichtigung, „ich finde das Haus sehr schön, würde es auch sofort kaufen, wenn diese häßliche Fabrik nicht direkt davorstünde." — „Ach die", erwidert da der Makler, ohne das Gesicht zu verziehen. „Mit der kann sich alles schnell ändern. Das ist nämlich eine Munitionsfabrik!"

Zum Zahnarzt kommt ein Patient, der vor Angst schlottert. Als er das Behandlungszimmer betritt, geht ein Leuchten über das Gesicht des Zahnarztes. „Schau an, schau an!" sagt er. „Ist das nicht der nette Polizist, der mich gestern wegen falschen Parkens aufgeschrieben hat? Nehmen Sie Platz, mein Lieber, nehmen Sie Platz!"

Sagt der Wurm zu seiner Dauerverlobten: „Wenn du mich nicht bald heiratest, werfe ich mich vor ein Huhn!"

Krawall

Ackermann und Veitenhansl haben in einer Kneipe Krawall gemacht und fliegen raus. Da krempelt sich Veitenhansl die Ärmel hoch und sagt: „Ich geh' jetzt rein und räume ab. Du mußt nur zählen, wie viele rausfliegen."
Ackermann bleibt draußen. Prompt geht die Tür auf, einer fliegt raus, und Ackermann zählt: „Eins."
„Du Ochse!" stöhnt Veitenhansl. „Mich brauchst du doch nicht mitzuzählen!"

Baß-Hannes besucht eine Wahrsagerin.
„Bis zu Ihrem achtunddreißigsten Lebensjahr werden Sie unter Armut zu leiden haben."
„Ah, und was dann?" fragt Baß-Hannes gespannt.
„Dann haben Sie sich daran gewöhnt."

Der schlaue Fips!

„Angenommen, Fips, du würdest einen Hundertmarkschein finden, gibst du ihn ab oder behältst du ihn?"
„Behalten? Aber natürlich nicht! Ich würde ihn ausgeben!"

● ● ●

Haberstroh-Karle trifft den Atze.
„Gestern warst du aber mal wieder ganz schön betrunken, Atze!"
„Ach, das ist doch Unsinn!"
„Aber du hast es doch selbst gesagt!"
„Da kannst du mal wieder sehn, was man alles quatscht, wenn man blau ist!"

● ● ●

„Herr Doktor, mein Schielen hat sich nach der Operation noch verschlimmert."
„So. Wie haben Sie denn das bemerkt?"
„Wenn ich weinen muß, laufen mir die Tränen den Rücken hinunter."

Meier hat Zechprellerei begangen,

und der Wirt schmeißt ihn raus. Als er gerade wieder aus dem Rinnstein aufstehen will, kommt der Ober heraus und kiebt ihm dazu noch eine.
„Was soll denn das?" fragt Meier unwillig.
„Das waren meine zehn Prozent."

Na, so was!

Da sagt doch der Mathe-Lehrer: „Mich interessiert nur, was hinten herauskommt!"

Der Schotte Mc Gregor

sitzt in seinem Zimmer und liest. Jede Minute schaltet er das Licht aus.
Neugierig fragt sein Freund: „Warum tust du das?"
„Na hör mal, umblättern kann ich doch auch im Dunkeln."

„Wenn Tina eine Geige bekommt, müßt ihr mir ein Fahrrad kaufen!" beschwert sich Tom bei den Eltern. Die verstehen nicht, da erklärt Tom: „Das Rad brauche ich, damit ich wegfahren kann, wenn Tina übt!"

Schülerwitz DER WOCHE:

„Im Unterricht wird nicht gegessen! Was kaust du da?" fragt der Lehrer den Otto.
„Kaugummi!"
„Sofort in den Papierkorb damit!"
„Geht nicht! Den hat mir der Erich geliehen!"

Idiotisch

Der Mathe-Lehrer rauft sich wieder mal die Haare über die nicht vorhandenen Rechenkünste von Erich und seufzt: „Tut mir schrecklich leid, aber einer von uns beiden ist ein totaler Vollidiot!"
Am nächsten Tag bekommt er von Erich zu Beginn des Unterrichts einen gelben Briefumschlag überreicht.
„Was ist denn da drin?" fragt der Lehrer verblüfft.
„Ein Attest vom Schularzt, daß *ich* völlig normal bin!"

Oma Pfiffig wird von ihrem Enkel mit dem Auto zum fernen Bahnhof gefahren. Interessiert schaut die alte Dame ihrem Enkel zu, wie der immer wieder verschiedene Gänge einlegt. Auf einmal meint sie entschieden: „Ab jetzt rühre ich im Benzin, und du paßt besser auf den Verkehr auf!"

„Fräulein, darf ich Sie vielleicht auf etwas aufmerksam machen?"
„Ja, bitte! Auf was denn?"
„Auf mich!"

„Haben Sie sprechende Papageien?"
„Tut mir leid, im Augenblick leider nicht. Aber wie wäre es mit einem Buntspecht?"
„Auch nicht schlecht. Aber kann er sprechen?"
„Das nicht, aber morsen kann er wie der Teufel!"

Die Lehrerin fragt: „Was versteht man unter Hygiene?" Da antwortet Marko: „Wenn man sich öfter wäscht, als man eigentlich muß!"

TRÄUMEREI

Karli sagt zu Fritzchen: „Du, Fritz, ich hatte heute nacht einen duften Traum. Ich war auf einem Rummelplatz und durfte immerzu umsonst Achterbahn fahren."
Fritzchen ist nicht sehr beeindruckt. „Ich hatte auch einen schönen Traum. Bei uns zu Hause stand der ganze Tisch voll Kuchen, Torten, Sahne, Eis und Schokolade. So viel, daß ich es in einer ganzen Woche nicht hätte schaffen können. Da habe ich die ganzen Jungen aus der Nachbarschaft zusammengeholt, bloß dich nicht."
Karlchen ist empört. „Warum denn mich nicht! Hab' ich dir was getan?"
„Na, du warst ja nicht da, du warst doch zum Achterbahnfahren!"

„Sie haben also Ihrem Untermieter das Cello gestohlen und es versteckt! Können Sie denn überhaupt Cello spielen, Angeklagter?" fragt der Richter streng.
„Nein", antwortet der Gefragte kleinlaut, „aber mein Untermieter auch nicht!"

Unterhalten sich ein Engländer, ein Franzose und ein Schwabe über die Problematik ihrer Sprache.
Der Engländer: „Wir schreiben zum Beispiel ‚Empire' und sprechen ‚Ämpeier'."
Antwortet der Franzose: „Und wir schreiben ‚Bordeaux' und sprechen ‚Bordo'."
Lächelt der Schwabe: „Ha, des isch doch nix! Mir schreibe ‚Ja, bitte?' und sage schlicht und oifach: ‚Hä?'"

„Helga", sagt die Lehrerin, „nehmen wir an, deine Mutti kauft dir einen Mantel für achtzig Mark, deinem Bruder Schuhe für zweiunddreißig Mark und für sich selbst eine Bluse für fünfundvierzig Mark achtundneunzig. Was ergibt das zusammen?"
„Krach mit Vati!"

Fritzchen hat ein dickes Buch geschenkt bekommen. Ungläubig schaut er das Geschenk an und fragt dann leise seine Mutter: „Was ist denn das?"
„Das ist ein berühmter Roman. Daraus werden Filme fürs Fernsehen gemacht."

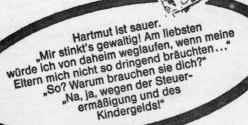

Hartmut ist sauer. „Mir stinkt's gewaltig! Am liebsten würde ich von daheim weglaufen, wenn meine Eltern mich nicht so dringend bräuchten..."
„So? Warum brauchen sie dich?"
„Na, ja, wegen der Steuerermäßigung und des Kindergelds!"

Bröselmeier erzählt seinem Kumpel: „Gestern haben wir unseren neuen Mixer ausprobiert. Erst haben wir die Früchte eingefüllt, und dann haben wir ihn angestellt."
„Und dann?"
„Dann haben wir die Küche neu streichen lassen!"

Typisch Lehrer

Der Professor zeigt einem Medizinstudenten einen Menschenschädel. „Nun, Müller, welchen Beruf hat dieser Mensch wohl ausgeübt?" „Hmmm", erwidert der Student nach kurzem Überlegen, „die Sache ist eindeutig: Der war Lehrer!" „Ganz hervorragend, ausgezeichnet! Woran haben Sie das erkannt?" „So schwer war das wirklich nicht, bei dem ausgeleierten Unterkiefer!"

Im Lokal:
„Herr Ober, Sie servieren zur Zeit verdammt kleine Portionen!"
Ober: „Das täuscht, mein Herr! Wir haben lediglich unser Lokal vergrößert!"

„Jutta, dein Mann geht mir auf die Nerven! Ständig verwechselt er mir und mich."
„Aber deiner erst, der verwechselt dauernd mich und dich!"

Mutter hält Fritzchen eine Standpauke: „Streng dich doch mal ein bißchen an!" Da platzt Fritzchen los: „Ich will mich nicht anstrengen. Ich will nicht klug werden. Ich will nicht schön werden. Ich will so werden wie Vati...!"

„Hast du etwa wieder Holzspäne und Schrauben verspeist, obwohl ich dich gewarnt habe?!"

Wir merken uns:
Wenn einem mal die Schwarte kracht, kann's Tag sein oder aber Nacht!

Theresia Bockig traut sich trotz ihrer 97 Lenze mal wieder auf die Straße. Bei der Fußgängerampel hält sie an und betrachtet sich eine Weile das Hin und Her. Plötzlich stupst sie einen jungen Mann neben sich an: „Bitte, junger Mann, helfen Sie mir über die Straße!" — „Aber Oma, die Fußgängerampel zeigt doch Rot!" entsetzt sich der Angesprochene. „Eben drum", meint Theresia da, „bei Grün kann ich auch allein über die Straße!"

„Es gibt Kleinwohnungen, die muß man rückwärts betreten, um sie vorwärts verlassen zu können!"

Heppendörfer schiebt wieder einmal seinen Gebrauchtwagen und flucht: „In einem Punkt hat der Verkäufer recht gehabt: Das Auto verbraucht fast kein Benzin!"

Herr Nuckelmann und Herr Bröselbier unterhalten sich. „Stimmt es, daß Sie ein sehr guter Schwimmer sind?" „Aber klar doch! Haben Sie nicht gewußt, daß ich früher drei Jahre Laufbursche in Venedig war?"

Zum Weitererzählen

Als der Lehrer die Klasse betritt, schallt es ihm im Sprechchor entgegen: „Wir brauchen keinen Pauker mehr..." Natürlich will der Lehrer mit einem Donnerwetter dazwischenfahren. Da jedoch ertönt es besänftigend: „Weil wir schon einen haben."

Fragt der Vater seinen Sohn: „Na, wie ist denn dein Zeugnis ausgefallen?"
Antwortet der Steppke: „Nicht schlecht, Vati! Alle müssen die Klasse verlassen, nur mein Vertrag wird verlängert!"

Der feine Unterschied

Wann heißt es „wieder" und wann „wider" ? ist in der Schule angesagt. Der kleine Helmut soll ein Beispiel an die Tafel schreiben. Er legt los: „Wenn mein Vater ein Gasthaus sieht, kann er nicht widerstehen. Kommt er heraus, kann er wieder nicht stehen!"

In Texas kommt ein Cowboy in einen Laden und verlangt eine Zigarre. Der Verkäufer beißt die Spitze ab und gibt dem Kunden die Zigarre. „Komische Sitten sind das!" murrt der Cowboy. „Beißen Sie die Spitze immer selber ab?" — „Nur bei den teuren Sorten", erklärt der Händler. „Bei den billigen klemme ich sie dem Käufer zwischen die Zähne und schlage ihm meinen Colt über den Kopf."

Fragt der Lehrer: „Kinder, was kann man mit dem Alphabet tun?" Meldet sich ein gewitzter Schüler: „Sich vier Buchstaben raussuchen und sich dann drauf setzen!"

Interessiert beobachtet der langhaarige Junge in Jeans und Turnschuhen den vorbeirauschenden Großstadtverkehr. Ein übellaunig dreinblickender Herr tritt auf ihn zu, mustert den Aufzug des Jungen abfällig und fragt: „Wie komm' ich denn hier in den Zoo, du Rumtreiber?" — „Mit Ihrem Gesicht am besten als Gorilla!" grinst der Junge und bringt sich in Sicherheit.

Fragt Fix den Schiedsrichter nach dem Spiel: „Wo haben Sie eigentlich Ihren Hund?" — „Hund? Wieso sollte ich einen Hund haben?" — „Weil ich noch nie einen Blinden ohne Hund gesehen habe!"

Püdelmüdel hat eine neue Methode herausgefunden, um Strom zu sparen: Er benutzt nur noch eine einzige Steckdose!

Total verblüfft bleibt die Biene Klara vor dem Breitmaulfrosch Bruno stehen und summt: „Woher hast du denn so ein breites Maul?" — Darauf Bruno: „If war vierfehn Jahre lang Pfargeltefter!"

Wie unterscheiden sich ein Dolmetscher und eine Fähre?
Der Dolmetscher übersetzt, die Fähre setzt über!
Und der Unterschied zwischen einer Telefonzelle und der Regierung?
Bei einer Telefonzelle muß man erst Geld reinwerfen, bevor man wählen kann...

 Merke:
Auch wer noch ein gutes Gedächtnis für Gesichter hat, braucht hin und wieder einen Spiegel!

„Herr Doktor, bitte verschreiben Sie mir irgend etwas!"
„Ja, was fehlt dir denn, Sonja?"
„Ich bin schrecklich verliebt!"
„Dagegen kann ich nichts verschreiben!"
„Doch, sicher! Es ist der Apotheker!"

Erkenntnis

Ist auch dein Sessel noch so fein,
dem hohen Rang gemäß.
Du hockst – nie wird es anders sein –
stets nur auf dem Gesäß!

Der Rennplatzbesucher geht wütend auf einen Bekannten zu, der ihm einen todsicheren Tip gegeben hat:
„Sie sagten, es sei ein großartiges Pferd."
„Das war es auch! Elf Pferde waren nötig, um es zu schlagen!"

„Wissen Sie ein gutes Mittel gegen Haarausfall?" will Hubendubel von seinem Arzt wissen.
„Sicher", nickt dieser. „Täglich die Kopfhaut massieren und mit Toilettenwasser einreiben."
Nach einer Weile treffen sich Arzt und Hubendubel auf der Straße.
„Und? Hat's geholfen?" fragt der Arzt gespannt.
„Nein", antwortet Hubendubel geknickt. „Mir ist nur jedesmal der Deckel auf den Kopf gefallen."

„Verzeihen Sie, sind Sie nicht der Schwager von Herrn Plötzlich?" – „Nein, nein, ich bin Herr Plötzlich persönlich!" – „Ach, deswegen sehen Sie sich so ähnlich!"

Schmerzverzerrt humpelt Fritzchen zu dem Polizisten und klagt: „Mich hat eben ein Junge verhauen, der war viel größer als ich. Den müssen sie bestrafen!" – „Erkennst du den Burschen denn wieder?" forscht der Wachtmeister. „Aber klar", strahlt da das Fritzchen begeistert, „ich hab doch sein linkes Ohr in der Hosentasche!"

Piet Schevenstiehl und Willem Dickfleet unterhalten sich.
Piet: „Also ein Frühstück ohne Honig kann ich mir nicht denken. Das gehört bei mir einfach dazu!"
Willem: „Bei mir nicht. Ich lauf nicht gern den ganzen Tag mit klebrigen Fingern herum!"

Opa Fuxig lernt auf seine späten Jahre noch Autofahren. Erkundigt sich sein Freund vom Kleingartenverein: „Na, Julius, kommst du mit deiner Fahrerei voran?" — „Ganz gut, ganz gut", antwortet Opa stolz, „heute bin ich schon 120 gefahren. Morgen such' ich meinen Rückwärtsgang und übermorgen versuch' ich mal, bei Gegenverkehr die Augen offenzulassen".

Er: „Seitdem ich dich kenne, kann ich weder essen noch trinken. Auch das Rauchen habe ich mir abgewöhnt, liebste Martha."
Sie: „So sehr liebst du mich?"
„Nein, so pleite bin ich!"

„Mußtest du unbedingt den neuen Reifen kaputtfahren?" brummt der Ehemann seine bessere Hälfte an. „Ich kann doch nichts dafür, daß die dumme Flasche da rumlag, über die ich dann drübergefahren bin."
„Doch", belehrt sie der Ehemann, „du hättest sie früher sehen können!"
„Nein, das ging nicht! Der Mann hatte sie nämlich in der Manteltasche!"

„War das Essen heute wieder aus der Dose, Babsi?"
„Ja."
„Wie hieß das denn?"
„Das weiß ich nicht mehr, aber auf der Verpackung stand drauf ‚Für Ihren kleinen Schatz!', und dann war da noch ein Bild von einem kleinen süßen Pudel drauf!"

„Muttiiiii, Muttiiii!" schreit Binki ganz aufgeregt. „Du mußt schnell kommen! Papa liegt bewußtlos im Sessel, in der einen Hand einen großen, runden Karton und in der anderen einen Zettel!" — „Herrlich", ruft Binkis Mutter da zurück, „dann ist endlich mein neuer Hut gekommen!"

„Wie gefällt dir denn
dein neuer Lehrer?" wird der
kleine Frank gefragt.
„Ach, eigentlich ganz gut.
Vor allem ist er sehr fromm!"
„Fromm? Wieso das denn?"
„Na, bei jeder Antwort,
die ich ihm gegeben habe,
hat er zum Himmel
geschaut und gerufen:
,Mein Gott!'"

Hunderttausend Ameisen, die sich über einen Elefanten geärgert haben, wollen sich rächen. Sie klettern an seinem Rüssel hoch, doch der Elefant schüttelt sie ab und lacht sie aus. Nur eine einzige Ameise bleibt auf seinem Nacken sitzen. Schreien die anderen zu ihr hoch: „Würg ihn, Kumpel, würg ihn!"

„Hast du mich gestern im Radio
gehört?" fragt Hübenküddel
seinen Freund.
„Was? Du warst im Radio?
In welcher Sendung denn?"
„In der Sportsendung! Bei der
Fußballübertragung habe ich
ganz laut ,Tor!' gerufen!"

„Küßchen"

Zwei ältere Damen sitzen
auf einer Parkbank.
„Sieh doch mal, Berta, der
Herr dort drüben wirft uns
dauernd Kußhändchen zu!"
„Red doch keinen Unsinn,
Agatha! Der ißt Kirschen
und wirft die Kirschsteine
weg!"

Noch 'n Gedicht

In Frankfurt auf der Messe
ein Herr zum and'ren spricht:
„Sie haben so was Himmlisches
in Ihrem Angesicht..."
Der and're sagte freundlich:
„Das kann schon möglich sein,
in Mannheim schrie der Schaffner:
,Herrgott – nun steig'n Se ein!'"

Verkürzt die öde Mathe-Zeit
durch vorgetäuschte Müdigkeit!

Der Richter: „Herr Flippikowski, warum haben Sie denn bei dem Einbruch das wertvolle Silber gestohlen und die fünfzigtausend Mark auf der Kommode liegen lassen?" „Hören Sie auf!" jammert der Angeklagte. „Deswegen hat mir meine Frau schon genug Vorwürfe gemacht!"

Kommt ein Mann zum Arzt und sagt: „Herr Doktor, ich habe Mundharmonika gespielt, und dabei habe ich das Ding verschluckt." — „Da können Sie aber froh sein, daß Sie nicht Klavier gespielt haben."

Der Sohn von Schäl verlangt beim Optiker eine Brille. Fragt der Optiker: „Weitsichtig oder kurzsichtig?" — „Nä", entgegnet der Kleine, „wenn et Ihnen nichts ausmacht, durchsichtig!"

Gefallen

„Als ich noch nicht verheiratet war, hat es mir weder zu Hause noch in der Kneipe gefallen."
„Und jetzt?"
„Jetzt gefällt es mir wenigstens in der Kneipe."

So was Blödes!

„Harry hat's gut!"
„Warum denn?"
„Der kann mit noch so einem schlechten Zeugnis nach Hause kommen, das macht seinem Vater keine grauen Haare!"
„Wie geht das denn?"
„Harrys Vater hat 'ne Glatze!"

„Bist du denn sicher, daß dein neuer Freund gut Auto fährt und nicht wieder so rast?"
„Aber logo! Bei der nächsten Anzeige würde er seinen Führerschein los!"

Aktion Birne

Helft den Glühbirnen! Schützt sie vor Lampenfieber!

„Ihre kleine Tochter ähnelt mehr und mehr Ihrer Gattin!"
„Ja!" meint der Vater zerknirscht. „Besonders seit sie sprechen kann!"

Irrtum

„Herr Ober, der Teller ist innen ja ganz feucht!"

„Irrtum, mein Herr – das ist die Suppe!"

„Schorschi, würdest du dieses Päckchen bitte in einen Straßenbahnwagen legen? Es ist für Onkel Kurti!" – „Ja, in welchen denn?" – „Egal, in den ersten besten! Onkel Kurti arbeitet auf dem Fundbüro…!"

Ein teurer Spaß…

Der Kassierer: „Das ist schon die siebte Karte, die Sie kaufen!"

„Ja, da steht ja auch einer, der sie mir immer zerreißt!"

Der Vater nachdenklich: „Joschi, ich habe heute deinen Lehrer getroffen!"
Joschi nickt: „Komischer Typ, gell? Loben würde der nie!"

Welch ein Wunder…

Nieselpriem wird vom Zöllner gefragt: „Was haben Sie in dieser Flasche?"
„Geweihtes Wasser. Ich komme direkt von einer Wallfahrt."
Der Zöllner öffnet die Flasche, schnuppert daran und sagt empört:
„Sie wollen mich wohl veräppeln? Das ist doch Kognak!"
„O nein!" sagt Nieselpriem, riecht selbst an der Flasche und ruft dann: „Der Herr sei gelobt! Ein Wunder ist geschehen!"

Der Schulrat stellt den Kindern stundenlang schwierige Fragen. Schließlich sagt er:
„Will jemand etwas von mir wissen?"
Meldet sich Loisl:
„Wann geht denn Ihr Bus, Herr Schulrat?"

Auf einer Party.
„Nun, Herr Obergerichtsrat, wie schätzen Sie den Gesang meiner Tochter ein?"
„Fünf Jahre Haft!"
„Wie soll ich das verstehen?"
„Wegen Notenfälschung!"

Wenn Schalom auf Israelisch „Friede" heißt, was heißt dann El Schalom? E l f r i e d e !

Herr Sparfroh trifft Herrn Plemperer. Herr Sparfroh scheint sichtlich leidend. Er zieht ein mindestens vierzehn Kilometer langes Gesicht. „Was haben Sie denn heute?" erkundigt sich Nachbar Plemperer. „Ach, es ist wegen dem Buch", seufzt Sparfroh, „das Buch das ich eben las, hatte einen so traurigen Schluß!" – „Und welches Buch haben Sie eben gelesen?" – „Mein Sparbuch!"

„So, so, Sie sind also Gerichtsvollzieher", erkundigt sich Herr Knesepimpel bei seinem mitreisenden Nachbarn. „Da sieht man Sie doch sicher nirgends gern." – „Doch, bestimmt!" ereifert sich da der Angesprochene. „Die meisten Leute bitten mich sogar, doch später wiederzukommen!"

„Na, mein Herzchen", fragt freundlich die Tante Adolfine ihren Neffen Kurti, „wie geht es denn voran mit dem Französisch in der Schule?" – „Prima. Ich kann schon ‚bitte' und ‚danke' sagen." – „Wirklich ganz bemerkenswert", wundert sich die Tante da säuerlich. „Da kannst du ja auf Französisch schon mehr als auf Deutsch sagen."

Doppeldeutige Schlagzeile:

Die Schuhgeschäfte klagen über schlechte Absätze

Dödel und Ödel haben sich vorübergehend aus der Nervenheilanstalt abgesetzt. Nach einer Stunde Fußmarsch über die Schienen der Lokalbahn, verspürt Ödel plötzlich beträchtlichen Hunger. „Dann iß doch die Schiene", rät der Dödel uneigennützig. Ödel tut's. „Die ist aber hart!" meint er entrüstet. „Dann nimm doch die da hinten, das ist 'ne Weiche", weiß der Dödel wieder Rat.

Wer kommt drauf?
Eine Obstverkäuferin ist dreißig Jahre alt. Sie ist 1,67 Meter groß, hat blaue Augen, ein Hühnerauge und Taillenweite 760 mm. Was wiegt die Verkäuferin?

Obst, den ganzen Tag lang nur Obst.

Gute Reise...
Der Lehrer fragt Kläuschen: „Na, wo fahrt ihr dieses Jahr hin?"
Kläuschen: „Wir fahren nach Sicht!"
Lehrer: „Sicht? Noch nie gehört! Wo liegt denn das?"
Kläuschen: „Weiß ich auch nicht. Aber toll ist es dort! Jeden Tag sagen sie im Fernsehen ,Schönes Wetter in Sicht!"

„Haben Sie schon mal jemanden wegen Ihrer Krankheit um Rat gefragt?" erkundigt sich der Arzt beim Patienten. „Ja", gibt der ehrlich zu, „mit meinem Kaufmann hab' ich mal drüber gesprochen!" — „Na, da bin ich aber gespannt, was der Ihnen für einen Unsinn geraten hat!" — „Ich soll zu Ihnen gehen!"

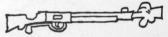

Arzt: „Rauchen Sie?"
„Nein."
„Trinken?"
„Nein."
„Grinsen Sie nicht! Ich finde schon was..."

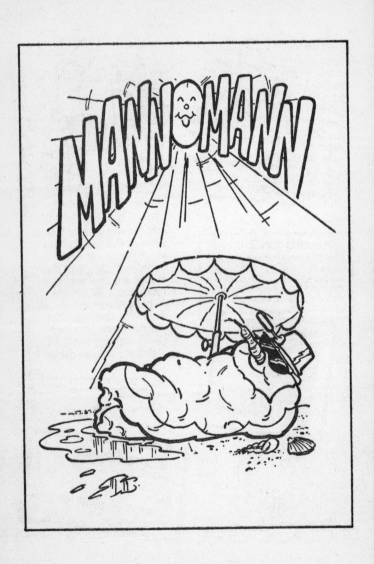

Adam und Eva teilen sich zum Mittagessen einen Apfel. Der Adam läßt es sich paradiesisch schmecken. Da fährt ihn seine Eva auf einmal böse an: „Schmatz nicht so! Du ißt wirklich wie der erste Mensch!"

Willi radelt ohne Licht. Ein Schutzmann hält ihn an und ermahnt: „Weißt du, daß deine Lampe nicht brennt?" – „Schon, warum?" – „Warum steigst du dann nicht ab und schiebst, hm?" – „Weil die Lampe dann auch nicht brennt. Ich hab's schon probiert."

Der Soldat meldet seinem Feldwebel: „Befehl ausgeführt. Wir haben den Panzer vorschriftsmäßig getarnt. Das Blöde ist nur, daß wir ihn nicht wiederfinden."

Während des Biologieunterrichts fragt der Lehrer: „Wer kann mir sagen, warum die Zugvögel eigentlich im Winter nach Süden fliegen?" Antwortet ein Schüler: „Weil es zu lange dauern würde, wenn sie zu Fuß gehen würden."

Miesemuffels sitzen auf der Sonnenterrasse eines kleinen Dorfgasthauses. Plötzlich geht eine furchtbare Rauferei los. Am allerschlimmsten treibt es ein junger Mann, der offensichtlich kein Einheimischer ist. „Wer ist denn das?" erkundigt sich der Vater. „Das ist der neue Lehrer. Der will sich bei uns einschmeicheln!" erklärt der Wirt.

Fragt der Richter den Angeklagten: „Warum sind Sie in die Seifenfabrik eingebrochen?" „Weil es mir dreckig ging, Herr Richter!"

"Auf ihrem monatelangen Ausflug zur Nachbarin um die Ecke, will die eine der beiden Schnecken eine Abkürzung machen. Dazu müssen sie die Fernstraße überqueren. Als die eine sich anschickt, das zu tun, empört sich die Klügere: „Bist du von Sinnen? In vier Stunden kommt doch der Linienbus!"

Gefängnisdirektoren sind mächtige Männer. Nur eines sollten sie nicht mit Nachdruck zu ihren Gefangenen sagen: „Wer bei mir nicht pariert, fliegt raus!"

Der Juniorchef des Großkonzerns Protz und Sohn schimpft mit seinem Filius:

„Schämen solltest du dich, mit einem solch schlechten Zeugnis nach Hause zu kommen! Nimm dir ein Beispiel am Arno Strebersehl, der bringt immer nur Einser und Zweier nach Hause!"
„Is gebongt, Papi! Ich stell' ihn dann als Prokuristen ein, wenn ich deine Firma übernehme!"

Autopanne. Der Fahrer steigt aus und öffnet die Motorhaube. Da hört er plötzlich eine Stimme hinter sich: „Das liegt am Vergaser!" Er dreht sich um und sieht sich einem Pferd gegenüber. Vor Schreck rennt er weg, bis zum nächsten Dorf. Stammelnd und schweißgebadet erzählt er dem Dorfpolizisten sein Abenteuer. Der hört seelenruhig zu. Dann fragt er: „War das so ein schwarzer Gaul mit weißen Flecken?" — „Ja, ja! Genau der!" — „Geben Sie bloß nichts auf dessen Geschwätz! Der hat nämlich null Ahnung von Autos!"

Beruhigend

Zwei Polizisten sollen einen gefährlichen Mörder verhaften. „Geh du nur ruhig voraus!" ermuntert der eine seinen Kollegen. „Wenn was schiefgeht, werde ich dich auch bestimmt rächen."

"Nun, wie fühlen Sie sich nach der Operation?" erkundigt sich der Chefarzt. "Anders als vorher; außerdem wollte ich hier eigentlich nur die Fenster putzen!"

Vorsichtig

"Bevor du dir mein Zeugnis beguckst", sagt der Sprößling zu seinem Vater, "solltest du wissen, daß wir im Bio-Unterricht gelernt haben, daß jeder Mensch ein Produkt seiner Erbanlagen ist!"

Das Letzte

"Aber Hans, warum schlägst du denn deinen kleinen Bruder?" fragt die Mutter. "Muß ich doch! Er hat die Tinte ausgetrunken und will jetzt das Löschpapier nicht essen!"

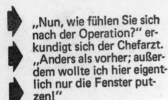

Vor dem Löwenkäfig. "Herr Lehrer, warum hat der Löwe so einen dicken Kopf?" – "Na, Fritzchen, warum wohl?" – "Damit er nicht durchs Gitter kann."

"Spielst du Skat?" "Schon lange nicht mehr. Ich weiß nicht, wo die Würfel hingekommen sind!"

"Möchten Sie lieber einen roten oder einen weißen Wein?" "Egal, Herr Ober, ich bin farbenblind!"

Interview

Ein Reporter fragt den Berufstaucher: „Und was halten Sie vom Rauchen am Arbeitsplatz?"

Kleinwagen werden auch nicht größer, wenn man alle drei Tage mit ihnen durch die Waschanlage fährt!

Ein Missionar in Afrika schrieb seiner Mutter nach Hamburg: „Ich habe schon immer gewußt, daß meine Frau eine böse Zunge hat. Aber nun ist es schon so weit, daß die Wilden zu ihr kommen, um mit ihrer Spucke die Pfeile zu vergiften!"

Zwei Hennen gehen an einem Schaufenster vorbei. Es ist ein Lebensmittelladen. Sagt die eine: „Haste gesehen? Zehn Eier für drei Mark! Und dafür ruinieren wir uns die Figur!"

„Mama, gerade kommt Papi nach Hause. Ich glaube, wir zeigen ihm am besten zuerst dein superteures neues Kleid und dann mein Zeugnis!"

Die ganze Schulklasse geht zur Impfung. Der Lehrer spricht über die Notwendigkeit dieser Impfung und sagt zum kleinen Pit: „So, nun sag mir mal, wogegen ihr heute gepikst werdet!"
Meint Pit: „Gegen unseren Willen, Herr Lehrer!"

Peter und Klaus sitzen im Eisbüdchen.
„Mensch, du schleckst schon die dritte Portion, während ich noch an der ersten bin."
„Das ist notwendig. Ich habe einen Bandwurm, den will ich jetzt erfrieren lassen."

Eine alte Dame fliegt zum erstenmal mit einem Jumbo. Ängstlich sitzt sie da und schaut aus dem Fenster der Kabine nach draußen. Sie wendet sich zu dem Herrn neben ihr und sagt: „Schauen Sie nur die vielen Menschen da unten! Sie sehen aus wie Ameisen!"
Meint der Herr: „Das sind Ameisen, liebe Frau. Wir sind nämlich noch gar nicht gestartet!"

Der Gast bestellt eine Suppe. Als der Ober sie bringt, protestiert der Gast: „Da ist ja eine Fliege drin!" — „Pst, nicht so laut, sonst will jeder eine haben."

Ist das nicht traurig?
Die Geschäfte der Gepäckträger gehen nur schleppend!

„Herr Ober, ein Bier bitte! Ich erwarte noch eine Dame!"
„Hell oder dunkel?"
„Das geht Sie einen Dreck an! Bringen Sie mir lieber das Bier!"